2011·（第一辑）

跨文化交流与国际传播研究

INTERCULTURAL AND INTERNATIONAL COMMUNICATION RESEARCH Volume 1

关世杰　主编

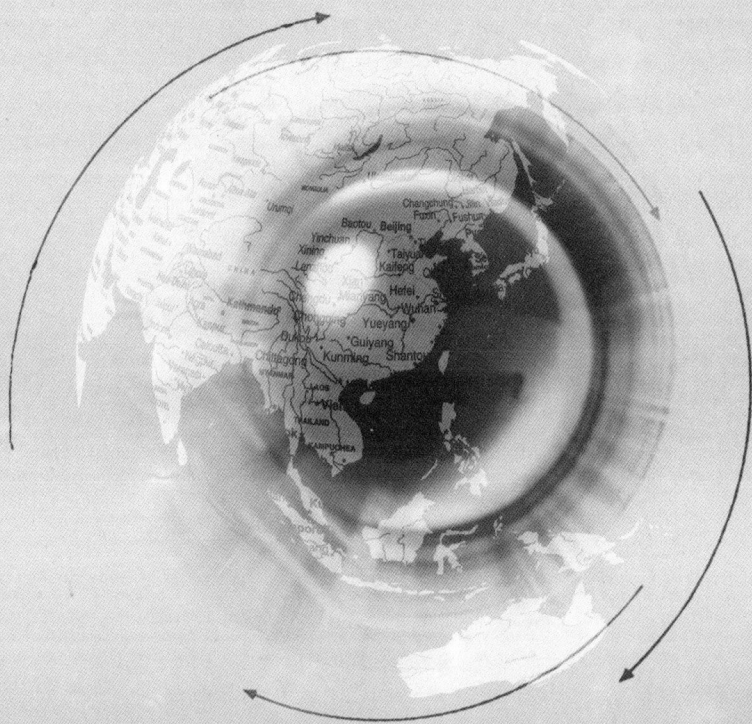

中国社会科学出版社

图书在版编目（CIP）数据

跨文化交流与国际传播研究／关世杰主编．—北京：中国
社会科学出版社，2011.5
ISBN 978 - 7 - 5004 - 9826 - 1

Ⅰ.①跨…　Ⅱ.①关…　Ⅲ.①文化交流 - 研究②传播学 -
研究　Ⅳ.①G115②G206

中国版本图书馆 CIP 数据核字（2011）第 086555 号

责任编辑　高　涵
责任校对　刘　娟
封面设计　弓禾碧
技术编辑　李　建

出版发行　中国社会科学出版社
社　　址　北京鼓楼西大街甲 158 号　　　邮　编　100720
电　　话　010 - 84029450（邮购）
网　　址　http：//www.csspw.cn
经　　销　新华书店
印　　刷　北京奥隆印刷厂　　　　　　　　装　订　广增装订厂
版　　次　2011 年 5 月第 1 版　　　　　　印　次　2011 年 5 月第 1 次印刷
开　　本　710 × 1000　1/16
印　　张　17.75　　　　　　　　　　　　插　页　2
字　　数　290 千字
定　　价　36.00 元

编辑委员会

编辑部通讯地址
北京 北京大学新闻与传播学院
邮编：100871
电话：62767896
电子邮箱：kgcbyj@126.com
传真：62754485

目　录

Contents

卷 首 语

尊敬的读者，您好！

这是《跨文化交流与国际传播》丛书的第一辑，本辑力图体现为学术界和相关媒体联合研究跨文化交流与国际传播、为学术界自身跨学科交流、为我国和外国学术交流搭建平台的办刊理念。发表的文章都紧紧围绕着跨文化交流和国际传播这两大主题，其中文化软实力是较为集中的话题，展现了国家社科基金的重大项目"我国对外传播文化软实力研究"的初步研究成果，文章视角各有不同，既有宏观也有微观，作者来自不同学科，研究方法多样。在开篇《丛书出版前言》中，主编简介了出版丛书的缘由、目标、方法及读者对象，并用较多的笔墨解释了把跨文化交流与国际传播研究成果一起展示的原因。在前言后，展现在大家面前的内容分为六部分。

一　学术圆桌

这是学者们平等交流的平台。本期的文章综述了 2011 年 3 月 22 日京内跨文化交流专家就跨文化传播学研究的新进展和发展方向的研讨，会上来自不同学科的学者们主要达成了三点共识：（1）在借鉴西方理论的基础上，形成跨文化传播学的中国视角；（2）以议题为中心，打通学科界限进行跨文化传播学研究；（3）与实践相结合，促进世界与中国的相互了解和融合。

二　学科透视

这个栏目聚焦在跨文化交流学和国际传播学的学科分析。马成龙对跨文化交流学研究和实践进行了全面的论述。从几个跨文化交流可能发生的情境来展示它的无所不在。并指出目前的跨文化交流研究多数集中在人际交流和组织传播两个情境上，至于小团体交流与媒介传播方面的跨文化交流则略显贫乏。将跨文化交流应用到国际交流甚至国际冲突的难度要比单纯的人际交往大得多，因为政治因素可能凌驾于文化因素之上。

陈开和回顾了国内外学术界对国际传播的研究历程，探讨了传播问题在主流国际关系理论中的位置，分析了国际传播与国际关系研究理论联系的历史起伏，指出了建构主义等新兴国际关系理论的发展使得国际传播问题正重新进入国际关系学的理论核心，为国际传播与国际关系的理论整合提供了新的契机。

三　学术专论

这是作者们展示自己学术观点的园地。关世杰教授认为，美国跨文化交流学教科书中关于价值观的论述有一个缺陷：强调不同文化间价值观的差异（different values），忽视不同文化间的共享价值观（shared values）。他利用近年来《世界价值观调查》提供的数据，探讨了当今中美两国民众的共享价值观。

张咏华教授从文化传播的角度探讨软实力的建设途径，认为"软实力"论中阐述的三类主要资源，在深层次信息上是相通的，可归纳为文化精神，并指出体现文化精神的深层次信息的创造和传播是通往软实力之道。

吴靖在综述世界博览会如何成为现代性文化的竞争舞台的基础上，历史地考察中国和日本如何被世博会的魅力所俘获，以及如何利用世博会表达与推进对现代性的追求。其主要考察两国在与世博会的接触、参与世博展示和最终承办世博会的过程中所体现出来的文化意识、文化策略和文化协商。从而对中日两国文化进行动态性的观察与考量。

美国学者米尔顿·贝内特在《文化差异的体验和跨文化能力的增长》一文中概括了相对主义者和建构主义者对文化差异如何被感知、被体验的不同阐释，说明了建构主义跨文化理论是如何被用来发展一门培养跨文化能力的跨文化训练课程，探究了建立在跨文化交流基础上和跨文化心理基础上的文化训练的重要差别。

刘澜在《跨文化沟通能力与文化智力：两个概念的对话》里以文献综述的方法，试图厘清两个概念的关系，指出文化智力对跨文化沟通能力走出目前的研究困境的启示，以及两个概念面对的共同挑战。

刘阳和胡泳梳理了软实力和国际话语权的理论源流，并总结了互联网的基本技术维度——开放和互联，据此从效果研究的三个维度——认知、态度和行为——出发对如何建构中国在互联网上的对外软实力展开了系统的论述，认为建设若干信息发布迅速且内容真实有效的互联网对外外文话语平台，是构建我国在互联网上对外软实力的重中之重与当务之急。

孙英春基于一种整体性视野论述了美国文化形象的建构与传播：美国文化形象的"理想模式"是表征美国文化精神的"美国梦"，"美国梦"与美国的大众文化生产与传播体系相结合，与美国政府的本土文化政策和全球范围内谋求领导权的努力相结合，共同造就了美国文化形象全球传播的整体格局，影响着全球文化与传播秩序的未来走向。

四 调查分析

本栏目发表的两篇文章都是随机抽样的前期问卷调研，分别对中国在俄罗斯人和日本人心目中的形象进行了描述性的分析。李玮、刘浩撰写的《俄罗斯看中国——"中国形象"社会调查数据分析与启示》的基础是500份莫斯科街头随机调查问卷的数据。问卷力图从社会文化、制度文化以及价值观文化三个层面的吸引力出发，考察俄罗斯民众对中国的认知与认同。问卷还调查了俄罗斯民众获取有关中国信息的方法与渠道，以便了解形成认知与认同的最直接因素。该文通过对一系列具体数据的分析，勾勒俄罗斯民众眼中全面、真实的中国国家形象，总结俄罗斯民众对华态度形成的特点与原因，对进一步完善中国在俄形象提出建议与意见。

王秀丽、梁云祥撰写的《日本人眼中的中国形象——关于中国文化对日传播的调查研究》通过问卷方式调查了日本民众对中国的总体印象及其对中国文化的了解和认同。研究发现，日本民众对表层中国文化、制度性和价值观方面的中国文化都有较深的了解和较高的认同感。中国饮食、人口众多、熊猫和长城是日本民众对中国的第一印象。日本民众对中国的经济发展模式和成就持肯定态度，但认为中国不注重环保、不够诚信。日本民众对中国的儒家思想的了解和认同度要高于道家思想和当代中国的一些理念。同时，调查发现，日本民众接触中国文化的主要渠道是日本媒体；中国媒体对日本民众的影响力较低；日本媒体对中国的报道以负面为主，不够准确客观。

五　实践思考

这个栏目展现媒体界专家的两篇文章。中央电视台海外传播发展中心传播规划组制片人李宇，他在《浅析我国对外电视国际传播能力建设的现状与发展策略》中，着重梳理我国对外电视发展的历程，探寻对外电视国际传播能力的概念、现状与发展策略。

刘岩在 CRI 俄语广播部工作近 10 年，对 CRI 俄语广播的发展较为关注并一直进行跟踪调研。他撰写《中国国际广播电台俄语广播（对俄广播）发展历程》，通过梳理 CRI 俄语广播对俄传播的历史、现状及面临的主要问题，从而提出对俄有效传播的建议。

六　学科述评

这是了解国外学术动态的栏目。赵盛楠在《2010 年〈跨文化关系国际学刊〉述评》中，对该刊 2010 年 61 篇文章进行了分析。结果显示，其研究主题主要为移民生活、跨文化学习和冲突管理；研究对象主要为年轻人、女性和难民，在地理分布上主要涉及北美、欧洲和东亚，研究所运用的理论主要为涵化理论、价值观理论和冲突管理理论；研究方法为 71% 使用了定量方法，19% 使用了定性方法，10% 运用了定性与定量结合的方法。文章还对中国近年来的研究进行了初步对比。

众人拾柴火焰高，办好这个丛书有赖于同行和读者们的大力支持。欢迎大家投稿，本书最后的"稿约"和"稿例"提供了相关说明。也欢迎大家批评并提宝贵建议，因为这是改进我们工作的动力。

关世杰　陈开和　王异虹
于北京大学新闻与传播学院
2011 年 4 月 5 日

丛书出版前言

一 缘由

20世纪末以来，伴随着通信技术的迅速发展和交通的日益便利，不仅人际的跨文化交流日益频繁，而且通过各种传媒进行的国际间信息传播也发生了巨大的变化，文化生产及销售形成了产业化和全球化，这对世界文化发展、国际关系变化带来了深远的影响。国际社会对国际之间的跨文化交流产生的新形势给予了高度重视，采取了相应的行动：联合国教科文组织2001年通过了《世界文化多样性宣言》，2005年通过了《保护和促进文化表现形式多样性公约》，2007年该公约生效。跨文化交流和国际传播在当今世界的重要性可以说是前所未有。

针对新形势，国际上的学者们也提出了种种新概念，例如塞缪尔·亨廷顿提出了"文明冲突论"，约瑟夫·奈提出了"软实力论"，其他学者提出与之不同的"文明对话论"和"对话文明论"。国际传播和跨文化交流日益引起各国的注意。这一状况推进了跨文化交流学和国际传播学研究的繁荣。

随着我国改革开放事业的不断深入发展，与世界各国交往的日益增多，国际地位不断攀升，当今跨文化交流研究和国际传播研究在中国兴起了一个热潮。以"跨文化"为关键词在中国国家图书馆网站上检索，2010年收录的文献就有212种，是2005年41种的5倍多。2009年我国政府投入了450亿人民币用于提高我国的国际传播能力。跨文化交流和国际传播是值得我们特别关注并加以研究的传播学领域。

北京大学是改革开放以来最早从事跨文化交流与国际传播教学和科研的高校。1983年，北京大学国际政治系创办了国际文化交流专业班，并成立了国际文化交流教研室，具体负责国际文化交流专业班的教学组织和管理工作，在国内率先开设了跨文化交流学和国际传播学的课程。1996

年由于教学和科研发展的需要，国际政治系扩建为国际关系学院，国际文化交流教研室扩建为国际传播与文化交流系，负责第二学士学位制教学和管理，并继续招收国际传播和文化交流方面的硕士生。2001 年春，我校新建新闻与传播学院时，国际关系学院国际传播与文化交流系所属全部教员和硕士生、第二学士学位生全部调整到新闻与传播学院。2002 年我院继续每年招收国际传播与文化交流方向的硕士生、跨文化传播和国际传播方向的博士生。2009 年我院承担了国家社科基金的重大项目"我国对外传播文化软实力研究"，进一步明确把跨文化交流与国际传播作为学院发展的重点支持方向。2011 年 5 月 28 日适逢学院迎来建院 10 周年的大喜日子，经院学术委员会同意以出版《跨文化交流学与国际传播研究》丛书作为支持这一学科发展的实际举措。

二　跨文化交流与国际传播

本丛书《跨文化交流与国际传播研究》（*Intercultural and International Communication Research*）的目标是成为展现"跨文化交流"和"国际传播"研究领域里创新性学术研究成果的一个平台。

为什么要把跨文化交流和国际传播的研究成果综合在一起展示？在传播学领域，跨文化交流学（Intercultural Communication）与国际传播学（International Communication）既有区别又有密切的联系。说到跨文化交流，首先要说清它与跨文化交际和跨文化传播有什么区别。在中国这三个词是英语 intercultural communication 或 cross-cultural communication 的不同译法。交际用于张三和汤姆这样的人际交流，传播用于广播电视这样的大众传播，而交流可以包括交际与传播，所以本书中的跨文化交流包括跨文化交际和跨文化传播。关于跨文化交流学和国际传播学的差别，首先，两者研究的侧重点不同。国家与文化是不同的两个概念，《世界文化多样性宣言》对文化的定义是："应把文化视为某个社会或某个社会群体特有的精神与物质，理智与情感的不同特点之总和。除了文学和艺术外，文化还包括生活方式、共处的方式、价值观体系、传统和信仰。"跨文化交流研究侧重文化对传播过程的影响；跨文化交流是不同文化背景人们之间信息交流的过程。一个多民族的国家内，不同民族之间的交流，例如，我国的汉族和维吾尔族之间的信息交流，是跨文化交流。国际传播是国与国之间越过地理国境线的信息交流过程，国际传播研究侧重的是传播如何对国际关系产生影响。文化基本相同的两个国家之间的信息交流是国际传播，如英国和美国之间的国际传播；文化相同的信息发送者和接收者身处不同国家时，其交流也是国际传播。例如，中国的《人民日报》（海外版）发行给国外的华侨和留学生就是国际传播。其次，跨文化交流学主要是研究人际传播，即来自两个不同文化背景人士的面对面交流；而国际传播学侧重于通过各类传媒，例如，报刊、书籍、电影、广播、电视、网络等媒体的传播。最后，研究的学术渊源不同。国际传播学起源于国际政治和国际关系的研究。最早的一本有影响的研究国际传播的书是拉斯韦尔（H. D. Lasswell）在1927年出版的《世界大战中的宣传技术》。跨文化交流学起源于文化人类学。美国文化人类学者爱德华·霍尔（Edward T. Hall）是跨文化交流学的开拓者。20世纪50年代，在从事培训驻外政府官员和从事国际贸易的商人时，他发现，美国人和其他国家人相处时的许多困难是由于缺乏文化知识和交流技能造成的。1959年，他出版的《无声的语言》成为跨文化交流学的奠基之作。从此，文化人类学与传播学，特别是与传播学中的人际传播学相结合，于20世纪70年代形成了传播学中的一个新分支"跨文化交流学"。

尽管跨文化交流学与国际传播学的研究领域有区别，但是两者间有着密切的联系。首先，国际传播常常是跨文化交流。对于国际传播来说，无论是通过大众媒介还是人际交流渠道，跨国的传播通常就是一种跨文化的传播。例如，中国与美国之间的国际传播无疑是一种跨文化交流。因而，国际传播必须要注意国际传播中的文化的因素。对于跨文化交流来说，大多数交流者，其交流时不仅受到文化的影响，也受到自身政治观点和经济地位的影响。以往的跨文化人际交流学常以文化作为影响交流的要素，忽视了政治和经济等因素有时会产生一叶障目，不见泰山的片面性。国际传播学和跨文化交流学关系日益密切。在当今，跨文化交流的分析不考虑政治、经济和技术等因素是天真的，也是不现实的；国际传播研究如果不考虑文化和语言背景，也无法真正理解国际传播。[1] 其次，在研究实践中，国际传播和跨文化交流在相互靠拢。随着经济全球化的加速，跨国公司的

---

① Hamid Mowlana, *Global Information and World Communication: New Frontiers in International Relations* (2nd ed.), London: Sage Publication, 1997, pp. 5—6.

增多和发展，跨文化交流的研究逐渐向组织机构间的跨文化交流，向国与国之间的跨文化交流扩展，从微观向宏观方面发展。随着20世纪80年代以来互联网络的发展，国际传播的研究开始从大众传播向人际传播发展，即观察的视角从宏观走向微观。国际传播从宏观向微观扩展，跨文化交流从微观向宏观扩展，两者关系日益密切。例如，1991年美国传播学会（Speech Communication Association）出版的《传播学就职之路》在介绍传播学的分支情况时，就把国际传播和跨文化交流并列为一个分支。①著名跨文化交流学者威廉姆·B.古迪孔斯特（William B. Gudykunst）参与主编的《国际传播学与跨文化交流学指南》（*Handbook of International and Intercultural Communication*, Sage Publications, 1st ed., 1989, 2nd ed., 2002）把国际传播与跨文化交流看做是有密切联系的两个分支。

我们对任何事物的观察既需要宏观视角也需要微观视角，正如我们对地球的观察一样，杨利伟乘坐神舟五号从太空中看到了蓝色的一个球体——地球，这是人们对地球的宏观观察。我们漫步在春日的未名湖畔，观看美丽的红花绿草，这是人们对地球的微观观察。我们对不同国家之间的信息交流的观察，不仅需要从微观上了解跨文化交流学的知识，还应从宏观上把握当今全球文化交流的格局和形势。当今的人际跨文化交流是在国际文化传播大环境中进行的。不了解全球文化交流的形势，不是一个真正具有文化自觉意识的交流者。以往的国际传播研究对国际政治和国际关系比较重视，但对文化因素缺乏足够的重视。把这两种传播学分支的研究成果在一起展示，跨文化交流与国际传播研究相得益彰，有利于彼此之间取长补短，提高跨文化交流者的文化自觉。

因而，构筑一个跨文化交流学与国际传播学的学术平台有利于宏观学科（国际传播）和微观学科（跨文化交流学）两个学科的打通，使人们能更全面地看待国际传播和跨文化交流，了解和掌握其规律。

跨文化交流学和国际传播学具体研究哪些方面的问题？跨文化交流学的研究领域很广泛，信息交流可以依据参与交流人员的数量，分为多种层次，主要有：个人内部、人际之间、团体内部、团体之间、组织内部、组织之间、国家内部、国家之间。随着经济全球化和信息全球化的发展，文

---

① Speech Communication Association, *Pathways to Careers in Communication*, revised edition, 1991.

化的因素在这些层次中都会产生影响，这成为跨文化交流研究的课题。从交流的语境看，跨文化交流可以发生在日常交际、外语教学、工商管理、医疗卫生、公共服务、新闻报道、文学艺术、外事活动、广告制作、新闻发布、各类谈判等场合。国际传播学的研究领域主要包括中国与世界各国之间通过各种大众传媒的信息交流，具体而言，它研究的是通过通讯社、报纸杂志、图书、电影、广播、电视、国际互联网等大众传媒进行的国际传播。

三　目标、方法及读者

目标是通过本丛书促进我国跨文化交流和国际传播的学术研究上一个新水平。使之成为发表国内跨文化交流学和国际传播学研究最新成果的平台，代表国内跨文化交流和国际传播学术研究的高水准，成为中国跨文化交流学和国际传播学学者的思想宝库。为从事跨文化交流和国际传播的管理部门、媒介机构高层决策人员和科研教学人员提供有关跨文化交流和国际传播的科学的参考资料。为达到这一目的，我们将坚持追求真理、追求卓越、培养人才、繁荣学术、服务人民、造福社会的北大精神理念，并从以下方面努力。

首先，期望它为学术界和相关媒体联合研究跨文化交流与国际传播搭建平台。希望撰稿人不仅有学者，还有媒体界的专家和从业者，在学术界和媒体界之间彼此缺乏交流的大裂缝上架起一座桥梁。

其次，为学术界自身搭建跨学科交流的平台。本丛书力图加强我国学术领域对当今跨文化交流和国际传播进行跨学科的综合研究，加强从事微观研究和宏观研究学者彼此之间的交流。我们希望能吸引在新闻学、传播学、国际关系学、心理学、教育学、社会学、哲学、政治学、历史学、经济学、法学等学科在跨文化交流和国际传播研究中的最优秀的研究成果。

最后，为我国和外国学术交流搭建一个国际学术交流的平台。我们不仅要介绍国际学者的研究成果，也要把我国学者的研究成果介绍到海外。

办好这个丛书，首先，需要得到各界同仁的大力支持，欢迎大家踊跃投稿。其次，作为非营利性的学术性丛书，绝不收取论文作者的任何补贴费用，编辑部将借鉴匿名评审制，以保证学术尊严和论文学术质量。学术研究是件需要付出辛勤劳动的工作，为取得有创新性的学术研究成果，重要的是研究方法的科学性。本丛书采用的论文既包括定性的研究也包括定量的研究，当然采用多种方法齐用的"三角测量研究法"更欢迎，值得指出的是目前我国跨文化交流和国际传播研究中，定量研究方法的缺失是学科发展的瓶颈。加强定量与定性研究相结合的研究，是提高我国跨文化交流和国际传播学科研水平的必由之路。

本丛书的读者是从事涉及跨文化交流和国际传播的研究者、实践者、政策制定者和研究生。具体而言，在跨文化交流领域，包括从事对外汉语教学、外语教学、工商管理、医疗卫生、公共服务、新闻报道、文学艺术、外事活动、广告制作、新闻发布、各类谈判等领域的专家、学者及研究生。在国际传播领域，包括从事涉外类新闻报道、报纸杂志、图书、电影、广播、电视、国际互联网等工作的专家、学者及研究生。

北京大学新闻与传播学院教授

跨文化交流与管理研究中心主任

关世杰

2011 年 3 月 10 日

Introduction to Series of *Intercultural and International Communication Research*

GUAN Shijie

Abstract：The author introduces the origin, goal and target readers of the series, and explains the reasons of putting the intercultural and international communication studies together in this series.

Keywords：intercultural communication, international communication, series

（GUAN Shijie, Professor of School of Journalism and Communication, Peking University. Email：guansj@ pku. edu. cn）

学术圆桌

发出跨文化传播学的中国声音

——"2011 年跨文化传播学圆桌研讨会"会议综述

刘　澜

2011 年 3 月 22 日上午,由北京大学新闻与传播学院主办的"2011 年跨文化传播学圆桌研讨会"在北京大学陈守仁国际研究中心召开。来自北京地区高校和科研单位的传播学、语言学、比较文化、国际关系等多个学科的十余位专家、学者与会,就跨文化传播学研究的新进展和发展方向进行了热烈的研讨,主要达成了三点共识:(1)在借鉴西方理论的基础上,形成跨文化传播学的中国视角;(2)以议题为中心,打通学科界限进行跨文化传播学研究;(3)与实践相结合,促进世界与中国的相互了解和融合。

一　跨文化传播学的中国视角

清华大学新闻与传播学院史安斌教授指出:从历史上看,跨文化传播学的学科建设由美国主导,以传播学为其核心。但在中国,这门学科的定位始终不够清晰,起初是以语言学为中心的"跨文化交际"或"跨文化沟通",后来文学和文化学者参与进来,将其拓展为"跨文化交流"或"跨文化研究"。由于传播学进入中国学术界只有短短的 30 年,仍属于新兴学科,因此,跨文化传播学未来的发展方向,应该是建立和巩固传播学的核心地位。而从全球范围来看,跨文化传播学在理论和方法上长期以来秉承"欧美中心",现在已经有国外学者提出了"非洲视野"和"亚洲视野"来挑战"欧美中心"。中国近年来的快速崛起和有关"中国模式"的争议为中国学者参与这一挑战提供了历史机遇。例如,带有欧美中心论色彩的文化维度论是否适用于当下的"球土化"(glocalization)的状况;再如来自西方的传播学研究方法,不一定适用于中国。比如美国是"陌生人社会"，而中国是只对熟人说真话的"熟人社会"，在美国广泛使用的深度访谈、问卷调查等研究方法的有效性到了中国可能会大打折扣。

与会学者都认同建立跨文化传播学的中国视角的重要性，而且形成了一个共识：跨文化传播学传统的西方视角强调文化的不同，以"求异"为特征；如果发展跨文化传播学的中国视角，应该以"求同"为特征。

北京大学外国语学院高一虹教授指出，很多年前自己就提出了"跨文化交际悖论"的概念，指跨文化传播学本来是为了拆除阻碍跨文化交际的高墙，但是如果过于强调国家文化的差异，比如，中国人就是怎么样、美国人就是怎么样、日本人就是怎么样，反而自己筑起了高墙。

对外经贸大学德语系潘亚玲教授也认为，目前的跨文化研究过于强调文化差异。潘亚玲强调说中国学者要做的重要工作，就是不仅让大家看到墙，更要让大家看到门，要让不同文化的人看到文化有共同点，有共同价值观。比如说，我们都需要爱，都热爱家庭，都需要认可，都有面子观，只是这些深层次价值观的表现不同罢了。潘亚玲提倡把中国文化中的求同存异的理念应用到跨文化研究之中，不但要看到文化的差异，还要找到文化的共同点。潘亚玲还具体批评了西方的跨文化交际能力模式，认为其情感能力、认知能力、行为能力的划分具有短期性，自己建立了一个以人为中心的模式，长期培养跨文化人格。

北京大学对外汉语教育学院刘晓南博士说：传统的语篇理论认为不同文化的思维方式不同，会导致写作上的表达方式不同，如西方是直线式的结构，东方是圆形的结构。而自己在对各国留学生的教学实践中，没有发现他们的作文体现了如此明显的差异。来自西方的其他一些跨文化交际理论，在自己的对外汉语教学实践中也受到了质疑。因此，需要建立中国文化本位的跨文化传播理论。

北京大学新闻与传播学院关世杰教授是本次圆桌研讨会的主持人，他完全赞同中国也应该在跨文化传播学理论上发出自己的声音，并介绍了自己在这方面进行的两个研究。一是针对西方的跨文化传播学强调不同文化之间的价值观差异的传统，自己进行了中美共享价值观的研究。二是西方学者没有把思维方式差异作为文化差异的重要维度，而自己认为中美文化差异的一个重要维度就是思维方式的差异。比如，西方跨文化传播学强调文化之异，就跟西方学者的分析思维、对立思维有关系。他指导自己的学生在中美新闻实务中比较思维方式差异，即将出版的《思维方式差异与中美新闻实务》一书汇总了这方面的成果。

二　以议题为中心的跨学科视角

本次研讨会的学者来自多个不同的学科和领域。一方面，他们介绍了自己本领域的研究，如高一虹介绍了从社会语言学角度研究跨文化交际的最新进展，中国人民大学新闻学院赵永华副教授介绍了自己从俄语学界的语言国情学角度切入跨文化传播学的学术历程；另一方面，他们也倡导打破学科之间和领域之间的藩篱，倡导以跨学科的整体视角研究跨文化传播。

中国传媒大学政治与法律学院孙英春教授介绍了自己正在进行的跨文化传播前沿理论本土化研究的一些进展，进而指出：国际传播协会对跨文化传播的定义是很广泛的，将之视为一门致力于不同文化之间传播的理论与实践的学科，不仅关注不同文化、国家和族群之间传播系统的差异，还与国际传播、传播与国家发展研究等许多领域有着密切关系。孙英春认为，对于中国的跨文化传播研究而言，更需要坚持跨学科研究，特别是要结合本土的语境，以议题为中心，把握好与国际关系研究的结合，与新闻传播研究的结合，与国际传播研究的结合，与民族社会学研究的结合，等等。

北京大学新闻与传播学院陈开和副教授指出，跨文化传播与国际关系过去是互相独立的两个领域，其实两个学科本来应该是很密切的关系，因为国家之间的国际传播也是跨文化传播的一个方面。但是以前在这两个领域，尽管在人才培养的层面有一定的联系，比如，北京大学国际关系学院（原国际政治系）曾经设有国际传播与文化交流专业，承担了为中国政府培养跨文化传播人才的任务，美利坚大学国际事务学院的国际传播专业也培养外交人才，但是跨文化传播学和国际关系学这两个领域在学术和理论上的联系不多。不过在20世纪90年代，情况有了较大的变化，在国际关系里面出现了所谓的"文化回归"，一个原因是冷战结束后，文化价值观的因素凸显出来，另一个原因是非政府组织和个人在国际舞台上的作用越来越受重视。因此，跨文化传播学者在国际关系研究中也可以发挥重要作用。

北京大学新闻与传播学院王异虹副教授介绍说，在德国，跨文化传播学涵盖在更大的跨文化学之下，大学里设立了整合学校所有资源的跨文化研究中心，有各个学科参与，这是中国可以借鉴的模式。同时，王异虹强调研究方法的多样化，要整合思辨、定性、定量等多种方法进行跨文化传播研究，三角矫正法和混合法是跨文化传播学研究方法多元化的基础，中国可以借鉴并发展。

三　推动中国的跨文化传播实践

北京大学新闻与传播学院副院长陈刚教授在为研讨会致开幕词时，就以中国国家形象宣传片为例，指出了跨文化传播学在当前形势下的实践意义。与会者一致同意，目前中国处于跨文化传播学发展的大好时机。日益加深的全球化以及中国全球地位的增强，对中国的跨文化传播实践提出了挑战。跨文化传播学既要借此契机进行理论上的发展和创新，又要反过来指导中国的跨文化传播实践。

史安斌指出，目前跨文化传播学在中国的发展，与该学科在第二次世界大战后在美国建立和勃兴的过程，具有非常相似的历史机遇。中国现在迫切需要解决如何在国际社会重新定位自己的问题，面临怎么"走出去"的问题。除了文化之外，新闻和舆论在塑造国家形象上所起的作用至关重要。就国际新闻报道和对外传播工作来说，长期以来承担着"向中国介绍世界，向世界传播中国"的使命，但现在更为迫切的则是如何"向世界说明世界"——即在重大国际新闻事件中争得首发权、话语权和阐释权。因此，我国的国际新闻报道和对外传播的模式创新亟须跨文化传播理论和相关研究的支持。

北京语言大学新闻传播学系主任高金萍教授介绍说，2010 年北京语言大学成立了外媒报道分析中心，服务于国家"大外宣"、"大外交"的发展，借助计算机语言信息聚类和分析工具，从事外媒涉华报道的追踪研究工作。该中心研究发现，2010 年下半年外媒对北京的报道，排在第一位的是北京交通，第二位是北京气候污染，第三位是水资源匮乏问题，第四位是中国京剧的衰落。从这个研究结果看，外国人最关心中国的不是政治问题，而是跟普通人密切相关的民生问题以及文化。有鉴于此，中国对外传播应加强关系民生的报道，而不是一味强调中国实力、中国经济等宏观问题，宜从细部着手，塑造"中国形象"。

北京大学跨文化研究中心赵白生教授倡议说，跨文化研究者要从事实际的跨文化活动。赵白生介绍说，该中心除组织会议和坚持出版跨文化交流的丛书之外，还发起了组织不同国家青年人进行跨文化交流的"青草根"活动，从 2007 年开始组织中印之间的青年人进行实地考察的文化交流。

中国国家形象是目前中国跨文化传播的重要实践问题，也是学者们研究的重点话题。北京外国语大学孙有中教授介绍了这个领域的研究现状。在 2006—2010 年，可以检索到的标题中含有"中国形象"的论文是 2001—2005 年的 5 倍。这些研究大致可以分为比较文化和国际传播两种不同取向，在国际传播中又可分为新闻传播、大众文化传播等不同的子领域。孙有中对这些研究的总结是：描述为主，分析不够；研究西方，尤其是美国怎么看中国形象的多，研究其他地方的少；研究内容的多，研究受众的少；对传播者，比如外国驻华记者的研究不够；对策研究多，但是过于追求应用性可能反而帮不上忙，需要更深入探索跨文化传播的规律。

对外经贸大学英语系教授窦卫霖结合自己主持的国家社科基金项目做了与中国国家形象相关的发言"从中美官方话语的比较看中国官方话语的对外传播策略"。通过对中美官方有关政治、经济、军事、外交话题的文本对比分析发现中美在以下几方面的话语策略异同：官方话语构建国家身份；官方话语体现意识形态；官方话语符合国家利益，如果意识形态与国家利益冲突，意识形态要符合国家利益；官方话语深受文化传统价值观影响；话语策略的运用是提高官方话语有效性的重要手段。基于这些发现，窦卫霖对中国官方话语在对外传播中提出了要整体谋划、顶层设计、系统协调、形成机制、关注细节、注意策略的建议。

王异虹强调科学传播是无意识形态、无官方话语构建的传播内容，它包括科学知识、工程技术的传播。在跨文化的传播中不仅存在以一个国家为意识的科学传播内容，它更是一个以宇宙为内容的世界性话题，其传播的内容在全世界都是一致的，因此，科学传播是发展跨文化传播，并进行多国合作和沟通的最好桥梁之一。

此外，孙英春、高一虹等学者还指出，跨文化传播理论可以运用到我国的跨族群传播的实践中，近年来，国内民族关系中出现的问题也对跨文化传播研究提出了新的要求。孙英春认为，研究者既要坚持理论指导，也要立足基础的田野研究，为实现社会和谐发展作出应有贡献。赵永华介绍说中国人民大学已经在开展这方面的研究。

最后，会议主持人关世杰表示，自己所负责的北京大学新闻与传播学院跨文化交流与管理研究中心将继续通过组织研讨会、出版图书乃至跨文化培训等活动，推动中国的跨文化传播学理论与实践的发展。

（发言全文参见：http://www. intercultural. pku. edu. cn/News. aspx）

Making a Strong "Voice of China" in Intercultural Communication: A Summary of the 2011 Round-table Symposium on Intercultural Communication

LIU Lan

Abstract: At the 2011 Round-table Symposium on Intercultural Communication, which was held at Peking University on March 22, 2011, over a dozen of scholars advocated a "China vision" of intercultural communication studies from points of view of various fields including communication, linguistics, cultural studies, international relations, etc.

Keywords: intercultural communication, China, symposium

(LIU Lan, PhD candidate of School of Journalism and Communication, Peking University. Email: lanliu@ pku. edu. cn)

学科透视

跨文化交流的无所不在：从研究到实践

马成龙

　　提　要： 跨文化交流存在于今日中国社会的许多角落，也与中国在世界舞台上扮演的各种不同角色有关。本文从几个跨文化交流可能发生的情境来展示它的无所不在。目前的跨文化交流研究多数集中在人际交流和组织传播两个情境上，至于小团体交流与媒介传播方面的跨文化交流则略显贫乏。我们必须体认的是：成功的交流是需要双方共同努力达成的，各方都要释出善意，承认对方的交流意图，然后再设法理解对方的立场及想要传达的讯息，这样才是良性互动的开始，有了好的开始，接下来就有成功的希望。将跨文化交流应用到国际交流甚至国际冲突的难度要比单纯的人际交往大得多，因为政治因素可能凌驾于文化因素之上，要克服这些困难还需从每个人的教育训练着手。

　　关键词： 跨文化交流，人际交流，小团体交流，组织（交流）传播，媒介传播

　　虽然跨文化交流或跨文化传播（Intercultural Communication）的研究或理论多偏重在人与人之间的沟通互动，它的应用范围却遍及人类社会各个层面。以今日中国在世界舞台扮演的重要角色而言，跨文化交流既能发生在人们的日常生活中，也能发生在无数坐落于中国的跨国公司，更能反映在国际政治舞台的外交折冲中。

　　与跨文化交流有关的研究原本散布在各社会科学领域，从20世纪70年代开始，跨文化交流正式成为传播学的一个次领域，并逐渐演变成一个广为人知的学术研究领域：

International Communication Association（ICA）于1970年设立 Intercultural Communication Division（后更名为 Intercultural and Develop-ment Communication Division）。以研究跨文化传播为主的 Society for In-tercultural Education，Training and Research（SIETAR）于 1974 年成立。而全球最大的传播学术团体 National Communication Association（NCA）则于 1975 年设立 International and Intercultural Communication Division。下面两份具有指标性意义的跨文化传播学术刊物也是在 1970 年代开始发行：一份是 NCA 从 1974 年开始发行的 *International and Intercul-tural Communication Annual*（年刊），另一份是 SIETAR 从 1977 年开始发行的 *International Journal of Intercultural Relations*（季刊）。这两份刊物的发行促成了跨文化传播研究的迅速发展。在美国大学里，跨文化传播课程的设置，也从 1970 年代的少数学校传播系推展到 1990 年代的几乎每所大学传播系。[①]

　　跨文化交流在中国社会已成为一种普遍现象，然而，这方面的研究并未在中国传播学界得到应有的重视，它通常只被认为与外语专业有关，目前在中国内地举行的跨文化交流学术会议的参与者也多半是外语教师。实则跨文化交流固然与外语教学有不可分割的关系，其与社会科学的每个领域，尤其是传播学，亦有非常密切的关系。我在此文将以实际例子讨论跨文化交流的研究范畴，它为何是传播学的次领域，以及为何需要在中国发展。

一　跨文化交流与传播学

　　从严格的研究角度来说，cross-cultural communication 研究与 intercul-tural communication 研究不完全一样，前者是指在不同文化比较同一交流现象，例如，进行一个中国男女及美国男女初次约会如何互动的比较研究；而后者则是研究来自不同文化的人如何交流，例如，在北京的法国学生如何与本地学生互动。不过在一般情况下，两者是相通的，目前在中国所用的"跨文化交流"研究也是将两种研究类型都包括在内。

---

　　① 马成龙：《全球化现象对跨文化传播的启示》，载关世杰主编《世界文化的东亚视角：全球化进程中的东方文明》，北京大学出版社 2007 年版，第 329—339 页。

跨文化交流是指来自不同文化的人们之间的交流。但是广义来说，任何两个人的文化都不可能完全一样，所以另一种说法是我们应该把反映在交流上的跨文化程度当成一条连续线来看待，当一位上海人与法国人交流时，他们的跨文化程度可能远高过一位北京人与广州人的交流，但并不表示后者全无跨文化成分在内。

很多人不理解为何有时叫"跨文化传播"，而有时又叫"跨文化交流"？在中文世界，与"传播"二字有关的"词不达意"或语意混淆情况不胜枚举。传播是由英文字"communication"翻译过来的。学过英文的人皆知"communication"在英文是双向交流的意思，但是只懂中文的人却很难从"传播"二字嗅出双向交流的味道。但当初这样翻是有原因的，早期的传播理论，完全以发送信息为主轴，例如，香农和韦弗①指出大众传播有下面三个不同层次的问题：（1）技术的问题；（2）语意的问题；（3）效果的问题。

第一层次，是如何克服技术层面的问题，让发射的信号准确无误的送到目的地。第二层次，要问：传送出去的信号如何能把希望赋予的意义送达对方，例如，电视观众观看美剧，除了要问画面是否清晰稳定（技术层次的问题）外，还要问他们能否看得懂剧情（语意的问题）。到了第三层次，我们要问：传送的信息能否达到预期的效果（美国人看了中国人孝顺父母的连续剧后，是否能理解这种行为，甚至会变得对父母比较尊敬）。这种观念隐含着强烈的单向劝说意味，而华人社会因受到这种观念的影响而将"mass communication"译为"大众传播"，那么，"communication"自然就成了"传播"。以今天的传播学观点来看，这些理论早已过时。不过要在中文找一个和communication完全对等的词汇并不容易，无论是"传播"、"交流"，或"沟通"都和英文的communication有语意重叠之处但并非完全对等，我们最多也只能依照情境来决定用哪个词汇最恰当。跨文化传播就是将英文"Intercultural Communication"的第二个字照传统习惯翻译成"传播"。而其他学者认为"跨文化传播"无法将原来英文的双向沟通呈现出来，因此，主张翻译成"跨文

---

① Claude E. Shannon and Warren Weaver, *The Mathematical Theory of Communication*, Champaign, IL: The University of Illinois Press, 1949. Warren Weaver, "The Mathematics of Communication", *Scientific American*, 1949 (181): 11—15.

化交流"。这也是为何要把有关"交流"的研究放在"传播"学之下的原因。

很多人认为"传播"就是指有媒体介入的新闻娱乐节目,看到"传播"二字只会想到大众传播或传媒,不认为离开了传媒还能"传播",那么人际交流怎么能和传播扯上关系呢? 殊不知当我们讲"大众传播"时,是指人与人之间透过媒体的交流,而非人与媒体本身的沟通。大众传媒如果离开了人与人的对话,就只剩下一堆电子仪器和机器了。因此,就算少了媒体,人与人之间当然还是可以直接交流。传播学涵盖了所有透过媒体以及不透过媒体的面对面交流。跨文化交流研究亦横跨各传播学领域,包括面对面与透过传媒进行的跨文化交流,因此,跨文化交流被视为传播学的一个次领域。

对跨文化交流研究学者来说,由于中华文化源远流长,孕育出许多与西方极为不同的哲学思想与价值观念,这些文化的根基都会反映在交流行为上,因此,使得中国人的社会成为跨文化研究的一座矿山,除了可以在其中验证西方的研究发现及各种理论是否有文化差异外,亦可不受西方思维影响,独立发掘出中国人本身的特有交流模式。

二　跨文化交流学的发展概况

如前所述,从 20 世纪 70 年代开始,跨文化交流正式成为传播学的一个次领域,NCA 发行的 IIC 年刊 (*International and Intercultural Communication Annual*) 第 1 集在 1974 年问世,头几集上的论文多是探讨跨文化交流的何去何从,其他人文社会科学领域与跨文化交流的关系,加上一些跨文化交流的研究报告,这些报告多数没有采用有系统的社会科学研究方法。到了 80 年代初,社会科学的定量分析大量出笼,例如,古迪孔斯特 (William B. Gudykunst) 将博格 (Charles Berger) 与卡拉布瑞斯 (Richard Calabrese) 1975 年推出的人际交流"减少不确定性"(Uncertainty Reduction) 理论在美国、日本及韩国作一系列的跨文化测试,结果发现尽管文化不同,人们初次见面的降低不确定需求却是一致的,然而,在每个文化中,人们喜欢使用的减少不确定性策略不尽相同 (Gudykunst, 1983, 1985; Gudykunst & Nishida, 1984; Gudykunst, Yang & Nishida, 1985),

当时虽然也有丁允珠（Stella Ting-Toomey）强调定性研究的长处①，金荣渊（Young Yun Kim）以系统分析法研究跨文化适应②，但整个的大局似乎是以定量为主。由于古迪孔斯特的研究带动了一股跨文化交流的风潮，许多人将他奉为一代宗师，研究生以能受教于其门下为荣。

到了 20 世纪 80 年代末期，渐渐有人觉得要真正研究跨文化交流，必须深入研究文化。舒特（Robert Shuter）主编的专辑《文化内部交流型态》（*Patterns of Intracultural Communication*）正代表了这种观点。他强调 80 年代肤浅的跨文化传播研究只是将文化当作一项变量来测试西方发展出来的传播理论，从 90 年代开始，我们应该回归到文化本身，深入研究文化的内涵，以及社会文化与传播形态的关联。③ 这是传播学领域第一本以跨文化交流作为探讨主题的学术季刊专辑，同时也正式揭开了跨文化交流研究多元化的序幕。

20 世纪 90 年代以后的跨文化研究不容易总结，但整体而言，有几个明显的趋势：

1. 受到"深入研究文化"的启示，定性研究逐渐受到重视。但是单一的定性研究方法，虽然可以发掘参与者对事物的主观诠释，但是由于太过片面，往往不具说服力，因此，"三角测量研究法"（triangulation），就是多种方法齐用，渐渐取代了单一的纯定量或纯定性研究法。

2. 批判学派开始进入跨文化交流领域，这些学者认为很多文化间的交流互动现象，并非单纯的文化差异导致误解，而是还有文化霸权带来的结构不公问题。例如，斯塔芮思塔（William Starosta）与陈国明（Guo-Ming Chen）在他们合编的 IIC 年刊第 26 集中收录了很多批判传统跨文化交流研究方法的论文。④

① Stella Ting-Toomey, "Qualitative Research: An Overview", in W. B. Gudykunst & Y. Y. Kim (eds.), *Methods for Intercultural Communication Research*, Beverly Hills, CA: Sage, 1984, pp. 169—184.

② Kim, Young Yun, *Communication and Cross-cultural Adaptation: An Integrative Theory*, Clevedon, England: Multilingual Matters, 1988.

③ Robert Shuter, "The Centrality of Culture", *Southern Communication Journal*, 55 [Special Issue: Patterns of Intracultural Communication], 1990, pp. 237—249.

④ William J. Starosta and Chen Guo-Ming (eds.), Taking Stock in Intercultural Communication: Where To Now, Volume 26 of the *International and Intercultural Communication Annual*, Washington, DC: National Communication Association, 2003.

3. 互联网的出现开始挑战传统的传播理论，也包括跨文化交流的一些基本概念。首先，来自不同社会的人能够透过网络直接进行互动，因此可能造成文化差异渐渐消失，但是也可能因为跨文化交流发生频繁而使得这个学术领域变得更为重要。其次，许多20世纪80年代发展出来的重要观念开始受到质疑，例如，我曾经提出下面的问题：古迪孔斯特与金荣渊1984年出版的著名跨文化交流教科书是以《与陌生人交流》命名的（书名为 *Communicating with Strangers: An Approach to Intercultural Communication*）。这"陌生人"一词是指进行跨文化交流的两个人实际距离很近，但文化价值却很遥远。这个观念是假设跨文化交流发生在一个特定具体的空间，而且有主客之别。由此前提可以发展出其他的相关理论，例如，跨文化交流过程必然有一方要适应或迁就另一方，亦即他们的适应行为不是对等的。然而，到了互联网上，这一切都变成无效了，因为交流地点不是一个特定空间，因此无主客之别，那么要谈适应，最多也是相互适应。①

4. 由于各传播次领域对文化差异的敏感度普遍提高，越来越多的研究计划都将文化因素列入考虑，这使得我们对跨文化交流次领域的界定日益困难。例如，若有位学者将文化差异包括在组织传播或健康传播的研究计划中，我们便很难说他不是跨文化交流的学者。

下面我分别从几个不同的情境来探讨跨文化交流未来在中国的发展。

三　跨文化人际交流

这是个引起最多关注的跨文化交流研究板块。从感知（perception）、推理（reasoning）、感情表达（display of emotions）、语言行为（verbal behavior）、自我揭露（self-disclosure）、关系发展（relationship development）、劝说影响（persuasion and social influence）到冲突管理（conflict management）的文化差异都有许多研究报告出炉。涉及中外差异的也不少，例如，与美国

---

① R. Ma, "Computer-mediated Conversations as a New Dimension of Intercultural Communication between East Asian and North American College Students", in S. C. Herring (ed.), *Computer-mediated Communication: Linguistic, Social, and Cross-cultural Perspectives*, Volume 39 of the series *Pragmatics and Beyond New Series*, Amsterdam, Netherlands: John Benjamins, 1996, pp. 173—185.

人相比，中国人在选择劝说方法时较会将两人的长远关系纳入考虑，中国人也比较喜欢采用拐弯抹角、循序渐进的劝说方式。[①]

　　除了用现有理论作基础来比较中西（尤其是中美）交流差异外，中国人有许多特有的模式，不是肤浅的外观比较能发掘出来的，首先，中国人的关系网络建立并非一个单纯的人际互动需求，它还有资源掌握控制的含意，长期以来人们认为关系网络愈大，遇到困难时能找到援手的可能性也愈大，所以平时累积关系资源可能比在银行存款还重要。这也影响中国人的交流模式，平时尽量少得罪人，少得罪人就得先避免发生口角冲突，慢慢的，中国人的拐弯抹角说话艺术就产生了。其次，建立关系要真诚，甚至要让对方觉得对自己有亏欠，因此除了要了解对方的需要，还要主动提供"好处"给对方，这"好处"包括对方想要的物品、职位等，另外，也要在信息上互通有无，例如，听到了一项重要消息就有义务通报对方，这种盛行私底下传话的现象除了能巩固友谊也造成了社会上或机构内流言盛行，因此即使在中国古代社会，毫无现代科技的情况下，流言散布的速度及面积都非常惊人。[②] 从这个例子就可以看得出来，中华文化里面有很多值得深入研究的交流话题，这在跨文化交流领域是极其需要的。

四　小团体交流沟通

　　小团体交流研究在传播学领域也有悠久的历史，其研究多半偏重在小团体作出决定的过程（decision-making processes），影响决策过程的心理、社会、情境等因素，以及决策过程中的沟通方式。小团体通常是指3 到 7 人为了一个特定任务而组成的工作团体，但也可以延伸至辩论会及大型会议。在跨文化领域有过许多东西方在领导统御及决策过程方面的比较分析，例如，日本人如何在会前与每一组员进行"nemawashi"

---

　　① Ringo Ma and Rueyling Chuang, "Persuasion Strategies of Chinese College Students in Interpersonal Contexts", *Southern Communication Journal*, 2001（66）：267—278.

　　② Ringo Ma, "Spread of SARS and War-Related Rumors through New Media in China", *Communication Quarterly*, 2008（56）：384.

（会前协调沟通），以期开会时议案能获得无异议通过。[①]

　　如果要深入研究华人社会的小团体交流沟通，必须理解背后的价值观念与思维逻辑，个中原委可能不是一项简单的过程比较能够回答的。例如，中国人在会议上不太说话，美国人则争相发言，看起来似乎是中国人对事不关己的议题兴趣较小。实则有可能是类似"nemawashi"的思维方式，认为不同意见"可以在私底下沟通，别在会议上不给领导或同事面子，破坏群体和谐"，如果大家"撕破脸"，长远下去，对单位的发展也是不利的。在这种群体和谐的前提下，团体成员交流的方式自然也变成比较隐晦暧昧。美国人则正好相反，会议上不说话是没有"言语贡献"（verbal contribution），年度考评时可能被当成一个负面因素提出。此外，美国人从小就被父母、老师鼓励发言，说对说错都比不说好，加上不说话还可能影响自己的权益，所以在中美人士共同参与的会议上双方的发言踊跃程度经常形成强烈的对比。另外一个在小团体交流常被提到的问题是"群思"（groupthink），就是当团体凝聚力强大时，大家为了不影响团队精神而不愿批评其他团友提出的意见，因而导致小团体草草作出劣质的决策。这个现象存在于各个文化，但是该现象背后的思维却可能很不一样，中国人的思考可能不只是一个简单的"不得罪朋友"，而是顾虑到单位及个人的长远发展。相较于人际交流，涉及华人的小团体交流研究报告要少得多，这是一块亟待开发的研究领域。

五　组织（交流）传播

　　组织传播研究是传播学的热门次领域，"组织"一词译自英文"organization"，可包括政府机构、非政府机构、民间协会、商业公司等，凡经常存在、内部有正式组织架构及职能分工的团体均可称之。在现代社会，一个人从出生开始就必须和许多不同的组织来往。组织（交流）传播研究包括所有与管理功能有关的交流，例如，如何进行内部沟通以增进组织与个人的表现。除此之外，组织文化也是组织传播的重要课题，因为它是透过领导者与员工的沟通与员工之间的交流发展出来的，

---

① Watabe Kazuo, Clyde W. Holsapple and Andrew B. Whinston, "Coordinator Support in a Nemawashi Decision Process", *Decision Support Systems*, 1992 (8): 85—98.

它也决定了组织价值观以及在此价值观之下的组织行为。在中国最为人知的跨文化组织传播研究当属霍夫斯塔德（Geert Hofstede）推出的组织中五个文化价值层面："个人主义—集体主义"（individualism-collectivism），"权力距离"（power distance），"社会的阳性化—阴性化"（masculinity-femininity），"长期规划—短期规划"（long-term orientation-short-term orientation），与"不确定性回避"（uncertainty avoidance）。① 这五个层面曾被广泛应用在后来的跨文化组织传播研究中。例如，我的一位研究生李嘉卉发现在中国跨国公司中员工感受到的权力距离与他们的组织忠诚度（organizational commitment）的三个面向（物质、情感、道德）均呈负相关。② 在中国，跨文化组织传播的研究报告随着中国企业的国际化而日益增多，像是与西方人相比，中国人对顶头上司的忠诚比对公司的忠诚更能导致他在公司的良好表现。③ 另外也有报告揭露中国人对领导者的期待不同，例如，在西方能用言语把规定道理说清楚（沟通能力）是一项重要的管理能力，但是中国人更期待一种"跟我来"（follow me）的以身作则模式。④

　　要深入了解中国人在机构中的传播行为同样要探究其表象之下的思维模式。中国人有许多根深蒂固的想法，包括"人以和为贵"以及"论资排辈"，仍然影响着政府部门及企业集团。这些想法对促进内部和谐能起一定的作用，但并不表示人与人之间就没有意见相左之时。当两人意见有冲突时，为了不影响表面的和谐，当事人往往不愿开诚布公地坐下来谈问题，而是找其他朋友宣泄心中的不满，这些不满往往很快就经由非正式管道传遍全单位，慢慢形成了两派对峙。这在中国人的机构组织中是很普遍的现象，但却很少在西方的组织传播研究报告中披露。

---

① Geert Hofstede, *Culture's Consequences: Comparing Values, Behaviors, Institutions, and Organizations across Nations* (2nd ed.), Thousand Oaks, CA: Sage, 2001.

② Li Jiahui, "Compatibility between Employees' Values and Organizational Communication Climate: An Approach to Organizational Commitment" (Unpublished master's thesis), Hong Kong Baptist University, 2008.

③ Chen Zhenxiong, "Loyalty to Supervisor, Organizational Commitment, and Employee Outcomes: the Chinese Case", Unpublished doctoral dissertation, Hong Kong University of Science and Technology, 1997.

④ Ringo Ma and Rueyling Chuang, "Persuasion Strategies of Chinese College Students in Interpersonal Contexts", *Southern Communication Journal*, 2001 (66): 267—278.

六　媒介传播

以前，传播学者常用"大众传播"称谓透过传播媒介进行的交流传播。现在"大众传播"一词被用到的机会愈来愈少了，因为人际交流传播与大众传播界线日益模糊。一封电邮或手机短信可能由于内容特殊，经由密集转发，在短时间内被许多人读过。此外，科技的发达使得有线电视可以对使用者提供数百个节目频道，让不同兴趣的人观看各自喜爱的节目，也使得每一频道的观众大幅减少。这种"个人化的媒介传播"和"大众化的人际传播"正在挑战"大众传播"一词中"大众"的概念。由于传媒节目在某种程度上反映该地的文化，在甲地脍炙人口的影片在乙地未必大受欢迎，不同文化的人对同一事件的看法也可能迥异，因此，不同文化背景的人会使用不同的"框架"（frame）来报道新闻。跨文化传媒研究就是要比较这些差异，例如，研究发现中美两国媒体使用不同的"框架"报道 2001 年美国侦察机与中国战斗机在海南岛附近的撞击事件，美国媒体倾向把它看成单一事件，而中国媒体则将其看成是两百年来的一系列国耻之一。[①] 也就是说，除了单纯的政治意义外，群体与面子的价值观念也流露在中国的新闻报道之中。此外，有研究发现中美两国电视广告反映出不太一样的文化价值观念：在中国电视广告上反映最强的价值是家庭、科技和传统，而在美国电视广告上则是享乐、个人主义与经济，但两国电视广告都反映出重视现代化与青年人。[②]

从跨文化角度来看，媒体与中国受众的关系是多元而复杂的。丹尼斯·麦奎尔列举的媒体功能中除了监督评论还有动员整合。[③] 整体看来，中国传统媒体所扮演的动员整合角色远远大于西方同类媒体，但是新媒体扮演的监督评论却多过西方同类媒体。要了解传统媒体的不同角色，

---

① Steven W. Hook and Pu Xiaoyu, "Framing Sino-American Relations under Stress: A Reexamination of News Coverage of the 2001 Spy Plane crisis", *Asian Affairs: An American Review*, 2006 (33): 167—183.

② Cheng Hong and John C. Schweitzer, "Cultural Values Reflected in Chinese and U. S. Television Commercials", *Journal of Advertising Research*, May/June, 1996, pp. 27—45.

③ Denis McQuail, *McQuail's Mass Communication Theory* (6th ed.), Thousand Oaks, CA: Sage, 2010.

当然必须从过去几十年中国的历史及政治制度着手，但是文化的因素也扮演了一定的角色，例如，传统的儒家伦理观念强调每个人有不同的角色行为，如果每个人能扮演好自己的角色，天下就会太平，而且有句古语说"覆巢之下无完卵"，人们认为要先达成国家目标，个人利益才会有所保障。这与西方的监督政府以保障个人最大权益思维大相径庭。但是这些传统价值观念正逐渐被西方的个人自由观念所取代，所以在新媒体上所呈现出来的是另一番景象。

七　跨文化交流的理念——从理解到沟通

透过以上几个不同的情境（人际、小团体、组织、传播媒介），我们可以看出跨文化交流在许多现代社会是无所不在的。例如，早上出门可能在巴士站碰到一位问路的外国人，到学校必须要与一位外籍交换学生共同完成小组作业，晚上到一家外资公司打工，又得注意很多公司的规矩，最后下了班回家，打开电视，某频道正在放映一部外国片。也就是说，在今天的中国大城市，无论在家，走在街上或进入办公室，都有可能进行跨文化交流。

那么跨文化交流研究的真正目的是什么？它能保证我们的跨文化交流不出问题吗？跨文化交流研究当然不可能保证跨文化交流的必然成功，因为交流或沟通是双向的，必须要靠双方的共同努力，单靠一方的诚意是不够的。一般而言，良性互动有以下几个基本步骤：（1）承认对方的交流企图；（2）试图了解对方想表达的意念；（3）接受对方的意见。在这三项里面，前两项我们可以做得到，最后一项则不一定做得到，而且我们也不应强求。也就是说，无论我们能不能接受对方所说的，至少可以使用同理心去理解对方的思维与意图，这应是良性互动的起点，可是在跨文化交流时这点往往很难做到，因为双方各自背负着沉重的文化包袱，我们从小就无条件接受了许多根深蒂固的观念，带着这些观念的信息到了对方耳朵就可能变成荒诞的"奇风异俗"。这就是为何跨文化交流变成一个特别的研究领域，也是为何许多跨文化研究的重点都放在造成"误解"背后的原因，例如，不同的思维方式、不同的世界观，以及不同的价值取向。总之，当我们进行跨文化交流时应该先降低我们的期待，并假设对方与我们非常不同，然后再设身处地考虑对方的立场，即使不能完全同意对方，也清楚诚恳地告诉对方自己的立场，以及不能接受某些条件的原因。

　　跨文化交流强调多元思维，以及积极地了解对方的观点，注意由不同文化背景带来的正面与负面影响，因此多数研究报告谈到的是纯粹人与人之间的交流，因为单纯的人际互动容易让文化的因素凸显出来，而且人际交流也是其他形式交流传播的基础元素。国际传播（交流）（International Communication）研究的是政府之间的互动，因为政府是个政治组织，受制于政治现实，需要从各自本身的利害出发，往往透过宣传机构进行单向信息发布，这使得文化在国际传播研究中扮演的角色远不如跨文化交流研究。当国际间发生了重大冲突，文化差异可以帮助我们了解部分的原因，但是诸多其他因素都可能与情势发展有关，例如，政治体制、种族仇恨（的历史）、卷入国与其他国家的关系以及卷入国内部的情势（有许多为了扭转国内危机而对外强硬以转移民众注意力的例子）。

　　虽然国际争端有其复杂性，但是再复杂的问题还是需要由人来处理，如果双方当事人都能从良性跨文化交流的原则做起，很多国际争端应该是可以避免的，或者至少可以"大事化小，小事化了"。因此我们应该向各国政府涉外人员大力推广跨文化交流教育。这中间政府发言人在国际传播上扮演了举足轻重的角色，如果他们能在代表政府对外宣布解释各种政策做法时兼顾外国政府人民的想法将会对促进国际良性互动有很大的帮助，例如，中国政府发言人面对西方媒体要求澄清一件国际上有争议的事情，应该避免只用"团体利益"作立论的根据，而要将"个人利益"也包括进去，这样才会提高被接受的程度。

八　结语

　　跨文化交流，作为传播学的一个重要次领域，存在于今日中国社会的许多角落，也与中国在世界舞台上扮演的各种不同角色有关，无论从个人生活质量抑或国家社会利益的角度来看，都是一门不可忽视的学科。其研究趋势经历了 20 世纪 80 年代的定量热潮，90 年代的定性崛起，到后来的多元并进，显示出其作为一个学科已渐趋成熟。本文试图从几个跨文化交流可能发生的情境来展示它的无所不在。目前的跨文化交流研究多数集中在人际交流和组织传播两个情境上，至于小团体交流与媒介传播方面的跨文化交流研究则略显贫乏。我们必须体认的是：在每个层面，尽管文化可能非常重要，但通常不是唯一因素，因此，跨文化交流研究需要与其他研究课题合并进行。此外成功的交流是需要双方共同努力达成的，每一方都要先释出善意，承认对方的交流意图，然后再设法理解对方的立场及想要传达的信息，这样才是良性互动的开始，有了好的开始，才有成功的希望。将跨文化交流应用到国际传播的难度要比应用到单纯的人际交往大得多，因为政治因素可能凌驾于文化因素之上，这种挑战需要时间来克服，而最重要的是要从每个人的教育训练着手。

（马成龙，1987 年佛罗里达大学传播学博士，香港浸会大学传播系教授。曾在美、加任教 15 年。1997 年获得美国国家传播学会跨文化传播组“最佳出版论文”奖。电子邮箱：ringoma@ hkbu. edu. hk）

The Omnipresence of Intercultural Communication: from Study to Practice

Ringo Ma

Abstract: Intercultural communication, as a sub-area of communication studies, exists at many corners of Chinese society, and is associated with the various roles China plays in the world. Its importance can be seen from the perspectives of both the quality of our personal life and the interest of the whole society. From the different contexts in which it occurs intercultural communication with its omnipresent nature is demonstrated in this essay. Currently, most studies of intercultural communication focused on interpersonal and organizational contexts; the contexts of small group and mass media are underexplored. We need to realize that it always takes two to communicate and successful communication requires facilitative behaviors, including recognizing and understanding our communication partners, from both parties. It is more difficult to apply theories of intercultural communication to international relations, including regular exchanges and irregular disputes, than to interpersonal relationships because the former can easily be overshadowed by political complexities. Education of intercultural communication for individuals is the starting point for overcoming these problems.

Keywords: intercultural communication, communication studies, Chinese culture, interpersonal communication, small group communication, organizational communication, media communication, Internet

(Ringo MA, Professor of Communication Studies, Hong Kong Baptist University (HKBU), taught in Canada and the U. S. for 15 years before he joined the faculty of HKBU. He was the recipient of 1997 Distinguished Scholarship Award from the International and Intercultural Communication Division of National Communication Association for the "Best Article" published in 1996. Email: ringoma@ hkbu. edu. hk)

国际传播的研究历程及其与
国际关系的理论联系

陈开和

提　要：随着传播全球化的推进，跨国传播在国际事务中的作用日益突出，但在学术界，国际传播与国际关系依然是相对独立的两个研究领域。本文回顾了国内外学术界对国际传播的研究历程，并探讨了传播问题在主流国际关系理论中的位置。文章分析了国际传播与国际关系研究理论联系的历史起伏，指出了建构主义等新兴国际关系理论的发展使得国际传播问题正重新进入国际关系学的理论核心，为国际传播与国际关系的理论整合提供了新的契机。

关键词：国际传播，国际关系理论，建构主义

传播学与国际关系学，都是起源于西方的学科。传播学作为研究人类信息传播现象及规律的学科，是 20 世纪初才发展起来的，到 20 世纪 40 年代初具规模，60 年代以后，传播学先后传入我国的台湾、香港及中国内地。国际关系学作为一门独立的学科，也是 20 世纪初才出现的。[①] 这两门 20 世纪的"新兴学科"的发展，都与 20 世纪初人类经历的战争浩劫密切相关。第一次世界大战后，美国的传播学研究形成高潮，心理战在战争中的作用以及宣传的效力等问题成为早期传播学者关注的焦点；而世界上最早的国际政治系也是在一战刚结束时，于 1919 年在英国的威尔士大学（University of Wales）设立的。因此，传播学以

---

① 关于这两个学科的起源及其在中国的发展史，可分别参见袁军、龙耘、韩运荣《传播学在中国：传播学者访谈》，北京广播学院出版社 1999 年版；王逸舟《西方国际政治学：历史与理论》，上海人民出版社 1998 年版。

及国际传播问题的研究从一开始就与国际关系密切相关。

一　国际传播研究历程的回顾

虽然宣传战等与国际关系相关的问题一直是部分传播学者感兴趣的课题之一，但在传播学的发展过程中，涉及国际关系问题的研究却有逐步被边缘化的倾向。传播学者越来越多地关注自身学科体系的建立，包括各种理论模式的探索等，传播学越来越"玄化"和"细化"了。[①] 国际关系问题在传播学研究中的位置也被边缘化了，与国际关系相关的部分，一般被划入"国际传播"（international communication）这个小分支中，成了传播学与国际关系学之间的"少数族群"。以下是对这一部分文献的简要回顾。

如果我们把国际传播泛泛地定义为跨国界的信息传播活动，那么，自从国家产生之后，国际传播活动就开始了，而且涵盖的内容非常广泛，据此定义，"两位站在各自国界上的比利时人和法国人进行的交谈也变成了国际传播"[②]。实际上，早期国际传播研究的主要课题是大众传媒在国与国关系中的作用。也就是说，国际传播的主体是国家，渠道是大众媒介。这种意义上的国际传播至今仍被许多学者所接受，比如，我国有学者就把国际传播定义为："特定的国家或社会集团通过大众传播媒介面向其他国家或地区受众所进行的跨国传播或全球范围传播。"因此，"国际传播是连接国家与国外公众的桥梁，一国只有通过国际传播才能争取国外公众的理解、支持和共鸣，从而在国际社会树立预期的国家形象"[③]。

这种把国家作为国际传播根本主体、把国际传播完全看做服务国家利益的工具的观点，并非我国学者所独有，也是西方国际传播研究中长期占主导地位的倾向。毋庸讳言，国际传播（以及传播学本身）作为一个学术研究的

---

① 清华大学新闻传播系刘建明语。参见袁军、龙耘、韩运荣《传播学在中国：传播学者访谈》，北京广播学院出版社 1999 年版，第 70 页。

② ［英］罗伯特·福特纳：《国际传播：全球都市的历史、冲突及控制》，刘利群译，华夏出版社 2000 年版，第 6 页。

③ 刘继南、周积华、段鹏等：《国际传播与国家形象——国际关系的新视角》，北京广播学院出版社 2002 年版，第 2、4 页。

领域，是从西方特别是美国发展起来的，而且它一开始就是被当作实现国家战略的工具来看待的。在 20 世纪 50 年代和 60 年代，美国国际传播研究的重镇是麻省理工学院的国际问题研究中心，它采用社会学方法，研究如何控制大规模人群的态度和行为，尤其是如何运用大众传媒去影响第三世界国家的社会发展。既然与国家战略有关，经费问题自然不虞匮乏。1952 年夏，福特基金会（Ford Foundation）一次就拨给这个研究中心 87 万多美元专门用于国际传播研究。而福特基金会不过是充当了中央情报局（CIA）和美国空军（Air Force）的白手套。其他类似的研究机构，其经费来源中通常有高达 75% 是来自政府机构的。这些研究项目的指导纲要中明确规定："要探索掌权者（wielders of power）发送指令和接收讯息的有效方法。"① 短短几年之内，麻省理工学院国际问题研究中心就完成了一系列国际传播问题的研究报告，内容涉及说服技巧、广告技巧、民意调查方法、政治和军事动员方法、意识形态传播技巧等。特别值得一提的是，麻省理工学院的研究报告中还结合福特基金会的指示，专门给"国际传播"下了一个定义："福特基金会所认为的'国际传播'，不是指用机械、电子和其他物理的手段来向国外传送信息。国际传播是指通过言词（words）、印象（impressions）和观念（ideas）的交换，去影响不同民族之间相互之间的态度和行为。"② 也就是说，它们不仅重视国际传播的技术面，更重视国际传播的内容和效果。在麻省理工学院的研究项目中，国际传播首次被提出来作为一个专门的研究领域。但很明显，麻省理工学院的国际传播研究，实际上是一战期间宣传战研究的继承和发展，其出发点是为美国政府的决策者服务，是从属于政治的，离学科的真正独立性还很遥远。

在政府的大力资助下，一批知名的美国社会科学家集结到国际传播研究领域。③ 国际传播的研究范围因此得以扩大，其作为一个研究领域的合法性也得到承认。1956 年，美国的《民意研究季刊》（*Public Opinion*

① 参见 Hamid Mowlana, *Global Communication in Transition: The End of Diversity*, London: Sage Publications, pp. 6—7。

② 同上书，第 9 页。

③ 其中包括 Bernard Berelson, Jerome S. Bruner, Leonard Cottrell, Archibald M. Crossley, W. Phillips Davidson, Herbert Hyman, Harold D. Lasswell, Paul F. Lazarsfeld, Wilbur Schramm, Philip Selznick, Samuel Stouffer, Robert Strunsky, Paul Trescott, David Truman, Elmo C. Wilson, 参见 Hamid Mowlana, *Global Communication in Transition*, p. 20。

Quarterly) 春季号出了"国际传播"专刊，其中又分成五个专题：（1）对决策者的传播——请求与施压；（2）国际传播——媒体及其流向；（3）国际传播中的意象（image）、定义（definitions）及受众反应；（4）未工业化地区的传播与政治；（5）传播与全球冲突。麻省理工学院国际问题研究中心的学者以及 1956 年春季《民意研究季刊》的作者群，他们都自觉地把国际传播作为一个学术领域，而且他们中的多数都来自政治学、心理学、社会学、人类学和其他行为科学领域。其中有一部分如施拉姆等持续在传播学这个领域耕耘并成为大家，也有相当多的学者后来又回到各自先前的研究领域，但他们的工作深深地影响了后来国际传播学者的研究取向。

此后，国际传播的研究阵地逐渐转移到美国各大学的新闻传播院系。美国的"新闻与大众传播教育协会"（Association for Education in Journalism and Mass Communication，AEJMC）之下设立了国际传播分会，并且在 1969 年 3 月举办了国际传播专题研讨会，次年出版了题为《国际传播：一个研究领域》（*International Communication as a Field of Study*）的论文集，内容涉及国际传播课程设置方案、教学方法、理论与应用等方面的讨论。之后，国际传播与政治学和国际关系学的联系又密切起来。美国两大社会科学研究团体，美国政治学会（American Political Science Association）和国际问题研究会（International Studies Association）分别在它们的年会和其他会议中设立国际传播专题，国际政治传播问题一时又在国际关系学者中引起较大兴趣。其中较为突出的是卡尔·多伊奇（Karl W. Deutsch）关于传播与国际一体化（integration）的研究。多伊奇从 20 世纪 50 年代起就一直坚持把传播与国际关系研究结合起来，他认为："社会科学的存在有赖于其把社会群体作为一个组织而不是作为一个团块对待的能力。传播起着胶合作用，是形成一个组织的关键。靠传播交流，一个群体就能有共同的思想、共同的眼光和共同的行动。凡社会学都需要对传播有所了解。"[1] 在国内政治中，多伊奇把信息传播体系称为"政府的神经"，而在国际关系中，他则把传播看做各国之间超越领土界限形成政治一体化的关键。多伊奇认为，密切的传播联系有助于安全共同体（security communi-

---

[1] Karl W. Deutsch, *The Nerves of Government*, New York: The Free Press, 1964, p. 77.

ty）的建立。在安全共同体内部，武力将理所当然不会成为解决分歧的手段。安全共同体的基本类型有两种：一种是合并型的；另一种是多元型的。前者指原来相互独立的各政治单位组成一个有统一政府的单一安全共同体；后者指一个由若干仍保持法律独立性并相互分离的政府组成的安全共同体。他把美国作为合并型安全共同体的范例，而第二次世界大战以来美国/加拿大或法国/德国之间，则可以称为多元型安全共同体。形成安全共同体要有多种条件，比如，主要价值观的相互一致性；人员的流动，至少是精英阶层之间的流动；传播与交流活动的多样化，等等。简言之，由多层次的人员交流以及其他方面传播渠道所带来的广泛信息流动，是形成安全共同体的必要条件。① 1968 年，多伊奇出版了专著《国际关系分析》（*The Analysis of International Relations*），在这部影响甚大且多次再版的著作中，多伊奇仍然非常重视传播系统在国家决策和国际一体化中的作用。比较可贵的是，多伊奇的研究在一定程度上超越了狭隘的美国国家利益观，试图从更高的层次上为人类面临的问题寻找答案，正如他自己所说："我们正在学习认识我们共同在这个星球上生存的问题，如果我们现在认真对待，我们就有理由希望找到解决的办法，并及时据此而行动。"②

但是，像多伊奇这样把传播与国际关系结合起来，并且在主流的国际关系学界占有一席之地的学者实在少得可怜。在多伊奇之后，传播学者与国际关系学者基本上仍是各自为政的两个圈子。国际传播学者在西方主流的国际关系学界中，仍是边缘人。③ 因此，从历史上和整体上来讲，西方的国际传播研究，要么作为政府实施对外战略的工具，要么为主流国际关系理论提供一些补充，其学术自主性还是相当不足。

检视 20 世纪 50 年代中期之前美国的国际传播研究，史密斯发现三个显著特点：（1）研究重点在于强调国际传播在国家对外战略方面的巨大作用，而很少触及如何利用国际传播来促进世界和平；（2）极少学者关

---

① Karl W. Deutsch et al., *Political Community and the North Atlantic Area*, Princeton：Princeton University Press, 1957.

② ［美］卡尔·多伊奇：《国际关系分析》，周启朋等译，世界知识出版社 1992 年版，第393 页。

③ 只要翻翻国内外关于国际关系理论流派及代表人物的介绍（如倪世雄等：《当代西方国际关系理论》，复旦大学出版社 2001 年版；楚树龙：《国际关系基本理论》，清华大学出版社 2003年版），我们就会发现，其中几乎看不到国际传播学者的名字。

心如何改进国际组织（如世界卫生组织、联合国儿童基金会等）运作中
的信息流通过程；（3）完全没有学者研究非政府主导的传播方式（如电
影、书籍）在国际传播中的作用。① 之所以如此，重要原因之一是学者们
的科研经费主要来自政府资助。而在政府部门眼里，大众传播首先是一个
工具，可以用来说服国内外特定的受众群，从而以较低的成本去扩大美国
在海外的影响力。实际上，政府部门的资助一直是美国传播学研究的重要
经费来源。美国学者辛普森（Christopher Simpson）就肯定地认为，如果
没有冷战期间来自美国军方、情报部门以及宣传部门的大量经费资助，美
国的传播学研究也许就是一种完全不同的面貌。② 由此，我们也不难理解
穆拉纳（Hamid Mowlana）在 1974 年总结国际传播研究成果时所得出的一
个主要结论：美国国际传播研究所关注的国际区域，正好是美国军事、政
治和文化介入最深的地区。③

　　在政府之外，商业机构的利益也影响了美国国际传播学者的研究取
向。1988 年，美国学者卢瑟（Sara Fletcher Luther）重新回顾了国际传播
研究的进展，结果发现，这一领域的研究仍然带着浓重的功利主义倾向，
大量的研究都依据传播学的"5W"（who say what, in which channel, to
whom, with what effect）模式，把焦点放在国际传播中的刺激/反应（stim-
ulus/response）关系上，只有极少数人去关心国际传播中的主导权与控制
权问题。针对美国学者的研究方法问题，卢瑟认为，他们"把自己既有
的价值框架作为自己研究的基础，很少对主流的核心信念提出质疑，似
乎没有意识到他们自己的作为强化了现有价值体系的合法性。从 20 世
纪 30 年代中期以来，他们就开始接受广播产业的资助，而商业性的传
播产业总是试图去影响社会科学工作者的理论视角以及他们给自己设定
的研究课题"④。总之，在政府与商业力量的双重影响下，美国国际传播

① Bruce Lannes Smith, "Trends in Research on International Communication and Opinion, 1945—
1955", *Public Opinion Quarterly*, Vol. 20, 1956, pp. 182—195.

② 引自 Hamid Mowlana, *Global Communication in Transition: The End of Diversity*, London:
Sage Publications, p. 1。

③ Hamid Mowlana, "The Communication Dimension of International Studies in the United States: A
Quantitative Assesment", *International Journal of Communication Research* (Koln, Germany), Vol. 1,
No. 1, 2007, pp. 3—22.

④ Sara Fletcher Luther, *The United States and the Direct Broadcast Satellite: The Politics of Inter-
national Broadcasting in Space*, New York: Oxford University Press, 1988, p. 44.

研究的主流一开始就带有国家中心主义（state-centrism）和功利主义的色彩。

值得注意的一组文献是 20 世纪六七十年代的一群欧美批判学派学者的研究。有代表性的包括美国的赫伯特·席勒（Herbert Schiller）、乔治·格伯纳（George Gerbner），欧洲的汉姆林克（Cees J. Hamelink）、诺登斯特朗（Kaarle Nordenstreng）等。西方特别是美国政治经济势力主导下的国际传播对发展中国家主权和文化自主权带来的冲击，是他们关注的焦点。① 批判学派的国际传播研究，与六七十年代国际政治的变迁刚好相互呼应，在某种程度上可以说是学术取向与政治趋势相互配合的另一个例子。当时的国际政治趋势，是越来越多的亚非拉国家摆脱了殖民统治，获得民族独立，面对西方强权主导下的不公正国际政治经济秩序，广大第三世界国家在国际上采取联合自强的策略。1961 年不结盟运动（Non-Aligned Movement，NAM）成立之后，成员迅速扩大，到 1976 年在斯里兰卡首都科伦坡举行第五次不结盟国家和政府首脑会议时，已有 85 个国家出席，成为一股重要的国际政治力量。② 在第三世界国家的推动下，国际传播的不平衡问题被提到了包括联合国在内的一些重要国际组织的议事日程上，联合国教科文组织（UNESCO）成为讨论国际传播秩序问题的主要讲坛。从 60 年代末开始，联合国教科文组织多次召开专家会议，讨论国际传播问题。在 1976 年联合国教科文组织第 19 届大会后，联合国教科文组织总干事姆博组织了一个由来自不同国家的 16 位学者、新闻工作者和前政府官员组成的"国际传播问题研究委员会"，负责提出国际传播问题的研究报告。在 80 年代中期之前，联合国教科文组织几乎每年都通过关于建立国际传播新秩序的决议或声明，要求发达国家更多地重视媒体的社会责任，帮助发展中国家建设传播基础设施，促进国际新闻和其他信息的更加公正和平衡的流动。③ 不少欧美批判学派的学者，如诺登斯特朗、汉

---

① 相关文献参见 Herbert I. Schiller, *Mass Communications and American Empire*, New York：Augustus M. Kelley Publishers, 1970；Herbert I. Schiller, *Communication and Cultural Domination*, New York：M. E. Sharpe, 1976；Kaarle Nordenstreng and Herbert I. Schiller（eds.），*National Sovereignty and International Communication*, Norwood, New Jersey：Ablex Publishing Corporation 1979。

② 参见梁守德等主编《世界政治与国际关系》，湖北人民出版社 1987 年版，第 272 页。

③ 参见联合国教科文组织国际传播问题研究委员会《多种声音，一个世界》，中国对外翻译出版公司 1981 年版。

姆林克、洛奇（Colleen Roach）等，都曾在这段期间直接参与联合国教科文组织的研究项目。

随着美国、英国先后于 1985 年、1986 年退出联合国教科文组织，该组织作为国际传播论坛的作用也逐渐淡化了。国际传播秩序问题在国际组织和国际会议中似乎不再成为焦点，批判学派的学者并没有完全放弃自己的研究取向，但他们的声音似乎也更加微弱了。①

冷战结束后，在西方的国际传播研究中，我们可以发现，媒体在国家外交政策及对外战略中的作用，仍然是国际传播研究中的主要课题之一。② 战略专家们仔细检讨媒体的介入对军事行动的利弊得失，③ 批判学派的学者们则试图揭露主流媒体与"军事—工业集团"（military-industry complex）的利益共生关系，④ 提醒人们媒体所展现的现实与真正的现实之间存在的巨大落差。尽管角度不同，学者们关注的焦点都还是国家在传播中的作用问题。

但冷战后的国际传播研究中也出现了一些新的趋势。全球化进程的加速发展使得部分西方学者相应调整了他们的研究角度，试图超越国家中心论的方法，从全球和平与发展的角度来审视传播问题，并出现了一批比较重要的国际传播著作。例如，在 1996 年出版的《变迁中的全球传播：多样性的终结?》一书中，穆拉纳就用了很大篇幅探讨全球传播对本土社区（community）、国家以及全球发展带来的新冲击，主张在认识论层次上调整我们的取向（epistemological reorientation），在政治、经济等传统领域之外，更多地关注传播政治经济学以及国际文化关系，使传播学者能够以开放的态度和全球的视野，努力超越本土语言和文化的

---

① 如 Jorg Becker, Goran Hedebro, Leena Paldan（eds.），*Communication and Domination：Essays to Honor Herbert I. Schiller*，Norwood, New Jersey：Ablex Publishing Corporation, 1986；Herbert Schiller, *Living in the Number One Country*，New York：Seven Stories Press, 2000。

② 如 Simon Serfaty（ed.），*The Media and Foreign Policy*，London：MacMillan, 1990；Patrick O'Heffernan, *Mass Media and American Foreign Policy*，Norwood, New Jersey：Ablex Publishing Corporation, 1991。

③ 如 Stephen Badsey（ed.），*The Media and International Security*，London：Frank Cass Publishers, 2000；William V. Kennedy, *The Military and the Media：Why the Press Cannot Be Trusted to Cover a War*，Westport, Connecticut, London：Praeger, 1993。

④ 如 Hamid Mowlana, George Gerbner and Herbert Schiller（eds.），*Triumph of the Image：The Media's War in the Persian Gulf － A Global Perspective*，Boulder, Colorado：Worldview Press, 1992。

局限，真正从"全球的角度"（global approach）来研究国际传播问题。①
欧洲学者、国际大众传播研究协会（International Association for Mass
Communication Research）前主席汉姆林克（Cees J. Hamelink）早期曾经
以很大热情关注发展中国家的文化自主性（cultural autonomy）问题，呼
吁并亲自参与联合国教科文组织在推动建立国际传播新秩序方面的工
作。② 他早期的研究中，国家也是最主要的关切点。但是，20 世纪 90
年代以后，从他的写作中我们可以看到一些明显变化，他开始更多地强
调多国之间的政策协调而不是对抗，主张更多地从人的角度来进行国际
传播的研究，因为"所有的人都是重要的"（all people matter），而世界
上现存的种种政治机构并不都符合这样的原则。因此，在他看来，人权
就成为国际传播研究的最重要出发点。③ 其他许多学者，也力图矫正传
统国家中心主义的方法，从更广的角度来看国际传播问题。④ 诚然，国
际传播领域的大量不平衡不公正现象仍然是一个我们必须正视的事实，
对这种现象进行认真研究，提出可行的对策，是学者们应有的责任。但
纯粹的指责和批判对问题的解决并没有很大助益，因此，越来越多的学
者主张把问题放在更宽阔的社会和人文视野之内来进行多层面的分析，
而不仅仅从某个单一的角度。⑤

　　此外，网络媒体作为新的传播渠道所带来的影响，也是冷战后西方学
界国际传播研究的一个重要焦点，英国新近出版的一部相关理论著作中，

---

① Hamid Mowlana, *Global Communication in Transition*: *The End of Diversity*, London: Sage
Publications Inc. , 1996, p. 210.

② Cee J. Hamelink, *Cultural Autonomy in Global Communications*: *Planning National Informa-
tion Policy*, New York: Longman Inc. , 1983.

③ Cees J. Hamelink, *The Politics of World Communication*, London: Sage Publications Ltd. ,
1994.

④ 在这方面，可以比较 Kaarle Nordenstreng and Herbert Schiller（eds. ）, *National Sovereignty
and International Communication*, Norwood, New Jersey: Ablex Publishing Corporation; Kaarle Nor-
denstreng and Herbert I. Schiller（eds. ）, *Beyond National Sovereignty*: *International Communication in
the 1990s*, Norwood, New Jersey: Ablex Publishing Corporation, 1993。

⑤ 相关文献可参见 Ali Mohammad（ed. ）, *International Communication and Globalization*,
London: Sage Publications Inc. , 1997; Peter Golding and Phil Harris（eds. ）, *Beyond Cultural Impe-
rialism*: *Globalization*, *Communication & the New International Order*, London: Sage Publications
Inc. , 1997; David Demers, *Global Media*: *Menace or Messiah?* Cresskill, New Jersey: Hampton
Press Inc. , 1999; Paula Chakravartty and Yuezhi Zhao（eds. ）, *Global Communications*: *Toward a
Transcultural Political Economy*, New York: Rowman & Littlefield Publishers Inc. , 2008。

就有专章对互联网作为国际传播理论与实践的新前沿进行专门讨论。① 互联网以及传播全球化所引发的"全球公民社会"议题也是近年来国际传播学界的一个热门议题,但西方学术界对"全球公民社会"的前景目前仍众说纷纭,以传播学者为主的乐观派认为它将使国际体系中的社会性力量大大增强,从而可能改变传统的国际关系基本结构,而国际关系学者则多持谨慎态度,认为在传播全球化的时代,国家的力量仍是主导性的,全球传播也很难导致民众认同的根本性变化。②

综观西方国际传播研究的历程,我们可以发现,迄今为止,完整的国际传播学仍没有成型,用这个领域主要学者之一穆拉纳的话来说,"国际传播既不是一个学科(discipline),也不是一门精确的科学(science)",而是一个仍在发展变化的"研究领域"(a field of inquiry and research)。③ 因此,在从事国际传播研究时,我们没有必要跟在西方学者后面亦步亦趋,国际上也未必有什么现成的"轨"可以让我们轻松去"接",但是回顾和总结西方学者的研究历程和不同视角,至少可以为我们与西方的学术对话提供一些依据,对于发展我们自己的国际传播研究无疑是有意义的。

与西方国家相比,我国的传播学研究起步晚了很多,国际传播的研究就更晚一些,但已经取得丰富的研究成果。北京大学在国际传播的学科建设方面做了大量工作,包括较早设立国际传播专业,开设《国际传播》课程,举办国际传播问题的国际研讨会,④ 并且已经出版了多种关于国际传播的学术著作。⑤ 近

---

① Thomas L. McPhail, *Global Communication*: *Theories*, *Stakeholders*, *and Trends* (3rd ed.), Chichester, U. K.: Wiley-Blackwell, 2010.

② 参见 Taylor C. Boas, "The Dictator's Dilemma? The Internet and U. S. Policy toward Cuba", *The Washington Quarterly*, 2000 (Summer): 57—67; Edward Comor, "The Role of Communication in Global Civil Society: Forces, Precesses, Prospects", *International Studies Quarterly*, 2001 (45): 389—408。

③ Hamid Mowlana, *Global Communication in Transition*: *The End of Diversity*, p. x.

④ 1996 年 8 月在北京大学召开了"面向 21 世纪的传播与文化"国际研讨会,与会的境外学者有 50 余人。1998 年出版了由龚文庠、[美]雷·海西主编的英语论文集 *Communication and Culture*: *China and the World Entering the 21 Century*,荷兰罗多比出版社(Rodopi Editions, Amsterdam)。

⑤ 如《因特网与社会:论网络对当代西方社会及国际传播的影响》(杨伯溆主编,华中科技大学出版社 2002 年版)、《国际传播学》(关世杰,北京大学出版社 2004 年版)、《国际传播学教程》(程曼丽,北京大学出版社 2006 年版)等。

年来，国内出版的相关著作或译作的数量在不断增加。① 从这批成果中我们可以明显看出来，我国学者的国际传播研究，其主要兴趣和焦点，一是国家形象及其传播问题，二是大众媒体在国际关系中的作用，三是全球化背景下的传播/文化帝国主义问题。总体上看，我国学者多数都同意国际传播是国际关系的一个重要组成部分，但其基本的研究取向还是国家中心主义的，因此，有的学者认为，国际传播的主要功能在于"服务本国意识形态"，是"主权国家实施国际战略、外交政策的重要手段"，是"国家独立的重要特征"。② 在这样的视野下，国际传播中往往只剩下国家这个主体了，其他的非国家的主体，包括国际组织和个人等，在国际传播中的作用，基本上被忽略了，甚至连重要的私营跨国传媒都不属于国际传播的研究范围，因为"国际传播需要巨大的高科技和高资金投入，只能以国家行为为主"，而且"国际传播不以赢利为首要目标"，"国际传播关系实际上是国家关系在传播领域的体现"。③ 有的人更是直接地把国际传播等同于我国的对外宣传技巧："国际传播是一门艺术，一门跨文化传播的艺术，一门让异国受众了解中国、理解中国的艺术。"④

　　以上这些引述，可以看出我国国际传播研究中的较强的国家中心主义取向。作为中国学者，关切国际传播对我国国家主权和利益的影响，是理所当然的事，但是这并不意味着我们可以忽视国家以外的传播主体在国际传播中的作用，也并不意味着我们可以忽视国际传播在国家层面之外所产生的影响，相反，我们只有全面地分析和把握国际传播发展的总体趋势及

---

① 如北京广播学院（中国传媒大学）出版社推出的《大众传播与国际关系》（刘继南主编，1999 年版）、《国际传播与国家形象》（刘继南、周积华、段鹏等，2002 年版）、《国际关系与全球传播》（陈卫星主编，2003 年版）、《全球化与文化间传播》（郭镇之主编，2004 版）、《中国形象：中国国家形象的国际传播现状与对策》（刘继南、何辉等，2006 年版）、《权力与博弈——信息时代的国际政治传播》（周宇豪，2008 年版）、《超越非洲范式：新形势下中国对非传播战略研究》（龙小农，2009 年版）、《新媒体环境下的国际传播》（田智辉，2010 年版）、《中国电视国际化与对外传播》（李宇，2010 年版）等一系列著作；以及《中国的大国地位与国际传播战略》（吴征，长征出版社 2001 年版）、《儒学国际传播》（朱仁夫等，中国社会科学出版社 2004 年版）、《国际政治传播：控制与效果》（李智，北京大学出版社 2007 年版）、《战略传播管理——冷战后美国国际形象构建研究》（于朝晖，时事出版社 2008 年版）等。

② 刘继南、周积华、段鹏等：《国际传播与国家形象——国际关系的新视角》，北京广播学院出版社 2002 年版，第 14—16 页。

③ 杨伟芬主编：《渗透与互动——广播电视与国际关系》，北京广播出版社 2000 年版，第 32 页。

④ 吴征：《中国的大国地位与国际传播战略》，长征出版社 2001 年版，第 100 页。

其在多种层面上可能产生的影响，才能更好地趋利避害，维护好我们国家的主权和利益。此外，在我国学者的前述著作中，一个明显的特点，是理论整合方面的不足。尽管大家都重视国际传播在国际关系与我国对外关系中的作用，却很少有人试图从学理上把这两者有机地联系起来，其结果，有的论述就难免失之随意而减少了说服力。

二　传播问题与主流国际关系理论的联系

如前文所述，"国际传播"作为一个研究领域，历史不算短，但体系很不完善，到底什么是"国际传播"，学界没有统一的定义。前面提到，我国很多学者所说的国际传播，是指以国家政府为主体，以大众传媒为渠道的对外传播活动。从西方来看，美国国际传播研究的起源也是出于为美国国家战略服务的目的。但是，在传播科技的发展和商业力量的推动下，国际传播的推动力和影响力都日益超出了国家政府的层面，而呈现出更加复杂的格局。因此，我们可以使用"跨国传播"一词，它同样是指跨越国界的信息传播，但其主体除了国家之外，还包括国家之内的组织和个人，以及国家之外的国际组织；跨国传播的内容，既包括国际广播等由官方宣传机构发送的信息，也包括私营传播机构（如大的跨国媒体集团）及国际组织所带来的信息流动。其所涵盖的范围，比狭义的国际传播概念更广。

关于跨国传播与国际关系的著作，常见的研究路径有两种：一是把不同的国际传播渠道进行分门别类，例如，国际广播，国际文化产业（书籍、期刊、电影、广告），跨国界的电脑数据流动（Transborder Data Flows），国际旅游等，然后针对不同渠道的信息流动情形进行描述和讨论；[①] 二是把国际关系的活动类型进行分类，如外交、国际冲突、国际谈判等，再考察每一种类型的国际活动中，国际传播所起到的作用。[②] 而传播问题与国际关系学之间究竟存在怎样的理论联系？对这一问题目前还没

① 例如，Hamid Mowlana, *Global Information and World Communication*, New York: Longman, 1986.

② 例如，杨伟芬主编《渗透与互动——广播电视与国际关系》，北京广播出版社 2000 年版；张桂珍主编：《国际关系中的传媒透视》，北京广播出版社 2000 年版；刘继南等：《国际传播与国家形象》，北京广播出版社 2002 年版。

有看到较为系统的探讨。这里，笔者以主流国际关系理论为线索，就此问题作个探讨①。

在国际关系的理论文献中，曾经有过像多伊奇这样的学者自觉地把传播研究带入国际关系理论的探索中，但是，在整体的国际关系理论发展史上，这并不是主流的流派。在主流国际关系理论的发展演变过程中，信息传播问题必然会被经常触及，但或许是由于国际关系学理论自身的发展特点以及多数国际关系学者缺乏传播学方面的训练，传播问题长期在国际关系理论中处于边缘位置，并没有受到应有的重视。

在第一次世界大战结束后，以美国前总统威尔逊为代表的理想主义的学派在国际关系学界一度十分盛行，他们的核心观点是主张国际和外交事务的透明化和公开化，认为国际舆论的监督将可以很大程度避免因为政治人物的私下交易而导致的种种国际冲突。但是，在当时的国际环境下，理想主义的主张由于缺乏对国际现实的解释力而被现实主义学派所取代。现实主义是第二次世界大战之后在西方国际关系理论中长期占主导地位的学派。在现实主义者看来，国家利益是以权力来界定的，而权力天生就相互排斥，因此国际关系中国与国之间的利益从根本上说是不可调和的，国际关系的本质就是国与国之间争夺权力的斗争。传统现实主义的代表人物汉斯·摩根索（Hans J. Morgenthau，1904—1980）提出了构成国家权力的九大要素：地理因素、自然资源、工业能力、军事准备、人口、民族性格、国民士气、外交质量和政府质量。② 在政府质量这个要素中，摩根索特别提到要"运用宣传这一新武器"，因为"国际舞台上的权力之争不仅是对军事优势和政治统治的争夺，而且在特定的意义上是对人们的思想的争夺。这样，国家的权力不仅依赖于外交的技术和武装力量的强大，而且依赖于它的政治哲学、政治机构和政治决策对其他国家的吸引力"③。这里所说的"宣传"和"思想的争夺"，无疑是服务于维持和扩大国家权力这个核心目标，因此，传播问题在国际关系中是次要的、工具性的。这完全切合现实主义理论的哲学基础，那就是："政治是受到植根于人性的客观法则

① 之前的相关讨论参见龚文庠、陈开和《试论跨国传播对国际关系的影响》，载尹韵公等主编《传播学研究：和谐与发展》，新华出版社2006年版。
② ［美］汉斯·摩根索：《国家间政治——寻求权力与和平的斗争》，徐昕等译，中国人民公安大学出版社1990年版，第152—203页。
③ 同上书，第203页。

的支配","而自从中国、印度和希腊的古典哲学努力发现这些法则以来，人性没有发生变化"，所以，归根结底，国际政治的最终目标还是"被界定为权力的利益"，除此之外，过分去关注国际政治行为者的"动机"或"意识形态"都是没有必要的。①

对权力的强调，使得跨国信息传播问题在现实主义学派的理论中处于非常次要的位置。而在新现实主义学派的理论中，传播问题更是完全被忽略了。新现实主义学派是在传统现实主义学派遭受来自科学行为主义学派的种种抨击之后，在 20 世纪 70 年代末形成的，其标志性著作是沃尔兹（Kenneth N. Waltz）在 1979 年出版的《国际政治理论》一书。② 与摩根索等人的传统现实主义理论不同的是，新现实主义认为在无政府状态下，国家最终所关心的不是权力，而是安全，权力只是一种可能有用的手段。新现实主义理论的最大特征是强调国际政治的"结构"对国际政治结果的决定作用。任何一种结构，都包含三个基本要素，即结构内各单元的排列原则、功能区别和力量分配。在国内政治结构中，各单元之间的关系是指挥与服从的关系，其排序原则是等级制的，而在国际政治结构中是无政府状态，不存在特定的排序原则。国内政治结构中的每一个单元，担当不同的功能；但国际政治结构的单元（即国家），发挥的功能都是类似的，比如，每个国家都要以自己的手段，从自己的资源中，满足其国民在衣食住行等方面的需求，每个国家都有制定、执行和解释法律的机构，以及征税机构和自卫机构。因此，导致国际政治结构变化的，就只剩下单元之间能力分配的变化这个唯一因素，简单讲就是国家之间力量对比的变化。正如沃尔兹所说，在给国际政治结构下定义时，"我们不问国家是革命的还是合法的，是独裁的还是民主的，是讲究意识形态的还是讲究实用主义的。我们抽象掉能力以外的国家的全部其他特性。在考虑结构时，我们也不问国家之间的关系——它们之间友好还是敌对、它们的外交往来情况、它们形成的联盟以及它们之间联系和交流的范围"③。可见，在新现实主义的结构观和结构决定论中，跨国传播问题变得完全无足轻重了。考虑到新现

① ［美］汉斯·摩根索：《国家间政治——寻求权力与和平的斗争》，徐昕等译，中国人民公安大学出版社 1990 年版，第 4—6 页。
② 中文版参见［美］肯尼思·沃尔兹《国际政治理论》，胡少华、王红缨译，中国人民公安大学出版社 1992 年版。
③ 同上书，第 117 页。

实主义理论在国际关系研究中的巨大影响力，我们就不难理解传播问题为何在国际关系学界中长期处于边缘状态了。

　　从 20 世纪 80 年代中期以来，信息传播的作用在国际关系理论中再度获得一定程度的重视，这主要是由于国际关系理论中新自由制度主义（Neo-liberal Institutionalism，简称新自由主义）和建构主义（Constructivism）的兴起。新自由主义与沃尔兹为代表的新现实主义至少有三大明显不同：首先，新现实主义学派强调的是权力和结构，新自由主义学派则继承西方思潮中的自由主义传统，强调的是国际关系中的沟通、合作能力，以及国内、国际社会的相互依存，因而，他们重视的是国际关系的过程，也就是行为体的互动对国际关系带来的影响。其次，新自由主义学派在承认国家角色的重要性的同时，更重视国家之外的行为主体（如跨国公司、国际组织等）在国际关系中的作用，因而他们首次提出"跨国关系"（transnational relations）这个概念，[1] 也就是说，国际政治的过程不只是国家与国家之间的互动，还包括国家与国际组织、国际组织之间以及国家与跨国公司之间等多种主体相互交错的复杂互动过程。最后，新现实主义认为对国家来说安全是第一位的，因而军事实力是国际关系中最根本的因素，但新自由主义学派认为，经济利益与国家安全对国家来说同样重要。[2] 新自由主义强调国际政治的多元主体的互动过程，从传播学角度看来，这互动的过程主要是信息传播的过程，"跨国关系"的概念，与本文所提的"跨国传播"概念有相似之处，这两个概念都注意到国家之外的行为体在国际关系中的作用。比如，从国家的对外决策过程来讲，新现实主义学派认为可以把国家这个行为主体假定为一个单一的（unitary）行为者，有独立的意志，不受其他国内团体的制约；而新自由主义学派认为这种假设是非常成问题的，因为国家对外行为是受到国内多元利益的制约的，最终的政策是国内各利益团体相互平衡和协调的结果。

　　但是，新自由主义学派的着眼点是这个过程对国际政治结果的影响，信息传播本身最终还只是一个工具和手段，因而也就没有被特别突出地加

　　① 参见 Robert O. Keohane and Joseph S. Nye, Jr. （eds.）, *Transnational Relations and World Politics*, Cambridge, Mass. : Harvard University Press, 1973。

　　② Joseph S. Nye, Jr., "Neorealism and Neoliberalism", *World Politics*, Vol. 40, No. 2, January 1988, pp. 235—251.

以专门的考察。至于国内和国际的互动过程如何改变各种行为体的观念、认同以及对各自利益的界定；互动的过程，或者说信息传播的过程，对各自利益的界定会产生什么样的影响，新自由主义都很少加以关注。值得一提的是新自由主义学派的代表性人物基欧汉（Robert O. Keohan）等人就"观念"与外交政策之间的关系的研究，他们通过对国际关系中一些重大决策过程的实证考察，论证了世界观等观念性因素在国家政府的外交决策中的作用形式，这就在较大程度上超越了传统现实主义和新现实主义学派对于国家"理性"的假设，使得国际关系学与文化、观念以及信息传播等问题之间的联系更为密切了。[①]

　　20 世纪 80 年代末 90 年代初发展起来的建构主义学派（constructivism），对新现实主义和新自由主义的国家利益观都提出质疑。[②] 建构主义内部有各种各样的分歧，比如，有的认为国家中心主义已经过时了，有的则同意国家仍是最根本的行为主体。但是，建构主义学派有一个基本共识，那就是，在国际关系中发生作用的最主要因素，是观念性的规范结构（normative structure），而不是纯粹的物质结构。观念结构或规范结构，并非纯粹主观随意的东西，一旦某种观念成为大家共有的，它也就具有一定的客观性，不容易改变，是客观存在的社会事实（social facts），它就会对人的行为、国家的政策、国际关系产生重要影响。总的来看，与其他主要国际关系理论流派相比，建构主义学派有两个大的特点：第一，它特别强调非物质因素在国际关系中的作用。建构主义承认，国家对外行为的基础是国家利益，但国家利益本身并非一成不变，新的观念、规则、规范是可以逐步建立起来的，而一旦国家接受了这些新的观念，则它对自身利益的界定就会发生变化，相应的，其对外政策和行为也会发生变化。第二，建构主义重视国际互动过程。它认为，认同（identity）、观念等非物质因素都是行为体在互动过程中建立起来的，在这种交往互动过程中，国际行为体不断地修正对自我（self）与他者（other）的看法，产生新的认同

---

　　① 　Judith Goldstein and Robert O. Keohane（eds.），*Ideas and Foreign Policy: Beliefs, Institutions and Political Change*，Ithaca: Cornell University Press，1993. 关于一国内部的"观念互动"及其与对外政策的关系，可参见 Chaim Kaufmann，"Threat Inflation and the Failure of the Marketplace of Ideas: The Selling of Iraq War"，*International Security*，Vol. 29，No. 1，Summer 2004，pp. 5—48。

　　② 　关于建构主义的哲学基础及主要理论主张，参见 Alexander Wendt，*Social Theory of International Politics*，Cambridge: Cambridge University Press，1999。

（identity），并由此界定自己的利益。

建构主义理论对我们无疑是有启发的。因为在各种国际关系理论流派中，建构主义最为重视国际关系的互动过程，同时它也最为重视观念等非物质因素的作用。这些都与国际传播所关切的课题密切相关。但是，我们也必须看到，作为国际政治理论，建构主义学派所讲的互动，主要是国际行为体之间在政治议题上的互动，而且他们所重视的国际行为主体，主要还是国家。而在今天日益蓬勃发展的跨国传播中，国家当然是一个重要的主体，但总体上看，跨国传播的主体是多元的，既包括国家，也包括民间组织和国内组织；跨国传播的受众也是多元的，既包括各国的和国际机构的政治精英，也包括世界各地的普通民众。这种多元主体的、多层次的跨国传播，无疑会对 21 世纪的国际关系产生深远影响。因此，我们研究跨国传播问题，在借鉴像建构主义这样有启发性的国际关系理论的基础上，也必须着重研究跨国传播本身的作用。此外，建构主义理论虽然认识到观念和认同的改变是一个长期过程，是在国际互动的过程中产生的，但观念到底如何改变？驱动观念变化的机制是什么？这些问题正在引起越来越多国际关系和国际传播学者的兴趣，目前还看不到权威的答案。[1] 要回答这样的问题，我们就必须走出权力政治学的思维框框，借助于社会学、符号学、传播学等其他学科的研究成果。

三　小结

从以上的分析中，我们大致可以看到，传播问题的学术研究从一开始就与国际关系实践有着密切的联系，但是主流国际关系理论长期以来对于传播问题的重视程度不够，因而国际传播与国际关系这两个领域在理论上的融合，还有待加强。冷战结束以来，随着全球化进程的加速以及国际关系格局的发展，文化和传播的因素在国际关系学界受到了前所未有的关注，以建构主义理论为代表的新兴国际关系理论流派正在更加自觉地把文化与传播的因素作为国际关系体系变迁的重要变量，国际关系学与国际和跨文化传播学的理论融合正在出现新的动力，这也为跨越传统的学科界限

---

① 参见 Rohit Chopra and Radhika Gajiala（eds.），*Global Media，Culture，and Identity：Theory，Cases，and Approaches*，New York：Routeledge，2011。

藩篱，推进国际传播与国际关系领域的理论融合与创新提供了新的契机。

（陈开和，北京大学新闻与传播学院副教授、博士。电子邮箱：kchen @ pku. edu. cn）

An Overview of the Development of International Communication Research and Its Theoretical Linkages with International Relations

CHEN Kaihe

Abstract: With the development of media and information globalization, transnational communication plays an ever-increasing role in international affairs. This essay gives an overview of the evolution of international communication research in China and abroad, and discusses the role of communication in mainstream international relations(IR) theories. It finds the trend of convergence between the core concerns of international communication and international relations, which provides new and promising opportunities for the integration of international communication and IR theories.

Keywords: International Communication, IR theories, Constructivism

(CHEN Kaihe, Associate Professor of School of Journalism and Communication, Peking University. Email: kchen@ pku. edu. cn)

学术专论

从《世界价值观调查》看中美共享价值观

——浅谈美国跨文化传播学价值观理论的一个缺陷[①]

关世杰

提　要：美国跨文化交流学教科书的内容显示其关于价值观的论述有一个缺陷：强调不同文化间价值观的差异（different values），忽视不同文化间的共享价值观（shared values），呈现"求异疏同"的倾向。本文利用近年来《世界价值观调查》提供的数据，探讨了当今中美两国民众的共享价值观，结果显示：当前两国民众存在共享的价值观。

关键词：共享价值观，跨文化交流，世界价值观调查

美国学者创立的跨文化传播学结构中，价值观是影响跨文化交流的一个重要维度。"价值观是关于真善美的共识，它包含于文化模式之中，通过与自然和社会的互动来指导社会"[②]，通俗地说，价值观是指一个人对周围的客观事物（包括人、事、物）的意义、重要性的总评价和总看法，所谓价值观体系是指对诸事物的看法和评价在心目中的主次、轻重的排列次序。价值观和价值观体系是决定人的行为的心理基础。

第二次世界大战结束以来，国际社会通过《世界人权宣言》等国际法文件公示人类应遵循的共同价值观。在学术界，以全球性路径来探讨各种文化价值观的过程中，不仅有学者探讨文化间价值观的差异，也有学者曾经探讨过文化间价值观的共性。例如，以色列心理学者沙洛姆·施瓦茨

---

①　本文为 2008 年国家社科基金重大项目"我国对外传播文化软实力"（08&ZD057）的阶段性研究成果。在写作过程中，刘澜、古俊伟、安晓静等研究生提出了中肯建议和帮助，特此致谢。

②　S. Nanda et al., *Warms, Cultural Anthropology* (6th ed.), Belmont, CA：Wadsworth, 1998，p. 49，转引自［美］拉里·A. 萨默瓦、理查德·E. 波特《跨文化传播》，闵惠泉等译，中国人民大学出版社 2004 年版，第 64 页。

（Shalom Schwartz）为改变文化价值两分化问题，基于罗基切（Rokeach）
1973 年价值观研究中的共同成分，1992 年提出人类基本价值理论（theory
of basic human values），认为有 10 种价值是人类各种文化中都认可的价
值，它们是权力（power）、成就（achievement）、享乐（hedonism）、激励
（stimulation）、自我定位（self-direction）、普世主义（universalism）、仁爱
（benevolence）、传统（tradition）、一致（conformity）和安全（security）。
这 10 种价值可以归为两对范畴：加强自我（self-enhancement）与超越自
我（self-transcendence）、开明对待变革（openness to change）与保守
（conservation）。权力、成就及享乐属于加强自我；普遍得救和仁爱属于超
越自我；鼓舞、自我定位及享乐属于开明对待变革（享乐既属于加强自我
也属于开明对待变革）；传统、一致和安全属于保守。① 施瓦茨试图发现
人类的基本价值，以帮助人们了解彼此的文化。

　　1993 年，德国神学家孔汉思（Hans Kung）召集的美国芝加哥世界宗
教大会上，世界各地的神学家和哲学家们在“世界宗教议会走向全球伦理
宣言”中，提出全球伦理的概念，全球伦理是指由所有宗教所肯定的、得
到信徒和非信徒支持的、一种最低限度的共同的价值、标准和态度。宣言
中提出两项基本的原则：“每一个人都应受到符合人性的对待”；“己所不
欲，勿施于人”。② 并认为后一原则是道德金律，具有普世价值的意义。

　　2005 年，美国的心理学者凯瑟琳·达尔斯伽德（Katherine Dahls-
gaard）等人审视了中国（儒家和道家），南亚（佛教和印度教），西方
（希腊雅典哲学、犹太教、基督教和伊斯兰教）的哲学和宗教典籍，发现
了这些典籍中显现了 6 个共享的美德（shared virtue）：勇气（courage）、公
正（justice）、人道（humanity）、节欲（temperance）、智慧（wisdom）和超越
（transcendence）。③

---

① Shalom H. Schwartz, "Universals in the Content and Structure of Values: Theoretical Advances
and Empirical Tests in 20 Countries", in M. Zanna（ed.）, *Advances in Experimental Social Psychology*,
Vol. 25, 1992, pp. 1—65, Orlando, FL: Academic; "Are There Universal Aspects in the Structure
and Contents of Human Values?", *Journal of Social Issues*, Vol. 50, No. 4, 1994, pp. 19—45.

② ［德］孔汉思、［德］库舍尔编：《全球伦理——世界宗教议会宣言》，何光沪译，四川人
民出版社 1997 年版，第 171、12—15 页。

③ Katherine Dahlsgaard, Christopher Peterson and Martin E. P. Seligman, "Shared Virtue: The
Convergence of Valued Human Strengths Across Culture and History", *Review of General Psychology*, Vol.
9, No. 3, 2005, pp. 203—213.

　　中国的哲学家也在寻找文化中的"普世价值"。2009 年汤一介教授撰文说，"我认为，在各个不同民族文化中可以肯定的说存在着'普世价值'的因素……在强调各民族文化的特殊价值的同时，我们应努力寻求人类文化中的'普世价值'的因素及其意义"①。

　　以上学者们使用的"人类基本价值"、"普世伦理"、"共享美德"、"普世价值"，尽管用词不一样，但都反映着今天学者们追求地球村公民们共同的最低道德伦理底线或是最基本的共同价值观。

　　"普世价值观"（universal values）的概念，目前在我国学术界有争议。普世价值观常指世世代代、在世界各个民族各种文化都追求或接受的价值观。笔者在本文中不使用"普世价值观"，而使用"共享价值观"（shared values）。笔者对"共享价值观"的定义是：在当今两种或多种文化中都追求或接受的价值观。共享价值观区别于普世价值观，寻找共享价值观的难度远远小于寻求普世价值观。

一　美国跨文化传播学教科书中价值观理论的一个缺陷

　　20 世纪 90 年代以来世界学术界寻求文化中"普世伦理"的探讨没有对美国的跨文化传播学产生多大影响。通览美国的跨文化传播教科书后，可以看到美国跨文化传播学中关于价值观理论有一个缺陷：重视文化价值观差异，轻视共享价值观。

　　美国学者从跨文化交流学诞生初期就十分侧重文化差异对跨文化交流的影响，爱德华·C. 斯图尔特（Edward C. Stewart）在《美国文化模式》（*American Cultural Patterns*：*Across-Cultural Perspective*）中强调说，"没有文化差异和评论，跨文化交流学就没有存在的基础"②。这种状况一直延续至今。当今美国跨文化传播学著作中呈现着"求异疏同"的倾向。在美国的跨文化交流学的教科书中强调的是不同文化间价值观的差异（different values），只有少数著述提及施瓦茨提出的普遍性的价值观（universals

---

　　① 汤一介：《寻求文化中的"普世价值"》，载乐黛云、〔法〕李比雄《跨文化对话》第 24 辑，江苏人民出版社 2009 年版，第 21 页。

　　② Edward C. *Stewart*, *American Cultural Patterns*：*Across-Cultural Perspective*, Intercultural Press Inc. , 1972.

in the content and structure of values）或人类基本价值观（basic human values）①。虽然有的著作中提到共享文化（shared culture），但是没有细化到共享文化价值观。在美国跨文化交流学的著述中，尚未见到不同文化间的共享价值观（shared values）的概念。例如，1998 年米尔顿·贝内特（Milton Bennett）所编辑的《跨文化传播学基本概念》（*Basic Concept of Intercultural Communication*）的一书中没有"普世价值观"和"共享价值观"的词条。② 美国学者古迪孔斯特（William Gudykunst）和莫迪（Bella Mody）编辑的《国际传播与跨文化交流指南》（*Hand Book of International and Intercultural Communication*）③ 也是如此。2001 年萨默瓦和波特出版的跨文化交流教科书《跨文化交流》（第 4 版）提到"我们在本书中已经花费了大量时间来谈跨文化情况下重要的差异，而我们即将要讨论的是，真正为成功的交流作出贡献的，往往是我们的相似性而不是差别"④。但遗憾的是该观点并没有得到重视。2010 年版《跨文化交流》（第 7 版）在这方面基本没有进展，其主题索引中没有出现"普世价值观"和"共享价值观"一类的词汇。⑤

　　受美国学者影响，很多中国跨文化交流的教科书也有类似的忽略不同文化中共享价值观的情况。例如，2010 年出版了美国华裔学者和中国学者共同编撰的《跨文化传播学关键术语解读》，书中收录有 120 多条关键词，这些词条是编者"在美国罗得岛大学传播学系教了二十余年跨文化传播学这门课的过程中陆陆续续整理出来的"，但其中没有词条"普世价值观"和"共享价值观"。⑥

　　跨文化交流学的产生就是发现不同文化之间存在差异，产生交流障

---

　　① Shalom H. Schwartz, "Universals in the Content and Structure of Values: Theoretical Advances and Empirical Tests in 20 Countries", in M. Zanna（ed.）, *Advances in Experimental Social Psychology*, Vol. 25, 1992, pp. 1—65.

　　② Milton Bennett（ed.）, *Basic Concept of Intercultural Communication*, Intercultural Press Inc., 1998.

　　③ William Gudykunst and Bella Mody（ed.）, *Hand Book of International and Intercultural Communication*, Sage Publications, 2001.

　　④ Larry A. Samovar, Richard E. Porter and Edwin R. McDaniel, *Communication between Cultures*（4*th ed.*）, Wadsworth, 2001, pp. 298—299.

　　⑤ 同上。

　　⑥ 陈国明、安然编著：《跨文化传播学关键术语解读》，中国社会科学出版社 2010 年版，目录及后记。该书在介绍施瓦兹模式时提到了普遍性价值，但是没有将普遍性价值列为条目。

碍，所以一开始重视差异，这无可厚非。同样重要的是，在跨文化交流中注意双方价值观相同部分有着不亚于了解其差异部分的意义。中国文化讲究在人际交流中求同存异，在跨文化交流中也是如此，不仅要存异，而且要求同。了解彼此差异，对话中可以避开暗礁；找到共享的价值观，对话中有利于产生共鸣，提高交流质量。人们主张文化间对话，而不是文化冲突时，本身就意味着人们已经有了"存异求同"的愿望、信念和希望。社会心理学的研究显示，"双方在态度、信仰和价值观上的相似性，会极大地增进一方对另一方的喜欢。相似导致喜欢；对立则很少能产生吸引"，"相似性产生喜爱，这不仅对于大学生，而且对于儿童和老人，对于不同职业以及不同文化的人也都适用"。①

探讨共享价值观不仅对人际跨文化交流有重要意义，而且对国际关系有重要意义。周恩来总理在 1955 年万隆会议上的实践就是跨国和跨文化交流中"求同存异"思想的成功范例。参加万隆会议是新中国成立后第一次重大的外交活动。在这次会议上，面对纷繁复杂的国与国之间的各类矛盾，周恩来总理提出了"求同存异"的外交思想。当某些国家的代表，或因受帝国主义歪曲宣传的影响，或因对新中国抱有偏见，或因不明真相而在会议发言中对我国做了一些诋毁性指责时，周恩来总理做了一个扣人心弦的精彩发言。他首先声明："中国代表团是来求团结而不是来吵架的。""中国代表团是来求同而不是来立异的。"他指出，应该从解除殖民主义痛苦和灾难中找共同基础，我们就很容易互相了解和尊重、互相同情和支持，而不是互相疑虑和恐惧、互相排斥和对立。他还说，中国政府本来可以在会上提出台湾问题和联合国对中国合法席位的不公正待遇问题，但是为了不挑起争论，我们不打算这样做。他还就不同的思想意识和社会制度问题以及宗教信仰自由等问题谈了看法，强调什么都不应该妨碍我们求同和团结。他以心平气和的态度，诚挚的感情，显示了巨大的魅力。话音一落，全场立即爆发出雷鸣般的掌声、欢呼声，许多代表离开座位和总理握手、拥抱，甚至有些在会议上攻击过我国的代表也前来握手，有的还深表懊悔和歉意。周总理在万隆会议期间为实现和平共处的国际关系所付出的心血，赢得了国际公正舆论和

① ［美］戴维·迈尔斯：《社会心理学》，侯玉波等译，人民邮电出版社 2008 年版，第 332、324 页。

进步人士的盛赞。① 周恩来的求同存异的思想在万隆会议上取得了巨大的成功。万隆会议增进了亚非各国的团结，达成了十项原则，这些原则成为处理国与国之间关系的准则。

同理，在跨文化传播中我们不仅要了解彼此之间的文化差异，也要了解彼此间的共同点，了解彼此的共同价值观，相似产生吸引和喜欢，有助于顺畅的交流。

二　对比的数据及方法

当前中国接受的价值观与美国的价值观有无相同或相似的成分呢？这需要寻找。如何寻找？可以借鉴寻求普世伦理的方法。S. 弗雷斯恰克尔（Samuel Fleischacher）在《从文化多样性到普世伦理：三种模式》一文中指出，探究普世伦理有三种方法："人权"模式（Human right model）、"先验条件"模式（priori conditions model）和"文化平行比较"模式（cultural parallels model），"文化平行比较"模式较"人权"模式、"先验条件"模式更有优势。② 鉴于此，我们可以通过"文化平行比较"模式寻找中美两国共有的价值观。本文对比的资料来自《世界价值观调查》。

（一）世界价值观调查及在中国的应用

世界价值观调查（World Value Survey，缩写为 WVS）是由美国密歇根大学政治学教授英格尔哈特（Ronald Inglehart）等人发起组织的大型跨国调查项目。世界价值观调查组织（World Value Survey Association）总部设在瑞士日内瓦，该组织旨在通过调查科学技术进步和经济发展带来的全球价值观的变化与其对政治社会生活的影响③。调查国家范围包括自极度贫困到十分富裕，威权主义体制到自由民主制度的各类国家，几乎囊括了

---

① 姚仲明、杨清华：《回忆周总理对建立和平共处国际关系的卓越贡献》，载张彦《万隆精神普照大地——纪念亚非会议 50 周年》，世界知识出版社 2005 版。

② 转引自万俊人《寻求普世伦理》，商务印书馆 2001 年版，第 275—277 页。

③ "这一项研究源于 1981 年在欧洲 14 个国家所进行的'欧洲价值观调查'。而后又分别于 1990—1991 年 1995—1996 年和 2000—2001 年进行了世界范围内的三次调查。"参见郭莲《构建比较价值观的尺度体系》，《理论研究》2002 年第 24 期。第五波调查于 2005—2009 年进行。最新的一波调查（2010—2011）正在进行中。

全球所有的主要文化区。① 截至目前，"WVS 协同 EVS（欧洲价值观调查）共完成了对 97 个社会的具有全民代表性的问卷调查，范围广及全球90% 的人口"②。具体调查由各国研究人员承担。调查者使用统一问卷提供的标准问题，通过面对面访谈的方式搜集信息。1993 年就涉及生态、经济、教育、情感、家庭、性别和性观念、政府与政治、健康、个人、娱乐与朋友、道德、宗教、社会与国家、劳动等方面 343 个问题（各次问题多少有变化）进行了调查。③ 英格尔哈特根据调查的数据，得出了两个文化维度。第一个维度是传统权威（traditional authority）对世俗理性权威（secular-rational authority），第二个维度是生存价值（survival values）对幸福观（Well-being values）。④ 1981—2009 年五次数据调查的结果在 WVS 官方网站上均可申请下载（http：//www. worldvaluessurvey. org/）。世界价值观调查由于其所搜集数据的权威、广泛，时间跨度较长，为全球各国文化价值观的纵向对比研究以及横向的共时性比较研究都提供了极大的便利。截至 2002 年，"以'世界价值观调查'为依据所出版发表的专著和论文已达 300 多部。使用文字达 16 种之多"⑤。

　　世界价值观调查为进行国际价值观比较提供了可靠的数据。众所周知，对于从事比较研究的研究人员来说，要想取得高质量的研究成果，基本的条件就是掌握可供研究和分析的基础性资料。国家层次，是比较研究中最常见的分析层次，对于数量较多的（从几个到上百个）跨国比较研究，个别学者亲自收集研究对象相关资料的可能性很低。《世界价值观调查》问卷涉及的价值观内容全面，数据搜集方法严谨，各国样本具有代表性，调查具有持续性，为各个相关学科进行国家间横剖比较和相同国家地

　　① The countries included in these surveys cover the full range from very poor countries to very rich ones，from authoritarian systems to liberal democracies and covering all major cultural zones. WVS Brochure 4.

　　② "The WVS in collaboration with EVS（European Values Study）carried out representative national surveys in 97 societies containing almost 90 percent of the world's population"，WVS Brochure 4：3.

　　③ Inglehart，Ronald et al.，Human Values and Beliefs：a Cross-cultural Sourcebook：Political，Religious，Sexual，and Economic Norms in 43 Societies；findings from the 1990—1993 world value survey，University of Michigan Press，1998.

　　④ Inglehart，Ronald，and Marita Carballo，"Does Latin America Exist？（And Is There a Confucian Culture？）：A Global Analysis of Cross-Cultural Difference"，in Lane Crothers and Charles Lockhart（ed.），Culture and Politics：A Reader，New York：St. Maritn's Press，2000，pp.325—347.

　　⑤ 郭莲：《构建比较价值观的尺度体系》，《理论研究》2002 年第 24 期。

区的历史性纵贯研究都提供了可能。

我国学者近年来也使用《世界价值观调查》数据进行多项分析研究。国内学界对《世界价值观调查》数据的应用主要集中在政治学、经济学、心理学领域①，而跨文化交流学界利用《世界价值观调查》进行文化价值观比较研究尚甚为少见。笔者认为，《世界价值观调查》数据资源在国家及社会间文化价值观比较研究上具有重要价值。相关数据的分析工作亟待着手开展。

（二）对比的样本

笔者使用《世界价值观调查》第五次全球价值观调查中美两国的数据对中美文化价值观进行对比研究。《世界价值观调查》第五次调查由2005 年开始，至 2009 年结束。其中中国调查由北京大学中国国情研究中心承担，沈明明教授负责。该项调查对中国内地 31 个省、市、自治区18—70 岁的人群进行抽样调查。② 为保证样本对整体的代表性，中国国情研究中心使用了全球地理信息定位系统辅助地区抽样（GPS/GIS Assistant Area Sampling）的方法③进行抽样。2007 年 3 月 25 日至 5 月 10 日在中国使用汉语进行面对面的调查，最终选择 2873 个样本，完成一对一访问的样本量为 2534 个；回收完整有效问卷 1991 份，应答率 78.6%。

美国的调查由英格尔哈特负责，具体工作由知识网络公司（Knowl-edge Networks）代表密歇根大学完成。该调查选取了 1710 份样本，2006年 9 月 19 日至 29 日在美国使用英语进行面对面的调查，最终完成对

---

① 曹大宇：《阶层分化、社会地位与主观幸福感的实证考量》，《统计观察》2009 年第 10期；孔建勋：《当前泰国中产阶层的政治表达和政党倾向》，《东南亚南亚研究》2010 年第 2 期；孔建勋：《社会资本与政治态度：新加坡三大族群比较研究》，《云南社会科学》2009 年第 2 期；郭莲：《中国公众近年价值观的变化——由"物质主义价值"向"后物质主义价值"转变》，《学习论坛》2010 年第 10 期；孙瑞琛、刘文婧、许燕：《不同出生年代的中国人生活满意度的变化》，《心理科学进展》2010 年第 7 期；张贤：《收入满足度差距研究——美、俄、德比较研究及其对中国的启示》，上海师范大学硕士论文，2008 年 4 月；范奇：《绝对收入、相对收入与个人幸福感》，华中科技大学硕士论文，2008 年 5 月。

② "The target population covers adults between the ages of 18 and 70 (born between April 1, 1936 and March 31, 1989), who reside in all 31 provinces of the Chinese Mainland (Hong Kong, Macao and Taiwan are not included)", *World Values Survey*, *China 2007*, Sampling Report：1.

③ "To meet the requirement of overall coverage of Chinese adults including migrant population, 'GPS/GIS Assistant Area Sampling' was used in this survey", *World Values* Survey, *China 2007*, Sampling Report：1.

1249 受访者的一对一访问，回收完整有效问卷 1201 份，应答率为 70.2%。[①]

两份问卷的问题相同，个别问题由于两国国情不同，进行了技术性的微调，中国的问卷包括 253 个问题。美国的问卷包括 258 个问题。

在不同文化之间进行统计比较，要满足三个条件：构念等同（construct equivalence），即在不同的目标文化中，研究考察的心理学构念必须有完全相同的意义；测量等同（measurement equivalence），即不同目标文化中的被试在测试中的回答必须能够在同等程度上表示隐含的构念；样本对等，即不同文化样本中的研究被试必须是从可比较的抽样总体中选取的。[②]《世界价值观调查》的中美两国的问卷调查，基本上全部满足了上述三个条件，具有可比性。

（三）对比的方法和范围

1. 方法：价值观上有无差异？若有差异，是程度上的差异，还是性质上的差异？

用 SPSS 统计软件对 WVS 提供的原始数据进行 T 检验，当 $P < 0.05$ 时认为有差异，$P > 0.05$ 时并不证明有差异。T 检验中，$P > 0.05$ 时不证明有差异。然而，数据上不证明有差异，尚不能证明价值观上无差异或共享，要想证明无差异或共享，还需要考察数据的分布情况。如果当 $P > 0.05$，而且数值分布状况相似，没有出现畸形不相似状况，笔者认为该项价值观为中美两国民众当前共享价值观。

2. 范围：《世界价值观调查》涉及的价值观远远超出文化价值观的范围，它涉及了对生态、经济、教育、情感、家庭、性别和性观念、政府与政治、健康、个人、娱乐与朋友、道德、宗教、社会与国家、劳动等多方面的价值观。我们用该方法对《世界价值观调查》的所有价值观进行普查。

[①]　See *US Values Survey*, 2006 Sampling Report：1.
[②]　［美］赵志裕、康萤仪：《文化社会心理学》，刘爽译，中国人民大学出版社 2011 年版，第 334—339 页。

三　对比结果

　　作者对中国和美国的《世界价值观调查》中各种价值观的均值做独立样本 T 检验，检验结果显示，有 18 项没有统计学上的差异，其中，1 项为了解信息类内容（V165 您听说过千年发展目标吗？结果是没听过的中国为 93.9%，美国为 95.0%），1 项是关于被试是否为消费者组织成员的调查［V32 下面我将列举一些组织，请问，您是这个组织的成员吗？（如果受访人回答"是"请继续提问）您是积极参加组织活动的成员，还是一般成员？结果不是消费者组织成员的，中国为 89.1%，美国为 88.9%］，涉及经济方面的有 1 项内容，即对自己家庭的经济状况满意程度，其余 15 项均与价值观有直接关系（参见表 1）。这些共享价值观体现在如下方面：

表 1　　　　　　　　　　　**15 项问题的均值的独立样本 T 检验**

	Sig.（双侧）p 值	均值差值	标准误差值	差分的 95% 置信区间	
				下限	上限
V7 政治在生活中是否重要？	0.082	-0.054	0.031	-0.115	0.007
V49 选择工作时常要考虑的因素是什么？	0.821	-0.010	0.042	-0.092	0.073
V58 婚姻是否是一种过时的制度？	0.851	-0.002	0.012	-0.027	0.022
V78 更加尊重权威好不好？	0.135	0.038	0.025	-0.012	0.088
V89 是否注重传统，遵从家庭/宗教传承下来的习俗？	0.360	-0.048	0.052	-0.151	0.055
V94 是否同意我们对科学的依赖太多了，而对信仰的依赖不够了？	0.801	-0.028	0.110	-0.243	0.188
V104 环境保护优先还是经济增长和增加就业优先？	0.056	-0.040	0.021	-0.081	0.001
V111 全球变暖或温室效应是否严重？	0.161	0.047	0.034	-0.019	0.113
V112 动植物物种减少，生物多样性遭到破坏是否严重？	0.388	0.027	0.032	-0.035	0.089
V119 竞争是否有利？	0.634	0.040	0.083	-0.124	0.203
V151 实行民主政治体制好不好？	0.214	0.035	0.028	-0.020	0.090

续表

	Sig.（双侧）p 值	均值差值	标准误差值	差分的95%置信区间	
				下限	上限
V154 人们通过自由选举来选择领导人是否是民主基本要素？	0.127	0.129	0.084	-0.037	0.294
V162 对您个人来说，生活在一个民主的国家有多重要？	0.057	-0.135	0.071	-0.274	0.004
V180 环境保护由谁来处理？	0.729	-0.012	0.033	-0.077	0.054
V200 有机会就逃税是否可以接受？	0.977	-0.002	0.068	-0.136	0.132

（一）政治方面的看法和价值观

涉及政治方面的有4项内容：

1. 对政治在生活中重要性的看法是相同的。其原始问题为：V4—V9请说明下列各项在您生活中的重要程度，您觉得政治在您的生活中是很重要、重要、不太重要，还是很不重要？中美双方的回答情况见表2，中国的均值为2.369，美国的为2.463，P值为0.082（表1）。中美被调查民众回答数值分布状况相似，没有出现畸形不相似状况，因而，对政治在生活中重要性的看法是相同的。

表2 　　　　　　　　　　　V7 政治在生活中的重要性

	1 很重要（%）	2 重要（%）	3 不太重要（%）	4 很不重要（%）	均值
中国	15.1	40.5	36.4	8.1	2.369
美国	11.0	40.3	40.1	8.6	2.463

2. 在实行民主政治体制上的看法是一致的。其原始问题为：V148—V151下面我将列举一些不同形式的政治体制，请问假如在我国采用这种政治体制，您认为是非常好、好、不好，还是非常不好？在4个选项中，① 对V151选项中美双方的回答情况如表3，中国的均值为1.730，美国的为1.729，P值为0.214（表1）。中美被调查民众回答数值分布状况相似，没有出现畸形不相似状况，因而，在实行民主政治体制上的看法是一致的。中美公众对民主的理解是否一致？问卷在下一组问题中进行了询问。

---

① V148 有一个不受人大选举干扰的强有力的领袖；V149 应该根据专家而不是政府的意见进行决策；V150 实行军事统治；V151 实行民主政治体制。

表3　　　　　　　　　　　　**V151 实行民主政治体制**

	1　非常好（%）	2　好（%）	3　不好（%）	4　非常不好（%）	均值	众数
中国	34.3	59.4	5.2	1.1	1.730	2
美国	45.2	40.4	10.7	3.7	1.729	1

3. 认为人们通过自由选举来选择领导人是民主要素的看法是一致的。原始问题为：V152—V161 民主包括很多内容，但其中只有一些是最基本的。在您看来，下列各项内容是不是民主的最基本要素？这个量表中，1表示这项内容不是民主的基本要素，10 表示是民主的基本要素。请在量表上标出您的看法。对 10 个选项①的整体回答中，中国公众对民主的认识不是很准确，② 但是在 V154 选项中，中美双方的回答情况非常接近（如表4），中国的均值为 8.623，美国的为 8.329，P 值为 0.127（表1），中美被调查民众回答数值分布状况相似，没有出现畸形不相似状况，因而，认为人们通过自由选举来选择领导人是民主要素的看法是一致的。

表4　　　　　　　　　　**V154 人们通过自由选举来选择领导人**

	不是基本要素←——————→是基本要素（%）										均值	众数
	1	2	3	4	5	6	7	8	9	10		
中国	2.2	0.6	0.6	0.6	4.3	3.8	6.5	12.4	23.1	45.8	8.623	10
美国	3.8	0.4	1.3	1.5	10.9	4.5	4.4	8.7	8.5	56.0	8.329	10

4. 对生活在一个民主的国家重要性上的看法是一致的。其原始问题为：V162 对您个人来说，生活在一个民主的国家有多重要？这个量表中，1 表示一点儿也不重要，10 表示非常重要。请在量表上标出您的看法。中美双方的回答情况如表5，中国的均值为 8.556，美国的为 8.567（见表5），P 值为 0.057（表1），中美被调查民众回答数值分布状况相似，没有出现畸形不相似状况，因而，对生活在一个民主的国家重要性上的看法是一致的。

---

① V152 政府想富人收税补贴穷人；V153 宗教领袖可以解释法律；V154 人们通过自由选举来选择领导人；V155 政府提供失业救济；V156 当政府无能时军队应该接管；V157 人们的自由不受侵犯是受宪法保护的公民权利；V158 经济繁荣；V159 严惩罪犯；V160 人民可以通过公决修改法律；V161 女人与男人享有同等的权利。

② 在回答开放性问题"民主是什么"，中国公众对民主的理解并不很清楚。参见沈明明等《中国公民意识调查数据报告》（2008），社会科学文献出版社 2009 年版，第139—140 页。

表5　V162 生活在民主国家的重要性

	一点儿也不重要←———————→非常重要（%）										均值	众数
	1	2	3	4	5	6	7	8	9	10		
中国	0.6	0	0.6	0.8	4.8	7.9	6.1	18.7	17.6	42.7	8.556	10
美国	1.0	0.4	1.2	0.3	8.9	6.4	5.3	9.4	15.1	51.9	8.567	10

民主意识是公众公民意识的核心价值观之一，综上所述，中美在实行民主政治体制这一价值观上是共享的。

（二）环保方面的看法和价值观

涉及环境保护方面的 4 项内容里，中美的价值观没有差异。

1. 全球变暖或温室效应严重。其原始题为：V111—V113 现在请您想想整个世界的环境问题，请告诉我，在世界范围内，下面这些问题是很严重、有些严重、不太严重，还是一点也不严重。调查结果如表6，显示，中国的均值为 1.814，美国的为 1.776，P 值为 0.161（表1），中美被调查民众回答数值分布状况相似，没有出现畸形不相似状况，因而，对全球变暖或温室效应严重的看法是一致的。

表6　　　　　　　　　　V111 全球变暖或温室效应

	1 很严重 （%）	2 有些严重 （%）	3 不太严重 （%）	4 一点也不严重 （%）	均值	众数
中国	38.0	43.5	16.2	2.2	1.814	2
美国	48.5	32.0	13.3	6.3	1.776	1

2. 生物多样性遭到破坏。其原始问题同上。调查结果见表7，中国的均值为 1.776，美国的为 1.750，P 值为 0.388（表1），中美被调查民众回答数值分布状况相似，没有出现畸形不相似状况，因而，在生物多样性遭到破坏的问题上看法一致。

表7　　　　　　　V112 动植物物种减少，生物多样性遭到破坏

	1 很严重 （%）	2 有些严重 （%）	3 不太严重 （%）	4 一点也不严重 （%）	均值	众数
中国	41.8	41.1	14.8	2.3	1.776	1
美国	45.7	37.5	12.9	3.9	1.750	1

3. 保护环境优先于经济增长。其原始问题为：V104 当人们讨论环境保护和经济增长时，经常会有下列两种观点，请您告诉我，哪一种更接近您的看法？

A. 环境保护优先，即使因此有可能放慢经济增长速度和增加失业；

B. 经济增长和增加就业优先，即使因此有可能使环境遭到一些破坏；

C. 其他（请具体说明）。

调查结果见表 8，中国的均值为 1.417，美国的为 1.459，P 值为 0.056（表 1），中美被调查民众回答数值分布状况相似，没有出现畸形不相似状况，因而，在保护环境优先于经济增长方面有共享的价值观。

表8   环保优先还是经济发展优先

	1（%）	2（%）	3（%）	均值
中国	64.4	29.5	6.1	1.417
美国	54.1	45.9	—	1.459

4. 环境保护由谁处理。其原始问题为：V179—V183 有些人认为一些问题由联合国或区域组织（如欧盟、东盟）处理比由各国政府处理更好，另一些人认为这些问题应该完全由各国自己处理。下面这些问题，您认为是应该由各国政府处理、区域组织处理，还是联合国来处理？调查结果见表9，中国的均值为 1.697，美国的为 1.744，P 值为 0.729（表 1），中美被调查民众回答数值分布状况相似，没有出现畸形不相似状况，因而，在环境保护由谁处理上看法基本一致。

表9   V180 环境保护由谁处理

	1 各国政府（%）	2 区域组织（%）	3 联合国（%）	均值	众数
中国	57.4	15.5	27.1	1.697	1
美国	45.1	35.4	19.5	1.744	1

（三）社会方面的价值观

涉及社会方面的有两项内容中美的价值观没有差异。

1. 选择工作时考虑的主要因素。其原始问题为：V48—49 下面是人们在选择工作时常要考虑的因素，对您个人来说，V48 哪一个第一重要？V49 哪一个第二重要？调查结果见表10，中国的均值为2.265，美国的为2.290，P值为0.821（表1），中美被调查民众回答数值分布状况相似，没有出现畸形不相似状况，因而，选择工作时考虑的主要因素基本是一致的。

表10　　　　　**V49 下面是人们在选择工作时常要考虑的因素，**
对您个人来说，哪一个第二重要？

	1 收入高不再为 钱而担心 （％）	2 工作稳定没有公司 关闭或失业的危险 （％）	3 和喜欢的人 在一起工作 （％）	4 工作的重要性 使你有成就感 （％）	均值
中国	28.5	34.5	19.0	18.0	2.265
美国	35.2	23.3	18.8	22.7	2.290

2. 婚姻不是过时的制度。其原始问题为：V58 "婚姻是一种过时的制度"，您同意这个说法吗？调查结果见表11，中国的均值为1.877，美国的为1.873，P值为0.851（表1），这是一个定类的变量，因而，在这个问题上，中美民众的价值观是共享的。

表11　　　　　　　**V58 婚姻是一种过时的制度吗？**

	1 同意（％）	2 不同意（％）	均值
中国	12.3	87.7	1.877
美国	12.7	87.3	1.873

（四）文化方面的价值观

涉及文化方面的价值观有5项内容。

1. 更加尊重权威是好事。其原始问题为：V76—V79 下面列举了我们生活方式可能发生的一些变化，您认为这些变化是好事、坏事，还是无所谓？调查结果见表12，中国的均值为1.507，美国的为1.475，P值为0.135（表1），中美被调查民众回答数值分布状况相似，没有出现畸形不相似状况，因而，更加尊重权威是好事是共享价值观。

表12　　　　　　　　　**V78 更加尊重权威**

	1 好事（％）	2 无所谓（％）	3 坏事（％）	均值
中国	60.8	28.0	11.3	1.507
美国	59.5	33.8	6.8	1.475

2. 尊重传统和习俗。其原始问题为：V80—V89 有一些人把下列目标看得非常重要，请看这张卡片，您觉得自己和这些人相像吗？是很像、像、有些像、只有一点像、不像，还是完全不像？调查结果见表 13，中国的均值为 2.793，美国的为 2.873，P 值为 0.360（表 1），中美被调查民众回答数值分布状况相似，没有出现畸形不相似状况，因而，尊重传统和习俗是共享价值观。

表 13　　　　　　　V89 注重传统，遵从家庭/宗教传承下来的习俗

	1 很像（%）	2 像（%）	3 有些像（%）	4 只有一点像（%）	5 不像（%）	6 完全不像（%）	均值
中国	17.6	41.2	12.9	8.9	12.0	7.5	2.793
美国	17.8	25.7	27.1	14.5	10.6	4.3	2.873

3. 对科学依赖太多了，对信仰的依赖不够了。其原始问题为：V91—V94 下面我来列举一些说法，请告诉我，您在多大程度上同意这些说法？这个量表中的数字从 1 到 10，表示由非常不同意到非常同意的不同程度，请在量表上标出您的看法。调查结果见表 14，中国的均值为 5.755，美国的为 5.822，P 值为 0.801（表 1），中美被调查民众回答数值分布状况相似，没有出现畸形不相似状况，因而，对科学依赖太多了，对信仰的依赖不够了是共享价值观。

表 14　　　　　　　V94 我们对科学的依赖太多了，而对信仰的依赖不够了

	非常不同意←——————→非常同意（%）										均值
	1	2	3	4	5	6	7	8	9	10	
中国	9.9	7.1	8.0	6.6	13.8	12.5	10.7	11.3	9.7	10.4	5.755
美国	10.4	5.3	6.3	6.9	16.5	11.5	12.4	11.0	7.6	12.0	5.822

4. 竞争是有利的。其原始问题为：V116—V121 请您告诉我对下列问题的看法，量表中 1 表示完全同意左侧的看法，量表中 10 表示完全同意右侧的看法，请在量表上标出您的看法。调查结果见表 15，中国的均值为 3.457，美国的为 3.463，P 值为 0.634（表 1），中美被调查民众回答数值分布状况相似，没有出现畸形不相似状况，因而，竞争是有利的是共享价值观。

表 15	V119 竞争是有利的，它刺激竞争是有害的，它引发										
	人们努力工作和创新←				→人性中坏的一面（%）						均值
	1	2	3	4	5	6	7	8	9	10	
中国	24.8	19.9	16.9	7.6	10.9	7.5	4.4	4.5	1.7	1.8	3.457
美国	21.3	13.6	19.7	15.4	16.9	5.2	2.9	2.5	1.4	1.0	3.463

5. 逃税是不能接受的。其原始问题为：V198—V208 请您告诉我，您在多大程度上能接受下列做法？这个量表中的数字从 1 到 10，表示从完全不能接受到完全能接受的不同程度，请在量表上标出您的看法。调查结果见表 16，中国的均值为 1.947，美国的为 2.064，P 值为 0.977（表1），中美被调查民众回答数值分布状况相似，没有出现畸形不相似状况，因而，逃税是不能接受的是共享价值观。

表 16	V200 有机会就逃税										
	完全不能接受←				→完全能接受（%）						均值
	1	2	3	4	5	6	7	8	9	10	
中国	63.5	17.8	6.6	2.7	2.5	2.5	1.3	0.6	1.0	1.4	1.947
美国	63.6	11.4	7.7	3.7	7.6	2.7	0.8	0.8	0.1	1.5	2.064

（五）小结

通过比较得出了中国和美国的共享价值观如下：

在政治方面，政治在生活中的重要性的看法相同；实行民主政治体制上的看法一致；认为人们通过自由选举来选择领导人是民主要素的看法一致；生活在一个民主的国家重要性上看法一致。

在环境保护方面，中美民众共享的看法和观念是全球变暖或温室效应严重；生物多样性遭到破坏；保护环境优先于经济增长；环境保护主要由本国政府处理。

在社会方面，婚姻不是过时的制度。

在文化方面，共享的价值观有：更加尊重权威是好事；尊重传统和习俗；对科学依赖太多了，对信仰的依赖不够了；竞争是有利的；逃税是不能接受的。

四　有差异的价值观

在美国跨文化传播学理论中，文化的价值观常用的有霍夫斯泰德的价值观维度、克拉克洪和施特罗德贝克的价值观取向、E. D. 霍尔的高语境和低语境取向、罗基切的终极价值观和工具型价值观。世界价值观调查中，并没有完全按照上述价值观论据进行设计，问卷通过对概念、短语、情境三种方式来测量价值观，其中一些价值观与上述各家价值观相同。用SPSS 统计软件对《世界价值观调查》提供的原始数据进行 T 检验时，上述的绝大多数价值观的 $P < 0.05$，存在统计学意义上的差异，这种差异是程度上的差异？还是性质上的差异？以问题 V12—V21 为例，通过分析可以得出大致有三种基本情况：基本共享、基本不共享和不共享。

V12—V21 原始陈述为："V12—V21 您认为在家里培养孩子学习下列哪些品质更重要（请选择五项）？

V12 独立性　　　V13 勤奋　　　V14 责任感　　　V15 有想象力

V16 对别人宽容和尊重　　　V17 节俭　　　V18 坚韧

V19 虔诚的宗教信仰　　　V20 不自私　　　V21 服从

88 不知道"

数据显示（表17），中国孩子需学习品质得分最高的是勤奋，1—10名的排序为：勤奋、独立性、责任感、节俭、对别人宽容和尊重、不自私、坚韧、有想象力、服从、虔诚的宗教信仰。美国孩子需学习品质得分最高的是对别人宽容和尊重，1—10 名的排序为：对别人宽容和尊重、责任感、勤奋、独立性、虔诚的宗教信仰、坚韧、不自私、有想象力、节俭、服从。

中国的前 5 种品质与美国的前 5 种品质对照，勤奋、独立性、对别人宽容和尊重、责任感是相同的，而且各自百分比都超过了 50%，很可能是基本共享的价值观。

不自私、有想象力、坚韧、服从的百分比都没有超过 50%，中美差异在不自私上为 2.5%，在有想象力上为 8.6%，属于基本共享价值观。在坚韧上中美的差异为 12.7%，美国是中国的 1.46 倍；在服从上中美的差异为 13.7%，美国是中国的 1.94 倍，笔者将这两项归为基本不共享价值观，是否准确还需要进一步研究。

节俭，中国为 68.8%，美国为 29.9%，前者是后者的 2.3 倍，处于 50% 线两侧，属于基本不共享价值观。

虔诚的宗教信仰，美国为 50.6%，中国为 2.2%，前者约是后者的 23 倍，处于 50% 线两侧，属于不共享价值观。

表 17   **中美孩子需学习品质回答的数据及排序**

（括号里数字为排序）

	独立性	勤奋	责任感	有想象力	对别人宽容和尊重	节俭	坚韧	虔诚的宗教信仰	不自私	服从
中	75.7 (2)	90.0 (1)	70.8 (3)	23.1 (8)	67.6 (5)	68.8 (4)	27.5 (7)	2.2 (10)	35.1 (6)	14.6 (9)
美	53.8 (4)	61.7 (3)	72.2 (2)	31.7 (8)	78.3 (1)	29.9 (9)	40.2 (6)	50.6 (5)	37.6 (7)	28.3 (10)

五　结语

美国跨文化传播学教科书关于价值观理论有一大缺陷：过分强调不同文化间价值观的差异，忽视寻求不同文化间的共享价值观，呈现"求异疏同"的倾向。本文利用描述统计方法，借助第 5 次《世界价值观调查》提供的数据，分析了中美两国价值观的共享状况。

分析结果为：在《世界价值观调查》的 200 多个问题中，在政治价值观、社会价值观、环境保护价值观和文化价值观方面，笔者找到了 10 多种共享的价值观或看法。在中美价值观方面，笔者初步判断，共享和不共享的是少数，基本共享和基本不共享的是多数。

讨论与不足：本文数据分析中所提出的共享、基本共享、基本不共享、不共享的数据标准是否得当，有待专家指正。本文只对数据进行了描述性简单分析。没有利用人口学变量和其他相关变量加以深入分析和解释。这些方面都有待于继续研究。

本文是对《世界价值观调查》数据分析得出的结果。现实生活中也有实例佐证本文得出的结论。孔子是代表中国传统价值观的文化符号。2011 年 1 月 11 日，一座总高 9.5 米的孔子雕像在中国国家博物馆北广场落成，成为北京天安门地区的又一个标志。在大洋彼岸，2009 年 9 月 29 日，美国众议院通过决议，纪念孔子诞辰 2560 周年，表彰他在哲学、社会和政治思想上的非凡贡献。① 这无疑是美国精英们对孔子倡导的一些价值观的认可。这两件事说明当今中美之间存在许多共享价值观。中国前外交部部长说，"孔子在两千多年前提出的'己所不欲，勿施于人'，被誉为处理国家间关系的'黄金法则'，镌刻于纽约联合国总部大厅"②。这说明，不仅中美两国之间也存在着共享价值观，当今联合国成员国之间也存在着共享的价值观念。

The Sino-American Shared Values in WVS

GUAN Shijie

Abstract: American IC textbooks emphasize the differences between

---

① 决议的部分译文：鉴于孔子作为历史上最伟大的思想家、教师、社会哲学家之一，他提出的一套至今还深刻影响并将持续影响着世界各国的政治、社会的思想。

鉴于孔子的内省、自我修养、忠恕品格以及把在社会关系中的礼仪作为实现个人道德和社会正义的方式，反映出他崇高的道德品质；

鉴于孔子对"己所不欲，勿施于人；己欲达而达人"的教导，是种合乎道德的行为模式和在人们之间建立和谐关系的模式；

鉴于孔子的教导一个理想的政府应该建立在忠信、尊老和承认家庭重要性的基础上；

鉴于孔子教导说政治家必须作为真诚和道德的典范，这一教导提醒我们以崇高的荣誉和最大的尊重去履行自己的职责；

因此，众议院现在正式决定，对孔子诞辰2560周年纪念日表示敬意，承认他在哲学、社会和政治思想上的难以估价的重要贡献。（英文部分原文：Whereas Confucius, who is one of the greatest thinkers, teachers, and social philosophers in history, developed a philosophy that has deeply influenced, and continues to influence the social and political thought of countries around the world, ...

Whereas Confucius counseled introspection, self – cultivation, sincerity, and the observance of respect within social relationships as a means of achieving justice and attaining morality in personal and public life, reflecting a moral fiber of the highest degree;

Whereas the teaching of Confucius that what one does not wish for oneself, one ought not to do to anyone else; what one recognizes as desirable for oneself, one ought to be willing to grant to others'is a model for ethical behavior and for the promotion of harmony among us;

Whereas Confucius taught that an ideal government is founded upon loyalty, respect for elders, and recognition of the importance of family; and Whereas Confucius taught that politicians must be models of truthfulness and morality, which serves as a reminder to all of our duty to serve with the utmost honor and respect: Now, therefore, be it

Resolved, That the House of Representatives honors the 2,560th anniversary of the birth of Confucius and recognizes his invaluable contributions to philosophy and social and political thought.), http://www.gpo. gov/fdsys/pkg/BILLS – 111hres784ih/pdf/BILLS – 111hres784ih. pdf

② 李肇星：《和平、发展、合作——新时期中国外交的旗帜》，《人民日报》2005 年 8 月 23 日。

different cultural values while underestimating the shared values, which situation is not good for IC. The authors makes a research on the shared various values by analysing the data of World Values Survey(WVS). The study shows that there are the shared values between Chinese and Americans today.

Keywords: shared values, intercultural communication, WVS

(GUAN Shijie, Professor of School of Journalism and Communication, Peking University. Email: guansj@ pku. edu. cn)

深层次信息的创造和传播作为
通往"软实力"之道①

张咏华

提　要：本文从文化传播的角度探讨软实力的建设途径，认为"软实力"论中阐述的三类主要资源，在深层次信息上是相通的，可归纳为文化精神，并指出体现文化精神的深层次信息的创造和传播是通往软实力之道。

关键词：软实力，资源，文化传播，信息

一　文献回顾

"软实力"（soft power，又译"软力量"，"软权力"，"软国力"）一说，一般认为最早出现在 1990 年出版的美国哈佛大学教授小约瑟夫·奈（Joseph S. Nye, Jr.）的《谁与争锋：美国力量的转变》（*Bound of Lead: The Changing Nature of American Power*）（1989 年撰写）一书中。作为一名曾经出任美国克林顿政府的国家情报委员会主席及助理国防部部长的人士，奈显然不是单纯坐而论道作基础理论研究的学者，而是与美国政界有着千丝万缕联系的研究者。他提出"软实力"（soft power）论，有着明确的实用性目的，"旨在反驳当时流行一时的美国衰败论"②。他在书中明确地把"软实力"作为与军事和经济并列的实力的第三个层面/维度，认为美国不仅是军事和经济上首屈一指的强国，而且在国家实力的第三个层面

---

① 本文最初完稿于 2009 年 8 月，曾递交给清华大学国际传播研究中心联合美国哈佛大学新闻政治与公共政策中心等学术机构举办的"国家软实力国际研讨会"，此次作了一些修改。

② ［美］约瑟夫·奈：《软力量——世界政坛成功之道》，吴晓辉、钱程译，东方出版社 2005 年版，序言。

上，即在无形的"软实力"上也无可匹敌。根据奈的理论，"软实力"是通过吸引而非强迫或利诱收买的手段来达己所愿、获得期望中的结果的能力。在此书付梓出版的同一年，奈还发表了《软实力》、《变化中的世界力量性质》等阐述"软实力"论的文章。尽管首次明确使用这一语汇的是奈，但是，从它蕴涵的意义来看，其思想渊源，却可以说由来已久。中国和西方国家的思想史上，都不乏重视精神的力量，重视赢得民心的观点。古代中国的思想家就曾提出过"得道者多助，失道者寡助"（孟子）；"不战而屈人之兵"（孙子）等思想。在西方，古希腊罗马时期的社会思想中，即包含了将城邦视为道德共同体的思想。即使仅从现代欧美政治思想和国际关系思想来看，"软实力"说所包含的重视精神力量的观点，也可以追溯到 20 世纪前期和中期的一些学术和政治文献中。例如，奈本人征引的作者中，就有英国著名史学家、国际关系学理论家爱德华·H. 卡尔（Edward H. Carr），以及著名美国政治学家彼得·巴克拉克（Peter Bachrach）和莫顿·巴拉茨（Morton Baratz）。卡尔发表于 1939 年的《20 年来的危机（1919—1939）：国际关系学简介》（*Twenty Years' Crisis 1919 - 1939: An Introduction to the Study of International Relations*），在欧美被誉为国际关系学的经典著作，该书就提出了国际实力可以分为军事力量、经济力量以及影响舆论的力量三种类型的观点。巴克拉克和巴拉茨 1962 年发表的论文《权力的两个方面》（*Two Faces of Power*）将影响价值观、政治程序和制度机制的能力视为权力的非显性的方面，指出：某人或某个社群可能"通过影响社会的价值观和政治程序及程式"，将决策"限定在相对非争议的事务上"，尽管社会上存在着"严重然而隐性的权力冲突"。[1] 在他们看来，占支配地位的制度机制和政治程序可能限制弱势群体的决策参与及其关注点的形成和表达，使后者的关注点无法进入政治议题。巴克拉克和巴拉茨还在 1963 年发表了《决定和非决定：一种分析框架》一文，继续阐明将权力分为显性和隐性两面的分析框架，并探讨了权力的"同化"（co-optive）属性问题。[2] 在《软力量：世界政坛成功之道》一书中，奈在

---

① Peter Bachrach and Morton Baratz, "Two faces of Power", *American Political Science Review*, 1962, p. 948.

② Peter Bachrach and Morton Baratz, "Decisions and Non-decisions: An Analytical Framework", *American Political Science Review*, Vol. 57, No. 3, 1963, pp. 632—634.

引述他们的观点后称自己的"软实力"的概念建立在他们的理论基础上。①

奈的"软实力"论提出以来，在学界、政界和社会上引起了围绕这一论题的探讨。笔者于 2009 年 7 月 23 日在谷歌上进行（英文）学术搜索，键入关键词"soft power"（带引号），获 12200 项搜索结果。在我国的学术型网上电子数据库中国知网上搜索，获 1709 项查询结果。运用英文学术性的 Springer 回溯数据库进行搜索，键入关键词"soft power"（带引号），获 253 项查询结果。在英文学术性网站 Jstor. org 上进行同样的搜索，获 272 项查询结果。当笔者于 2011 年 3 月 10 再度在谷歌进行（英文）学术搜索，键入关键词"soft power"（带引号），搜索结果已增至 25000 项；在英文学术性网站 Jstor. org 上进行同样的搜索，查询结果已增至 930 项。可见国内外对该课题的研究均已达到相当的数量。

国际上围绕"软实力"的学术成果发表，以从外交政策、国际战略或国际实力评估的角度阐述者居多。除了奈本人的一系列著述由这些角度切入外，许多其他研究者的著述，如，日本京都大学的尼西姆·卡多什·奥特马兹金（Nissim Kadosh Otmazgin）的《软实力争夺：日本通俗文化在东亚和东南亚》（2003）；欧洲学者珍妮—义威斯·海恩（Jeane-Yves Haine）的《欧盟的软实力：不够硬吗?》（2004），德博拉·韦尔奇·拉森（Deborah Welch Larson）和亚力克西·谢夫琴科（Alexei Shevchenko）的《致强的捷径：苏联外交政策新思维和外交政策革命》等，也展示了类似的研究路径。

在我国，王沪宁 1993 年在《复旦大学学报》（社会科学版）上发表了《作为国家实力的文化：软权力》（当年第 3 期），介绍了国际政治学研究中的"软权力"概念，并指出了它更加依赖于"国际文化和价值的总趋向"。②"软实力"在我国成为研究热点，则发生在 20 世纪 90 年代后期以来，尤其是进入 21 世纪以来。学术界围绕"软实力"主题，探讨了诸多议题，如该概念的由来与发展，"软实力"论的主要内容——软实力

---

① ［美］约瑟夫·奈：《软力量——世界政坛成功之道》，吴晓辉、钱程译，东方出版社 2005 年版，第 31 页。

② 王沪宁：《作为国家实力的文化：软权力》，《复旦学报》（社科版）1993 年第 3 期，转引自张亮《浅析中国软实力建设》，人民网理论频道，2010 年 7 月 6 日。

的来源、要素、特征、重要性、软实力和硬实力的关系等，以及中国软实力的现状和提升，等等。从既有成果发表来看，我国对于软实力的研究，有着力于分析奈的"软实力"理论及其对我国的启示的（如刘钊，2008；刘德斌，2004；张晓慧，2004，等）；有着重进行概念辨析或梳理（或者加上探讨其对中国的启示）的（如李河，2009；张志越，2006）；有从评估我国的国家实力和国际地位切入的（如门洪华，2007）。较多的，似乎属于以"软实力"说探讨我国国家发展战略或外交政策研究的范畴，如：庞中英的《国际关系中的软力量及其他》（1997），阎学通、孙学峰的《中国崛起及战略》（2005），叶自成的《中国大战略》（2003）等。在立足我国现实探讨发展战略的成果中，不乏来自传播学界的研究：将传媒业/文化产业的发展和对外传播有效力的提高纳入国家发展策略一部分的视野进行研究，如程曼丽的《论我国软实力提升中的大众传播策略》（2006），孙宝国的《广电传媒影响力与国家文化软实力》（2007）等。

　　奈的有关著述的字里行间，显示出他笔下的"软实力"/"软力量"这一术语，是作为分析国家之间的力量对比、实力竞争的一个维度而使用的，并且他是站在美国的立场、从为美国的国际影响力提供策略的角度，使用这一概念的。也许正因为这种重实用的倾向，奈本人在对 power 和 soft power 进行诠释中，并未抽象地在概念的界定和内涵、外延的辨析上过多着力，并且似乎也并未十分在意该概念在书中的严格、清晰的连贯性。而社会科学领域中的诸多概念本就不像自然科学中的公理那样具有全体一致接受的初始命题，它们在其扩散的过程中往往出现不同的解读。加上这一术语的核心词"power"本身又是多义项的，因而，"软实力"概念明确提出 20 年有余后的今天，其界定仍未在研究界达成完全一致。"软实力"概念及理论传入我国以来，更因翻译、语境的变化等因素的影响，使学者们对奈所提出的概念的解释具有更大的空间。例如，有关"软实力"的核心要素，就有一系列不同的看法。有的将之定位于文化，有的将之定位于价值认同、话语认同，还有的将之定位于政治实力，并认为后者本身则以战略信誉为核心①；也有的认为核心要素是哲学社会科学②……

---

　　① 转引自蒋英州、叶娟丽《国家软实力研究述评》，《武汉大学学报》（哲学社会科学版）2009 年第 2 期。

　　② 杨圣敏：《哲学社会科学是软实力的核心要素》，《光明日报》2006 年 1 月 21 日。

还有的在"软实力"前面加上"文化"或"政治"等。但也有学者则不赞成这样加词造出新提法，认为在英文文献中，"软实力"和"文化实力"常可相互替换，"文化软实力"中含有同义反复，并进而从逻辑严密性上质疑衍生于"文化软实力"的"政治软实力"提法。① 尽管如此，但在关于"软实力"论的主要内容的一些基本问题上，学术界还是倾向于大体一致。有鉴于此，同时考虑到发展"软实力"的问题主要是一个实践的命题，而不是一个高深的基础理论研究的命题，笔者此处将在不妨碍本文讨论清晰度的情况下，尽可能还原该词在奈理论中的原有语境。

国内外学术界的大量现有研究和成果，为本论文提供了诸多启示。从笔者本人的研究领域等情况出发，本论文将从文化传播的角度探讨建设"软实力"的途径。

在本文中，深层次信息指的是蕴涵文化精神，体现深层思想和理念的信息。

二　文化精神：软实力来源的集中体现

小约瑟夫·奈深谙西方政界倾向于将实力视为对资源的拥有②的思路习惯，他在其著述中在"软实力"的主要资源这一点上着力甚多。尽管并非坐而论道的奈并没有在探讨中保持用语上的一致性，但"文化"、"价值观"、"政策"、"制度机构"（institutions）是频频的关键词则是无疑的，如，在其 1990 年的论文《软实力》（Soft Power）、《变化中的世界力量性质》（The Changing Nature of World Power）以及其著作《软力量——世界政坛成功之道》等中，我们都可以发现这些关键词的突出位置。值得指出的是，奈主要是从人们常用的文化活动和文化产品及其内容和形式的意义上使用文化一词，多少类似于"文艺"的意思，而不是从文化哲学的意义上使用此词，因而他把（政治）价值观单列出来，而没有将之包含在作为文化最核心层的整个观念/思想文化之中进行阐述。

---

① 参见李河《谈谈"软实力"概念》，《西安交通大学学报》（社会科学版）2009 年第 29 卷第 3 期。

② Joseph S. Nye, Jr., "The Changing Nature of World Power", *Political Science Quarterly*, No. 2, 1990, p. 178.

在文化哲学上而言，"文化的核心就是意义的创造、交往、理解和解释"。① 一个国家的文化在本质上体现该国的精神特质（ethos）。从文化传播的角度来说，重要的是一种文化所体现的精神特质在社会交往过程中得到广泛散播，并在其他社会产生吸引力。价值观最能体现文化精神。而纵观奈的《软力量：世界政坛成功之道》、《变化中的世界力量性质》和《软实力》等著述，对文化精神的关注也是"软实力"论的重要内容：对于文化资源，他所关注的最主要的是其中蕴含的"普世（主义）价值观"的吸引力。"普世主义"、"普世（主义）的"等词在这些著述中都曾被与"文化"连在一起使用；《软力量：世界政坛成功之道》一书中所举的文化影响力的实例，都是美国的文化产品和国际文化交流活动所传播的个人主义、民主、开放、自由等价值观对其他社会的影响。可见其阐述的文化资源同他讨论的第二种软实力资源即（政治）价值观在很大程度上相重叠。事实上，奈并非始终使用软实力资源的三分法；在不同的场合他曾说"软实力源自国家的文化和政策"②（两种来源）。而（外交）政策，也总是折射出一定的政治思想和理念。因此，我们认为，在深层次信息上，它们是共通的，都可以归纳为文化精神。

中国作为历史悠久、文化源远流长的国家，当然不乏丰富的"软实力"资源。不论是作为传统文化精华的"和为贵"的价值取向，重视民生的民本思想，崇尚德行的"天行健，君子以自强不息，地势坤，君子以厚德载物"精神等，还是当今中国改革开放中出现的新的文化精神元素，如公民权利观念、权力制约理念等新观念，基于社会主义民主思想的官员问责制、《政府信息公开条例》的推出及构建和谐世界的外交政策的确立，都蕴涵吸引力和感召力。中国的软实力资源，不仅已为我国学者所认识和热议，国外学者也有认可。在我国，有学者提出要挖掘我国传统文化的软实力之源③；也有学者把追求"和谐"的理念描述成我国"最大的软实力"（胡鞍钢，2006）；另有学者把中国构建和谐世界的外交理念视为我国软实力的组成部分（张红，2008）；还有学者对我国软实力的主要

---

① 周宪、许钧：《文化和传播译丛总序》，参见［英］尼克·史蒂文森《认识媒介文化》，王文斌译，商务印书馆 2001 年版，第 1—3 页。

② Joseph S. Nye, Jr. , "The Paradox of American Power", （Speech at Princeton University）May 8, 2002.

③ 孟宪实：《传统文化：中国文化软实力之源》，《时事报告》（大学生版）2007 年第 4 期。

构成从总体上予以归纳，如张战、李海军认为构成我国重要"软实力"的，是中国特色社会主义制度的生命力、中华文化的感召力和吸引力、独立自主和平外交政策的国际影响力①；门洪华认为软实力包含文化、观念、发展模式、国际制度和国际形象五种核心要素②；贾磊磊认为我国的国家"文化软实力"的资源主要在于：（1）在政治文化领域体现国家根本利益的社会主义核心价值体系，包括以爱国主义为核心的民族精神和以改革创新为核心的时代精神；（2）在传统文化领域代表中国文化核心价值观的优秀思想体系，其中包括集中体现个人、家庭、国家乃至人类社会终极理想的文化价值观；（3）在主流文化领域体现国家主流意识形态、表现国家民族形象的艺术作品③。在国外，韩国学者赵英男（Young Nam Cho）和郑钟昊（Jong Ho Jeong）把中国的发展模式，以"和平崛起"或"和平发展"理论为核心的外交政策，以及中华文明，描述为中国的三种"软实力资源"。④美国政治学和战略研究专家埃文·S. 梅迪罗斯（Evan S. Medeiros）和泰勒·弗雷维尔（M. Taylor Fravel）在《中国的新外交》一文中称，"最近，中国开始拥抱以往曾经一度回避的地区性和全球性机构机制（institutions），并开始承担伴随大国地位而来的责任"。并且认为近年来中国的外交政策"比起中华人民共和国历史上任何其他时间来都更加灵活和富有吸引力得多"⑤。中外学者的一系列研究，以思辨、实例和数据，论证了中国丰富的软实力资源。

三　深层次信息与软实力资源之转换成现实力量

尽管中国具有丰富的软实力资源是毋庸置疑的，但是，产生实力的资源并不总是能同实力画等号。这就涉及资源化为力量的问题。"拥有力量资源并不总能使你如愿以偿……将资源转化为力量以取得所期望的结果

---

① 张战、李海军：《国际政治中的中国软实力三要素》，《中国特色社会主义研究》2003 年第 4 期。

② 门洪华：《中国软实力评估报告》，《国际观察》2007 年第 2 期。

③ 贾磊磊：《主流文化的体系建构与国家文化软实力》，《电影艺术》2008 年第 1 期。

④ Young Nam Cho and Jong Ho Jeong, "China's Soft Power: Discussions, Resources, and Prospects", *Asia Survey*, No. 3, 2008, pp. 453—472.

⑤ Evans S. Medeiros and M. Taylor Fravel, "China's New Deiplomacy", *Foreign Affairs*, No. 6, 2003.

需要运筹帷幄并领导有方。""潜在的力量资源并非总会转换为能达到预期结果的现实力量"。① 中国在将软实力资源转换为现实的软实力方面，近年来已取得一定的可喜成效。根据国际上的一系列调研的结果，包括英国 BBC 国际台 2005 年 3 月份公布的一项对 22 个国家进行的调查结果，以及美国皮尤研究中心 2005 年 6 月公布的一项调查结果，近年来中国的国际亲和力在增加，国际上对中国持正面看法者在增多。但是，总体说来，这方面的情况尚不尽如人意。由于复杂多样的原因，包括长期以来在国际传播中占主导地位的西方传媒对文化传统和政治体制与西方截然不同的中国常常产生误读，而其误读的声音又常常四处扩散，同时也包括我国自身的一些原因，如曾经一度闭关自守、对国际事务曾少有参与，在对外传播中曾较多地使用战斗性的话语、表现出自说自话式的倾向等，国际社会对我国的认知、认同依然有限，误读依然常常发生，在参与国际规则制定和国际事务处理中我国的话语权还较弱。例如，2008 年北京奥运会的准备过程中，国际舆论曾一再出现纷争，质疑中国举办奥运会合理性的杂音曾一再出现。在敏感性事件发生时国际社会中还常常响起挑剔中国的人权记录、把中国同"专制"等联想在一起的声音。如一些西方媒体在关于拉萨骚乱事件的报道上，对中国作出了负面的解读，大肆渲染中国的"民族问题"和"人权问题"；围绕达尔富尔问题，西方也对中国施加了压力，有些西方人士指责中国"支持独裁政权"、"漠视人权"、"对非洲进行掠夺性开发"。在西方国家的眼中，中国同一些"人权记录很差的国家发展外交关系和开展经济合作"是对待人权、民主"冷漠"的表现；西方有学者认为这涉及中国外交的合法性/合理性（legitimacy）问题，而外交的合法性/合理性关系到中国软实力的发挥；并认为如果中国不能在外交中"将国际上对于人权的日益增长的信奉考虑进去"，那就会"损害中国的国际名望"。② "中国威胁论"及其变种，还在时而浮现。就在 2011 年 1 月，美国皮尤研究中心发布的一项调查结果还表明，将中国视为"威胁"的人，为数不少，而将中国当作"问题"国家（problem）的人，更是大

① ［美］约瑟夫·奈：《软力量——世界政坛成功之道》，吴晓辉、钱程译，东方出版社 2005 年版，第 5、37 页。

② Bates Gill and Yanzhong Huang, "Sources and Limits of Chinese Soft Power", *Survival*, Vol. 48, No. 2, 2006, pp. 17—36.

有人在（www. pewresearch. org，2011 年 1 月 12 日）。凡此种种，都说明中国的观念/思想文化和制度文化的国际影响力还有限，中国在将软实力资源转换为达到期望中的国际效应能力方面，依然任重而道远。当然，中国有自己的立场；中国不必在当今舆论多样化的世界上在国际议题上总是期望世界一致同意我们的立场。但是，在全球化时代，重视分析那些在国际上有相当市场的看法却能为外交和对外传播的策略，提供思考的材料。

　　文化从来都是和传播密不可分的。一个国家文化精神在国际上的吸引力、影响力，有赖于体现其深层思想和理念的信息在国际上的有效传播和引起认同。以美国为例，美国可以说是长期以来一直不遗余力地构建和传播西方思想文化和制度文化深层内涵的典型国家。在全世界风靡流行的美国流行文化/大众文化，其商业性的表象后面，包含着美国人信奉的价值观——消费主义、流动、多元化、自由、个人主义、奋斗进取、公平竞争等。美国对外传媒所承载的内容，充满了对美国根深蒂固的政治文化核心内涵——民主、自由、人权等——的宣扬。美国并且还擅长利用各种文化活动、展示活动，传播其深层思想和理念。在此仅举 2010 年在上海举行世博会期间的美国馆的展示活动一例。在 2010 年世博会上，美国馆以"拥抱挑战"为主题。其四大展厅，以多媒体展示等方式，在讲述充满美国味的故事之中，传播了"可持续发展、团队精神、健康生活、奋斗和成就"等核心理念。尤其是该馆第一厅中展示的美国总统奥巴马与美国国务卿希拉里·克林顿欢迎游客来访的短片，更是对这些核心理念反反复复予以强调。美国还很重视通过日常沟通、主题式的战略沟通、形形色色的国际交流和传媒渠道三个层面的公共外交，宣扬其政府处理国际事务的行为在价值观层面的理由以求将之合法化。美国的非政府组织的大量国际交流活动，也包含着对美国的思想文化和制度文化的传播、推介。"美国的广大非政府组织在其对外推进民主的进程中扮演了不可替代的重要角色。"[①]美国在运用软实力资源方面，可以说是相对做到了全方位地突出其核心的文化内涵。长期着力构建和传播体现文化精神的信息内容，可说是美国经验对我国的一条重要启示。并且，这种着力也体现在其对此类深层次信息的表现方式上。例如，尽管美国流行文化/大众文化因其商业性、模式化

---

① 方长平：《中美软实力比较及其对中国的启示》，《世界经济与政治》2007 年第 7 期。

等问题而受到很多批评，但其在全世界吸引眼球的程度终究在一定程度上反映了其表述的内容和/或方式自有其打动人之处。又如，美国传媒界在新闻传播中对采用多元化消息源的强调，对援引民间尤其是权威的专家信息源的重视，固然是西方新闻报道的惯例，但在国际传播中，这种做法又何尝不可服务于增添向世界传播信息的主体从而有利于强化信息内容的可信度？客观地说，美国在将体现其文化精神的深层次信息寓于生动丰富、引人入胜的内容和形式方面，确有领先之处。其软实力强势，同其长期创造、传播深层次信息的累积效果分不开。当然，本文这里仅是就传播效应而言的。如果从应然性的角度来说，那么诚如一些批判学派的学者阿芒·马特拉（Armand Mattelart）、西斯·哈姆林克（C. Hamelink）和赫伯特·席勒（Herbert Schiller）等的研究所指出的，美国在世界上的传播强势、"文化霸权"，对发展中国家的民族文化构成挑战，是现存世界文化、传播秩序中不合理局面的表现。但限于篇幅，本文未将"文化霸权"问题作为探讨的范畴。

相比之下，我国在构建和对外传播深层次信息方面还有很大的发展空间。中国有着重视传媒的宣传作用、重视宣传内容的政治性的传统。中国一直在努力进行对外宣传。问题在于，宣传的实际效应，产生于传、受双方的互动，体现出双方的交互主体性，而并非仅凭传播者的主体性，仅凭传播者一相情愿的设想和期待就可实现。新中国成立后很长时间中，我国的外宣自说自话式的说教色彩较浓，缺乏对传、受方相互作用的足够重视。并且在简单化的斗争思维的影响下，我国的外宣常常使用战斗性的语言，对国际社会中的西方话语和观点常常针锋相对有余，巧妙应对影响不足，缺乏对国际语境的考虑，对处理自身的观点同国际上广泛接受的观点之间的关系缺乏策略意识；自身的信息表达从某种意义上说又常停留在口号式的层面而缺乏渗透力。因而，虽然我国很早就在外交上提出了和平共处五项基本原则，并且也曾成功地通过"乒乓外交"向外部世界散播交往沟通的善意，但是就整体的对外传播来说，在凸显这一外交政策方面，做得不够。简单化的斗争思维也曾较严重地影响对传统文化的评价，动辄批判否定使传统文化中的资源不能得到合理开发使用。这些都从内容和形式上影响我国对深层次信息的构建和有效传播。与此同时，当时中国物质性的"硬力量"较弱，外宣媒体的发展也不够，也制约着中国向世界说明自己的能力。

改革开放以来，我国经济的发展举世瞩目，硬实力大为增强。伴随着我国的迅速发展，国外对我国的关注度，对我国发展模式和文化的兴趣也在日益提高，从而为我国发展软实力，提供了注意力条件。此外，我国媒体在传播技术手段上飞速发展，媒体新旧交融进程正在展开，传媒的信息承载、传输能力及覆盖面迅速拓展，为改进对外传播以服务于发展软实力，提供了物质技术基础。与此同时，我国确立了"让世界了解中国，让中国了解世界"的国际传播策略，日益重视对外传播的国际语境，重视研究国际上共同遵循的观念和规范，研究国际公众的信息接受心理。近年来，"软实力"概念已进入了我国领导层的视野，"软实力"的提法出现在中国共产党十七大报告中，其发展已被视为国家发展战略的一部分。在这一系列因素的相互作用下，我国在对外传播中取得了新的突破。我国传媒在汶川地震报道、北京奥运传播、2010 年上海世博会传播中的成绩，可以说是很好的明证。我国汶川地震期间的传播凸显了重视公开和更新灾情尤其是人员伤亡数字和情况的公开性原则，凸显了重视挽救生命的主题，显示了以人为本的精神，契合了国际上普遍尊重的人道主义理念和信息公开的原则观。[①] 北京奥运会期间，我国构建和传播深层次信息的行为，良好地把握了中华文化的精华同人类社会普遍接受的共同价值理念之结合点，把握了奥运文化及中华文化的契合点，并直面了国际公众所习惯的一些议题。这些行为包括"人文奥运、绿色奥运、科技奥运"的理念的确立，对"和平"／"和谐"、"发展"、"绿色"／"环保"主题的强调，大量有关新闻发布会的举行，也包括显示人性化关怀和对运动员个体选择自由的尊重的相关报道。[②] 在 2010 年上海世博会上，我国构建了体现人类文明共同追求的"城市，让生活更美好"的主题；5 月 1 日的上海世博会开幕式上，文艺节目的精心安排，使《蓝色多瑙河》和《长江之歌》均在开幕式上响起，两者的融合，象征着不同文化的交融……

如何使汶川地震报道、北京奥运传播和上海世博会传播的成功经验，

---

① 张咏华、曾海芳：《论中外传媒关于汶川地震报道的契合点》，《国际新闻界》2008 年第 6 期。

② 张咏华：《奥运后的中国国际传播：契机和挑战》，递交给"第六届世界华文传媒与华夏文明国际学术研讨会"的论文，2009 年 8 月。

尤其是这几次传播活动在处理我国文化精神的独特性同人类文化的共同性之间关系的经验，在我国日常的国际传播中发扬光大，服务于软实力的发挥，是值得大力研究的课题。

从纵向来看，文化还具有历史归属，具有时代性。为此，我国在努力将软实力资源转换为现实的软实力中，还面临使中国传统文化的精髓同现代文化元素有机结合的挑战。近年来，我国在挖掘传统文化资源中展开了积极尝试，其中包括通过同外国签订文化合作协定，在国外设立大批孔子学院，推介中国文化。但是，我们还应理性地看待原有的孔子儒家学说的时代属性，认识文化精神的现实吸引力离不开对当下现实问题的指导作用。这种指导作用，并不是我国传统文化不经过现代化转型就能够承担的。从长远来看，一国文化的持久吸引力、影响力，有赖于其内涵在适应时代进步的潮流中不断创新。因而，中国文化精神的现代元素问题就成为实施软实力发展战略中需要重点考虑的议题之一。我国目前这方面的状况还不容过分乐观。理性地考量，当不难发现，即使是在取得很大效应的北京奥运传播个案中，如果我们将气势恢弘的北京奥运会开幕式对中国悠久的历史、古代璀璨的文化成果的展示同其对当下中国文化的新元素、新成就的展示相比较，后者较为明显地弱于前者。这就说明中国在中国传统文化的精髓同现代文化元素结合中仍然面临艰巨的任务。

对于文化传播来说，一个国家的对内对外言和行都表达价值观，表达深层次的信息。诚如我国学者方长平所指出的，软实力战略的实施，"是一个国家如何在国际和国内两个舞台上塑造、展示自己魅力的问题"①。在这方面，世界头号强国美国近年来有过不少教训。例如，其单边主义的以武力推行美国价值观的行动，与当今世界倡导和平、反对尚武的共同价值观相悖，也有悖于美国自己渲染的尊重他人意见的价值观，从而导致对其内政外交的双重标准的质疑。这可以说是美国软实力方面的一则败笔、其硬实力和软实力相互抵触的一则个案。它说明实施软实力战略，工夫不仅在于精心设计"言"的深层次信息，同时也在于"行"展示散发的深层次信息。中国作为一个发展中的大国，软实力的提升，急需在国际国内两个舞台上通过更加有效地表达深层次信息，展示自己的魅力。一方面，

---

① 方长平：《中美软实力比较及其对中国的启示》，《世界经济与政治》2007年第7期。

中国需要在"言"的深层次信息建构和传播中着力改进。这方面，汶川地震报道、北京奥运会传播和上海世博会传播的成功已经提供了意义深远的经验。另一方面，中国内政外交和国内外事务处理中的新成就之"行"，无疑会展示我国的魅力，凸显我国的深层次信息。从国际舆论环境来看，中国民主法制建设的进程，中国应对环境污染问题、官员腐败问题等新挑战、新问题的举措和进展，中国参与国际事务处理和承担国际责任的行动，尤为受到关注。在这些问题上有效构建和展示我国的深层次信息，从而倍显重要。

在信息化时代，信息就是力量。体现文化精神的深层次信息是软实力的关键。中国要为自己的发展营造有利的国际舆论环境，要使自己的政策目标得到国际认同，就需要依靠自己坚持不懈的努力，展示既有民族特性又符合人类共同的精神追求的深层次信息，既扎根于中国传统文化精髓又超越于此而符合当今人类社会文化进步潮流的深层次信息，在世人面前牢固树立起和平发展的、负责任的大国形象。

参考文献

1. Peter Bachrach and Morton Baratz, "Two faces of Power", *American Political Science Review*, 1962, Vol 56, No. 4, pp. 947—952.

2. Peter Bachrach and Morton Baratz, "Decisions and Non-decisions: An Analytical Framework", *American Political Science Review*, 1963, Vol. 57, pp. 632—642.

3. Young Nam Cho and Jong Ho Jeong, "China's Soft Power: Discussions, Resources, and Prospects", *Asia Survey*, 2008, No. 3, pp. 453—472.

4. Evans S. Medeiros and M. Taylor Fravel, "China's New Diplomacy", *Foreign Affairs*, 2003, No. 6.

5. Bates Gill and Yanzhong Huang, "Sources and Limits of Chinese Soft Power", *Survival*, 2006, Vol. 48, No. 2, pp. 17—36.

6. Jeane-Yves Haine, "The EU's Soft Power: Not Hard Enough?" *Georgetown Journal of International Affairs*, 2004 (5/1): 69—77.

7. Nissim Kadosh Otmazgin, "Contesting Soft Power: Japanese Popular Culture in East Asia and Southeast Asia", *International Relations of the Asia Pacific*, 2003, Vol. 8, No. 1, pp. 73—101.

8. Deborah Welch Larson and Alexei Shevchenko, "Shortcut to Greatness: The New Thinking and the Revolution in Soviet Foreign Policy", *International Organization*, 2003, Vol. 57, No. 1, pp. 77—109.

9. Jung-Nam Lee, "The Rise of China and Soft Power: China's Soft Power Influence in

Korca", *The China Review*，Vol. 8，No 1，pp. 127—154.

10. Joseph S. Nye，Jr.，"Soft Power"，*Foreign Policy*，1990，No. 80，pp. 153—171.

11. Joseph S. Nye，Jr.，"The Changing Nature of World Power"，*Political Science Quarterly*，1990，Vol. 105，No. 2，pp. 177—192.

12. Joseph S. Nye，Jr.，"The Paradox of American Power"（Speech at Princeton University），May 8，2002.

13. ［美］约瑟夫·奈著：《软力量——世界政坛成功之道》，吴晓辉、钱程译，东方出版社 2005 年版。

14. 程曼丽：《论我国软实力提升中的大众传播策略》，《对外大传播》2006 年第 10 期，转引自中国知网（www. cnki. net）。

15. 方长平：《中美软实力比较及其对中国的启示》，《世界经济与政治》2007 年第 7 期。

16. 蒋英州、叶娟丽：《国家软实力研究述评》，《武汉大学学报》（哲学社会科学版）2009 年第 2 期。

17. 李河：《谈谈"软实力"概念》，《西安交通大学学报》（社会科学版）2009 年第 29 卷第 3 期。

18. 刘德斌：《"软权力"说的由来与发展》，《吉林大学社会科学学报》2004 年第 4 期。

19. 刘钊：《约瑟夫·奈的"软实力"理论对中国"和平崛起"的启示》，《唯实》2008 年第 3 期。

20. 门洪华：《中国软实力评估报告》（上、下），《国际观察》2007 第 2 期、第 3 期。

21. 孟宪实：《传统文化：中国文化软实力之源》，《时事报告》（大学生版）2007 年第 4 期。

22. 庞中英：《国际关系中的软力量及其他》，《战略与管理》1997 年第 2 期。

23. 孙宝国：《广电传媒影响力与国家文化软实力》，《中国广播电视学刊》2007 年第 12 期。

24. 阎学通：《软实力的核心是政治实力》，《环球时报》2009 年 5 月 22 日。

25. 阎学通、孙学峰：《中国崛起及战略》，北京大学出版社 2005 年版。

26. 叶自成：《中国大战略》，中国社会科学出版社 2003 年版。

27. 张晓慧：《"软实力"论》，《国际信息资料》2004 年第 3 期。

28. 张咏华、曾海芳：《论中外传媒关于汶川地震报道的契合点》，《国际新闻界》2008 年第 6 期。

29. 张咏华：《奥运后的中国国际传播：契机和挑战》，递交给"第六届世界华文传媒与华夏文明国际学术研讨会"的论文，2009 年 8 月。

30. 张志越等：《软实力的概念及其对我国的政策意涵》，《经济社会体制比较》2006 年第 3 期。

31. 张战、李海军《国际政治中的中国软实力三要素》，《中国特色社会主义研究》2003 年第 4 期。

32. 周宪、许钧《文化和传播译丛总序》，参见［英］尼克·史蒂文森《认识媒介文化》，王文斌译，商务印书馆 2001 年版。

（张咏华，上海大学影视学院教授、上海传播学重点学科—上海大学传播学专业博导；上海市哲学社会科学重点研究基地文化繁荣与新媒体发展研究方向副主任。电子信箱：zhang. y 05@ gmail. com）

On the Production and Dissemination of In-Depth Information as a Road to "Soft Power"

ZHANG Yonghua

Abstract：This article discusses the way for building up soft power from the perspective of cultural communication. It argues that the three major types of resources for soft power expounded in the "Soft Power" theory can be summarized into cultural ethos. Moreover, it points out that the production and dissemination of in-depth information mirroring the cultural ethos constitute a road to soft power.

Key words：soft power, resource, cultural communication, information

（ZHANG Yonghua, Professor, School of Film and TV Arts and Technology, Shanghai University; Ph. D. candidates' advisor in the Communication Program of Shanghai University – a key academic program in Shanghai; Deputy Director of the Cultural Boom and New Media Development Research Center, which is a major social sciences research institution in Shanghai. Email：zhang. y05@ gmail. com）

文化的展览

——中日两国参与和举办世博会的历史比较

吴 靖 万 马

提 要：世界博览会是现代性的文化装置，各国通过博览会的展演来塑造和描画现代生活与秩序，是发掘并传达自身文化的宣传场所。作为历史悠久、传统文化的根基较深厚的东亚国家，中国和日本在现代化转型过程中面临着一些共通的课题，尤其是传统文化与价值观念在与西方现代文化的交流和冲撞中如何转换与继承的问题。既然世界博览会可以被看做是现代文化的编织、展演与表述的重要平台，我们可以以其为媒介探询和比较两国在现代化过程中文化思考与文化建构的轨迹。本文在综述世界博览会如何成为现代性文化的竞争舞台的基础上，历史地考察中国和日本如何被世博会的魅力所俘获，以及如何利用世博会表达与推进对现代性的追求。其主要考察两国在与世博会的接触、参与世博展示和最终承办世博会的过程中所体现出来的文化意识、文化策略和文化协商。从而对中日两国文化进行动态性的观察与考量。

关键词：世界博览会，现代性，文化

世界博览会（world exhibition）是现代性的独特发明，它以空间和建筑奇观的方式展示现代文化和技术，促进国家之间的竞争。在英国水晶宫博览会之后，工业化国家竞相举办各种类型的博览会，发明了或奇特、或雄伟、或美艳、或超凡的仪式与景观，试图使世博会成为文明的永久祭典与记忆。据统计，从 19 世纪中叶到第二次世界大战结束，以欧美为主的工业化国家共举办大小博览会近百次，能够称得上是"重大盛事"的有十五次。① 而此期间，

---

① John Findling（ed.），*Historical Dictionary of World's Fairs and Expositions*，*1851—1988*，N. Y.：Greenwood Press，1990，pp. 376—381.

正是欧美借由工业化的迅猛发展向现代社会狂飙突进的时期,"博览会时代"与"现代性"和"现代生活"就具有内生的勾连。博览会以揽尽天下奇珍、铺陈全球新知的野心与布局,成为科技发明、工业产品、文化艺术、商品珍宝、娱乐休闲、历史政治等人类生活各个方面的展示场所,它塑造和展演了现代化进程中出现的各种新观念与新思想——进步、科技、竞争、帝国、理性、秩序、文明等。早有学者指出,从一开始,博览会的象征意义就远大于其商贸往来和互通有无的实用功能,各国政府对博览会的积极投入也是因为其所辐射出的长久影响力和社会改造的强大力量。日本学者吉见俊哉将世界博览会称为"国家和资本共同演出、人民被动吸引和接受的制度性存在",指出其在建构与组织现代性视线和现代性观念过程中的作用。① 博览会的终极秘密在于它是一个充满魅力的符号组织与生产的机制,是将游离于现代时空之外的生活方式吸纳入现代性的制度、行为、文化与观念之网的统治技术。

作为文化制度(cultural institution)的博览会正是本文所研讨问题的出发点。第二次世界大战以后,随着现代交通和传媒科技的发展,也随着博览会所孕育的各类展示形态在百货商场、游乐园、购物中心、博物馆、公共仪式等文化与社会制度中的弥散与普及,世界博览会的独特性逐渐消退,其展示形态也由包罗万象的百科全书式的陈列转换成对特定的人类主题进行阐释、构想和思辨。与此同时,战后去殖民化的浪潮彻底改变了以欧美为中心的帝国架构,现代化和现代性成为新兴民族国家的共同追求,并在这个过程中对现代性本身进行了挪用和改写。博览会对世界秩序的全景式展演也经历了巨大的变迁,由原来的以进化为线索的等级秩序转变为对全球多样文明之间,以及人类与自然之间共存与共生方式的探索。在这个过程中,新兴现代化国家开始积极地参与世界博览会的展览与举办,以期利用这种现代性的文化制度展示和推进自身社会的现代化进程。与早期欧美举办博览会的历程相类似,战后许多新兴工业化国家所举办的世界博览会,都或多或少地成为该国现代化进程中里程碑式的事件,在国家定位、制度设计、文化建设、民众教育等方面都具有长期和潜移默化的影响。

---

① 〔日〕吉见俊哉(Shunya Yoshimi):《博览会的政治学》,苏硕斌等译,群学出版有限公司 2010 年版,第 18 页。

作为历史悠久、传统文化的根基较深厚的东亚国家，中国和日本在现代化转型过程中面临着一些共通的课题，尤其是传统文化与价值观念在与西方现代文化的交流和冲撞中如何转换与承继的问题。作为"他者"的"西方"如何与作为"普世价值"的"现代性"协调起来，在社会转型和全球化的过程中如何生成稳定的自我认知与文化体系，如何在"进入"现代的同时保持与西方现代文化与制度的创造性张力，恐怕是两国都在持续思考与争论的问题。既然世界博览会可以被看做是现代文化的编织、展演与表述的重要平台，而它又在特定的时空中凝结了现代文化制度的各种表现方式，以博览会为媒介去探询和比较两国在现代化过程中文化思考与文化建构的轨迹，就成为一项有意义的课题。本文在综述世界博览会作为现代性文化竞争性舞台的基础上，历史地考察中国和日本如何被世博会的魅力所俘获，以及如何利用世博会表达与推进对现代性的追求。文章主要考察两国在与世博会的接触、参与世博展示和最终承办世博会的过程中所体现出来的文化意识、文化策略和文化协商，并探询所谓"东亚现代性"的特征、其与西方现代性的互文和对立共存的关系，以及其内部的多样化与差异。

一　世界博览会的文化机制与竞争

当代全球化的核心特征之一就是发源于西方的现代性向非西方社会与文化的扩张，而西方表征和展示其现代性成果的重要机制——奥运会、世界博览会等大型国际活动——也在迅速地被非西方社会所接纳，将其作为自身社会现代化的展示平台和进入西方所主导的现代国际秩序的象征。像奥运会和博览会这样的大型国际活动，不仅仅是体育或经贸的盛会，更重要的是它们都带有舞台和表演的因素、大众化的吸引力以及国际乃至全球影响力。英国学者罗切（Roche）认为它们是全球宗教和科学团体以外最重要的国际文化非政府组织。随着信息技术的发展和全球一体化的进程，举办博览会的实用层面的功能越来越弱，而其文化和传播层面的功能被进一步放大。大型国际活动通过建筑、符号、媒介推广、仪式的安排、空间布局、展览摆设等视觉手段，将现代性文化价值的各种元素直观地表达出来，成为精英与民众、国家与国家、不同文化群体之间沟通的桥梁，同时也成为多元文化竞争的场所。①

　　20 世纪 80 年代以来，西方学术界开始批判性地探讨西方的现代性话语在过去的殖民主义和当代的全球化过程中，如何诉诸普适性的文化符号为西方对其他民族的征服和霸权取得合法性论证，从而维护和强化西方在全球现代化进程中的定义者和领导者的地位。研究者认为，普世话语及其符号体系是在具体的机构和传播手段中获得描述、界定、扩散和传播的，尤其是 19 世纪中后期在西方的全球统治达到高潮的时期发展出来的一系列大型的、跨国的、景观化的活动，比如，国际奥林匹克运动和世界博览会，在"体育"或"商业"的外表下，实际成为推广西方所主导的现代性文化最重要的平台。这些学者的研究跨越了历史学、视觉文化研究、传播学、城市研究等多个学科，从思想史与机构史、景观的制造、视觉符号的表达、现代性社会理论、批判社会学等角度，梳理和分析了这些大型国际活动产生的历史背景和它们所制造与传播的有关文明秩序和现代性的"普世价值"及其内在的冲突和矛盾。

　　德国理论家本雅明是这个研究视角的一个重要先驱，他在没有完成的、被后人称为"拱廊街计划"的研究 19 世纪巴黎城市文化的纲要中，指出巴黎的百货大楼、商业街上的拱廊、流行于各国的万国博览会的建筑设计以及展品摆放等这些看似是日常生活的事件与场景中，实际上隐藏着资本主义现代性的自我认知和自我表达。通过研究这些视觉奇观，我们可以探知西方现代性的各种观念、想象与渴望是如何得到塑造、表达和传播的。② 戈林郝尔（Paul Greenhalgh）以 1851 年第一届水晶宫博览会所宣扬的自由贸易、追求和平、展示国力与展示工业技术为框架，考察之后百年间各届博览会的组织、运作、经营模式和理念建构的变化，指出博览会对于组织者的国家形象建构与国家认同具有重要意义，但同时这种表达是建立在对非西方民族或者女性进行文化贬抑的基础之上。③ 李德（Robert W. Rydell）主张博览会是 19 世纪中产阶级所建立的一套价值观与文化霸

---

① Maurice Roche, *Mega-Events and Modernity*: *Olympics and Expos in the Growth of Global Culture*, London: Routledge, 2000.

② ［德］瓦尔特·本雅明：《巴黎，19 世纪的首都》，刘北成译，上海人民出版社 2006 年版，第 12 页。

③ Paul Greenhalgh, *Ephemeral Vistas*: *The Expositions Universelles*, *Great Exhibitions and World's Fairs*, *1851—1939*, Manchester: Manchester University Press, 1988.

权的展现，是对中下层民众进行的文化改造，由此动员人们参与建构现代国家的工程。① 摩西斯（Lester G. Moses）从弱势群体的角度来研究博览会，发现美国印第安人借参与博览会的机会展示自己的文化，企图改变美国主流社会对其负面形象的认知。② 人类学者本尼迪克（Burton Benedict）将博览会与宗教仪式联系在一起，认为博览会通过建筑、空间设置和展品摆放构建了一个象征秩序。这套符号象征体系表征了一个社会有关等级、威望、夸耀、竞争、平等、艺术、国际交流等各种理念，参观者得以象征性地体会到这些理念，并对它们有所认同。③ 英国文化研究学者本奈特（Tony Bennett）借鉴了福柯的规训（discipline）与治理性（governmentality）的理论，研究万国博览会的空间布局，认为其将参观者放置在一个统一的秩序中，让人们在观看的同时也意识到自身被别人观看，从而主动地规训自己的身体姿态和行动，以符合公共空间的行为伦理。莫顿（Patricia A. Morton）指出博览会的会场建筑实际上是西方主导文明对理想世界秩序的想象性建构，其中表达了这一秩序中内在的文明/野蛮，进步/落后，西方/东方的二分法。④

二 在他者的目光下：初步接触世博会的中国与日本

对于中国和日本来说，与世界博览会这个"最独特的现代性的符号发明"⑤ 的初次接触就意味着两个古老的文明与西方现代性文化的剧烈碰撞，他们如何以不同的方式解释与回应这样的相遇，成为引人深思的历史话题。

在第一届世界博览会开幕的年代，中国已经因鸦片战争的失败有了通

---

① Robert W. Rydell, *All the World's a Fair: Visions of Empire a American International Expositions, 1876—1916*, Chicago: The University of Chicago Press, 1984.

② Lester G. Moses, *Wild West Shows and the Images of American Indians, 1883—1933*, Albuquerque: University of New Mexico Press, 1996.

③ Burton Benedict, *The Anthropoly of World's Fairs: San Francisco's Panama Pacific International Exposition of 1915*, Berkeley: Scholar Press, 1983.

④ Patricia A. Morton, *Hybrid Modernities: Architecture and Representation at the 1931 Colonial Exposition in Paris*, Massachusetts: Massachusetts Institute of Technology Press, 2000.

⑤ Tony Bennett, *The Birth of the Museum: History, Theory, Politics*, London: Routledge, 1995, p. 89.

商口岸和与西方的商业往来，但将博览会称为"炫奇会"和"赛珍会"的中国上层精英并没有对最初的参展邀请有任何积极的回应。倒是西方各国为了促进与中国的贸易往来一直积极游说中国参加自己举办的世博会。中国并没有参加英国的水晶宫博览会，但在英国保存的一幅名为《女王在开幕式上接见各国使臣》的油画中，却清晰地画着一个穿着官服的中国人站在维多利亚女王的附近。据历史学者的推测，这个中国人只是一个来参观世博会的中国船员，但因他穿着官服，被英国方面误认为中国的重要官员而拉入等待英王接见的各国外交官之列。① 并且，在中国并没有官方参展的情况下，在华的英国商人、东印度公司，以及收藏中国艺术品的英国人越俎代庖，组织了一个"中国展览"。但是，该展览没有明确的主题，展品的标志也非常松散和混乱，内容与形式都很陈旧，基本反映了当时英国人认为中国是一个高度等级化的、技术落后的、不思进取的国家的看法。② 可见在19世纪中叶，西方与中国之间一个盛情相约，另一个毫无兴致，一个文武兼攻，另一个紧闭闺门，一个千方百计，另一个懵懂入瓮。英国人在博览会上对中国人的误读并非偶然，这个症候性的错误定义了今后几十年间中国与西方在世界博览会中相遇的模式——西方以帝国体系和工业文明的姿态力邀中国加入，而中国固守传统"天下"观和农业社会的自足意识蔑视前者的"雕虫小技"。从1866—1911年，清政府不断收到参加博览会的邀请，超过80次以上，但直到1873年，才正式派员参加维也纳世博会，并且一直由外国人主持的海关总税务司承办，展品以中国的手工业出口产品为主。

　　当然，对于水晶宫的"魅惑"，中国知识分子还是留下了自己的感慨。一个亲历了1867年巴黎世博会、游历了水晶宫的中国人王韬，深感西方人的"机器制造之妙"和"格致之精"，主持上海格致书院12年之久，因其"窃谓近会一切西法，无不从格致中出，制造机器皆由格致为之

　　① 俞力主编：《历史的回眸——中国参加世博会的故事（1851—2008）》，东方出版中心2008版，第6页。

　　② Francesca Vanke, "Degrees of Otherness: The Ottoman Empire and China at the Great Exhibition of 1851", in Britain, The Empire and the World at the Great Exhibition of 1851, edited by Jeffrey A. Auerbach and Peter H. Hoffenberg, Ashgate Publishing Company, 2008, pp. 191—206.

根底，非格致无以发明其理”①。由此开启了中国知识分子对西方科学的认可与崇拜。但在“体用说”的框架下，世博会所带来的启发仍旧是功能和实用层面的。另一位中国人张德彝对水晶宫的描述更加具有传统文人的色彩：“一片晶莹，精彩炫目，高华名贵，璀璨可观，四方之轮蹄不绝于门，灯火烛天，以千万计。奇货堆积如云，游客往来如蚁，别开光明之界，恍游锦绣之城，洵大观也。”②渲染的尽是奇观艳景，若说他在描述奇幻梦境，或者史前乌托邦，也无不可。可见无论是“兴趣惘然”还是“津津乐道”，中国精英对早期世界博览会的观感只是停留在“奇观”层面，并没有把其当作与中国社会形态的未来发展有关的文化制度。

但是日本人却大有不同。史料记载，日本产品在博览会出现，开始于1853年都柏林博览会，但日本与世博会的正式接触是在1862年第二次伦敦万国博览会。原因是日本为了延缓江户等四城市向西方开放，派了38人的“竹内使节团”赴英交涉，并在5月1日参与了博览会的开幕式。而早期日本在博览会的展品也与中国展品相似，是由西方驻日使节组织、挑选和主导的，以日本的漆器、陶器和工艺美术品为主。但就是海关关员和驻日使节这样小小的差异，使得中国和日本送展的产品与得到的回应大为不同。前者只关心贸易和出口产品的收集，而后者更强调对体现文化特色的物品的搜罗与展示。中国以手工业和农产品为主，如丝、茶、瓷器等，而日本以体现文化差异的工艺美术品和古董为主。虽然中国的产品屡获大奖，但只是重复和确认了西方对中国产品的传统看法，农产品质量上乘，工业产品缺失；而日本的工艺品却在欧洲引发了对东方艺术和美学的好奇心，在当时正在寻求新的表达方式的前卫艺术家的推动下，形成了19世纪末期在欧洲流行的“日本主义”艺术潮流。日本文化的“异国情调”在欧洲人的视角下被凸显出来，世博会上的日本展品和出现在欧洲的日本人都被当作“东方文化”的奇观被观察和品评。③

在1862年5月3日的《伦敦画报》中，有这样一段对日本使团的描述：“女皇御座的右侧，则有外交使节团以及较高位阶的外国来宾入场，

---

① ［日］吉见俊哉（Shunya Yoshimi）：《博览会的政治学》，苏硕斌等译，群学出版有限公司2010年版，第10页。

② 同上。

③ 同上书，第106页。

其中最引人注目的就是日本使节团。虽然会场早已湮没在红、蓝、紫、金等各种鲜艳色彩的华装之中，而事实上装扮比日本使团更为奇妙者也甚多，但日本人之所以奇妙，是因为日本人对于他人的注目全不在意，而显现一种迷人的东洋式壮丽。"① 日本人的"主动出现"极大地满足了西方中产阶级对异文化的好奇心，而日本人在外观上所显示出来的对西方文明的"不为所动"恰恰迎合了欧洲人对"静止的、本质主义的"东方文明的想象。日本就这样在没有事先设计的情况下，充当了西方博览会秩序中的"人种表演者"，成为"他者"和"东方"的代表，更成为西方世界观中帝国秩序的注脚和证据。

但日本人当然不是真的对他人的注视"不为所动"，使团成员之一福泽谕吉在《西洋事情》一书中指出博览会的意义在于"籍由崭新器物的陈列，以达到相较相学，取他人之长以利己，有如'智力功夫之交易'"②。福泽谕吉是日本明治时期重要的思想家和教育家，他积极主张日本"脱亚入欧"，接受西洋文明，才能使日本进入强国的行列。从他对世界博览会的理解中，我们可以看到他精准地把握了世博会作为现代性文化制度的作用，那就是推进"眼目之教化"，以利于现代视野的形成和渗透。日本知识分子因其"在场"而切身感受到西方霸权视界下日本的边缘地位，但却将此现代性逻辑全盘吸纳，成为日本自身社会变革的工具。在明治维新时期，日本不但积极参与欧美的博览会，还开始频繁组织和举办"内国劝业博览会"，将西方博览会的分类、组织和展示形态尽力吸收，应用于国内的各类展览活动之中。1872 年，日本负责博览会事务执行的工部大臣左野常民对参加博览会的目的列举如下：（1）收集及展示精良物品，以使日本国土之丰饶、人民之巧技为海外所周知；（2）观摩各国物产、学艺之精妙，并传习其机械技术；（3）在日本筹备创建博物馆、开办博览会之基础；（4）整备日本制品成为各国之日常用品并增加输出之途径；（5）调查各国制品之原价、售价及供需状况，以增加未来贸易之利益。③

---

　　① ［日］吉见俊哉（Shunya Yoshimi）：《博览会的政治学》，苏硕斌等译，群学出版有限公司 2010 年版，第 105 页。

　　② 吕绍理：《展示台湾：权力、空间与殖民统治的形象表述》，麦田出版社 2005 版，第 77 页。

　　③ ［日］吉见俊哉（Shunya Yoshimi）：《博览会的政治学》，苏硕斌等译，群学出版有限公司 2010 年版，第 113 页。

日本知识分子对世博会采取了积极参与、观摩、学习和模仿的态度，将博览会的展示、教化、贸易等功能进行了认真的拆解和模仿，希望以博览会为媒介，推进日本的现代化进程。这与中国精英对博览会疏远、旁观和简单猎奇的心态形成了鲜明的对比。在中日两国都处于世界博览会的边缘、被动地成为被展示的"他者"的时代，两国同时于1873年首次官方派员参加了维也纳万国博览会，中国参展的组织者为洋人把持的海关，而日本由明治政府专门派遣的具有博览会经验的大臣主持。中国的展品因物品丰富、种类齐全、质量优异引起公众的强烈兴趣，而日本则因展品线条优美、精细的手艺和细节修饰而获得承认。① 在20世纪之前参与博览会的过程中，中国组织者的关注点始终局限于对展品获奖的期待和看到西方人惊讶于中国博大的文化传统而自豪，而日本的精英阶层和知识分子不仅有意识地设计日本的参展活动、塑造日本在全球资本主义体系中的形象和位置，并且早就开始着手将仔细参透的博览会文化机制复制到日本国内的博物馆、图书馆与劝业博览会的建设之中。

三　世界图景的碰撞与编织：博览会中对自我与"他者"的再现

在上海世博会开幕前后，中国媒体挖掘出三部晚清时期的文学作品，它们都以梦境的形式想象了在中国举办世界博览会的情形。这三部小说分别为梁启超的《新中国未来记》、吴妍人的《新石头记》以及陆士谔的《新中国》。梁启超在小说中描写了在中国举办世博会的场景："那时我国民决议在上海地方开设大博览会，这博览会却不同寻常，不特陈设商务、工艺诸物品而已，乃至各种学问、宗教皆以此时开联合大会。"小说中又说："各国专门名家大博士来集者不下数千人，各国大学学生来集者不下数万人。处处有演说坛，日日开讲论会，竟把偌大一个上海，连江北连吴淞口连崇明县，都变作博览会场了。"吴妍人详细描述了世博中的展览："博览会上，各国分了地址，盖了房屋陈列各种货物，中国自己各省也分别盖了会场，十分热闹，神奇古怪的制造品看也看不完。宝玉见此情景不

---

① ［日］吉见俊哉（Shunya Yoshimi）：《博览会的政治学》，苏硕斌等译，群学出版有限公司2010年版，第29页。

觉恍惚惚感叹到，中国也有今日吗？"陆士谔的描写最具有科学幻想的色彩："一座很大的铁桥，跨着黄浦，直筑到对岸的浦东……开办万国博览会，为了上海没处可以建设会场，特在浦东辟地造屋。那时，上海人因往来不便，才提议建造这桥的，现在，浦东地方已兴旺得与上海差不多了。中国国家银行分行，就开在浦东呢！"① 梁启超关心中国的政治和学问，他希望中国出现一个开放和思想活跃的公共领域，而吴妍人和陆士谔主要从器物与经济层面梦想新中国的强大与繁荣。虽然他们全都将世界博览会的举办与国家的文明与强盛联系在一起，但没有一个人设想和描绘在中国所主办的世博会中，呈现了怎样的世界图景和国际秩序、中国在其中的位置，以及其他国家和民族与中国的相互关系。在他们的叙述中，空间只是空洞、均质的中介，并没有因世博会特殊的视觉线索、分类机制与布展模式而进行重新的文化编织。总之，在梦想中的世界博览会，中国知识分子没有看到全新的文化制度和视觉结构，只看到了由现代科技所构成的人类未来的普遍景观。

在现实中参加世博会的展览时，中国同样表现出对西方所设置的分类与展演方式的冷漠与忽视，以固有的自我认知和传统表达方式与西方世界进行着艰难的交流。台湾学者王正华在《呈现"中国"：晚清参与1904年美国圣路易万国博览会之研究》一文中，详尽讨论了中国参展过程中与主办方和参观者的沟通障碍与形象宣传的重重困境。此次博览会中国花费巨资，并首次派遣以贝子傅伦、大臣黄开甲为领队的特使团队全程参与，是有史以来清廷最重视的一届世界博览会。中国展品中最具轰动效应的，是美国女画家柯姑娘（Katherine A. Carl）所画的慈禧肖像。在外国公使夫人的劝说下，慈禧同意柯姑娘为自己作画，并送到圣路易斯参展，以改变庚子事变之后西方人对中国统治者的负面印象。但王正华认为，美国政府和舆论对于中国代表团的热情，大都出于外交考虑，而清廷对此次世博会的大动干戈，也多半是碍于美国政府的盛情邀约，并有在庚子事变后拉近与美国关系之意。从展览本身来看，傅伦与黄开甲并不直接介入展品的选择、分类和展示，仍旧由海关官员具体负责。清廷对中国展品的设计和布置完全没有章法，不遵守通行的分类标准，在视觉呈现方面也十分混乱，

---

① 李贤哲：《清末民初文人构筑中国世博梦的三部作品》，2010年5月2日，http：//www.cnlu．net/disp．asp？id＝51840。

没有明确的国家标志，因此，在国家形象的传播中出现了含混的效果。一方面，中国精致的古董和昂贵的贵族用品在西方世界引发惊叹，另一方面，中国所有的展品几乎都集中于"人文教养宫"中，完全放弃了在代表更高级文明形态的"美术宫"中展示中国人的创造性，使得中国形象被束缚于混沌一团的传统文化之中，不具现代文化的活力与特性。[①] 中国的自我展示竟然与西方人对中国保守、威权和不具创造力的刻板印象基本吻合，在一个以"进步"为圭臬的展览中呈现了一个"非历史"的和"拒绝历史"的形象。

与此相对的是，有学者指出日本在同一届博览会中有意识地贬抑中国，将自己塑造为"亚洲艺术遗产的唯一守护者"，其主要方式就是将日本的参展器物放入代表现代文明和人类最高成就的"美术宫"中展出。[②] 日本在"美术宫"中展出的瓷器、珐琅、浮世绘、花鸟画等，与中国带去的工艺品多有重复和相似之处，但日本以"流派"的方式推荐自己的展品，使其听上去像是出自单一的艺术家，更符合现代以来西方对"艺术"和"艺术家"的个人主义认知，成功地将日本艺术推介给西方世界，引发欧美的"日本主义"风潮。可见，与中国参加博览会的被动和心不在焉不同，日本在仔细研究博览会的文化制度与意识形态之后的有意识、有规划、有目的的行动与中国形成了鲜明的对比。中国仍旧游离于西方所主导的世界体系之外，保留着对古老"天下观"以及对"前分类"时代混沌世界的自我认知和自我言说，而日本则在初次接触世博会之后，就开始对现代性的分类体系与观看结构认真体会与细心模仿。

日本对西方视觉制度的模仿不仅体现在在参加世博会过程中积极利用其分类体系改变自身在全球等级秩序中的地位，还体现在在国内举办的各类劝业博览会中对这一体系的复制与延伸。明治维新之后，博览会在日本成为一种新风尚，与传教、剪发、学校、马车等一同被认为是文明开化的

---

① 王正华：《呈现"中国"：晚清参与 1904 年美国圣路易万国博览会之研究》，载黄克武主编《画中有话：近代中国的视觉表述与文化构图》，"中央研究院"近代史研究所 2003 年版，第 421—475 页。

② Carol Ann Christ，"The Sole Guardians of the Art Inheritance of Asia：Japan at the 1904 St. Louis World's Fair"，in *Missouri Historical Review*，Vol. LXXII，No. 1，October 1977，pp. 675—710.

象征。① 国家与商业组织隆重举办各类产业博览会，并调动基层力量，动员大众的参与。博览会遵循严格的分类体系，并引入了评比和奖励机制，鼓励人们在观看、对比、评价的基础上学习到鉴别、筛选物品等级的方法，在竞争中精进自身的技艺，以达成"眼目之教"的目的。吉见俊哉称这样的过程为对于视线的"现代性再编"，通过改造观看方式来改造人们的文化观念。② 除此之外，日本在博览会中还复制了西方的"人种展示"设置，用以教化民众，推广以日本为中心的种族图谱与种族秩序。1895 年日本占领台湾后，中国台湾的物产就在日本的主导下出现在国际博览会的展览之中。在殖民体系的规训下，台湾主要以"番民"的形象出现在展示空间，在仿制的建筑与生活空间中"表演"原住民的生活方式，所提供的展品也多为茶叶、水果等本地土产。③ 进入 20 世纪以后，博览会对于日本来说已经不仅仅是学习先进文明与技术的场所，而成为一个协商与编织日本帝国身份的平台。在欧美博览会中进行自我他者化的"日本主义"展示，同时又在殖民地展览中借由被征服的"落后民族"的形象确认日本的帝国地位与种族优越感。④

四　世博的狂欢：国际视野下的盛会

第二次世界大战后，殖民体系土崩瓦解，传播技术日进千里，世界博览会的展览形态和文化表征也发生了巨大的变化。早期以产品分类为主要原则的布展方式改为以国家馆、企业馆、主题馆为单位的展示，弱化了产品交易和商贸往来的功能，凸显了国家与社会组织对文明、国家形象和世界秩序等议题的视觉阐释；商业与娱乐元素从介入到主导，成为博览会招揽观众和赢利的主要手段，使博览会的教化功能被迫裹挟在奇观与嘉年华之中才能勉强得以传达；各国更以举办博览会为契机，进行城市改造、市

---

① ［日］吉见俊哉（Shunya Yoshimi）：《博览会的政治学》，苏硕斌等译，群学出版有限公司 2010 年版，第 116 页。

② 同上。

③ 吕绍理：《展示台湾：权力、空间与殖民统治的形象表述》，麦田出版社 2005 版，第101—193 页。

④ ［日］吉见俊哉（Shunya Yoshimi）：《博览会的政治学》，苏硕斌等译，群学出版有限公司 2010 年版，第 211 页。

政建设和产业转型。随着现代性本身的多元化和自我反思，作为现代性文化制度的博览会已经摆脱了工业、进步与帝国的单一宏大叙事，成为政治、经济、艺术、社会运动等多种力量博弈的平台，期间不同势力的此消彼长与特定的语境和历史机缘息息相关，早已不是一种力量或一种话语一统天下的局面，"博览会时代"似乎已经渐行渐远。就在这个全球语境从现代性向后现代性转型的过程中，日本与中国先后承办世界博览会，是标志自己的国家经济腾飞、社会转型的重要阶段。

20世纪30年代，日本已经从西方虚心的学生一跃而成为世界军事强国，开始建构自己的殖民帝国，并加入了法西斯主义的阵营。日本本来筹备于1940年同时举办东京奥运会和世界博览会，与1936年德国的奥运会、墨索里尼筹备的1942年罗马世博会等一起，意图成为法西斯国家动员大众的政治仪式。因战争爆发，计划落空。经过了战后的立宪、社会调整与经济恢复，日本继1964年东京奥运会之后，于1970年在大阪举办了世界博览会。在东京奥运会中，日本将自己定位为一个日益现代化的传统社会，传统文化和现代性的展示各司其职，前者体现"异国情调"，而后者表达对现代性的渴望和模仿。[1] 然而，到了大阪世博会，日本的姿态已经从一个新来的学习者转变成了现代社会自信的一员。大阪世博会所设定的主题为"人类的进步与调和"，体现了日本在东方与西方、现代与后现代、工业化与自然环境等各种充满张力的时代主题之中进行调和、编织对话、促进沟通的意图。著名知识分子和在美术、建筑、戏剧等领域的先锋艺术家积极参与了大阪世博会的主题演绎和视觉呈现。在他们的推动下，大阪世博会借东方第一次举办世博会的口号，将自己表达为全世界人类的首次祭典。[2] 从明治维新时期到现在，日本的世界观经历了一个相对一致和稳定的发展过程，从承认以西方为中心的现代秩序、认同日本在其中的边缘与落后的地位，到模仿西方和奋起直追、成为殖民帝国，再到积极参与对第二次世界大战后全新世界秩序的想象与建构，"日本"的自我认同已经深切地与全球人类景观的再造联系在一起。

---

[1] Sandra Collins, "The Fragility of Asian National Identity in the Olympic Games", in *Owning the Olympics*, *Narratives of the New China*, edited by Monroe E. Price and Daniel Dayan, Ann Arbor: The University of Michigan Press and the University of Michigan Library, 2008, pp. 185—209.

[2] ［日］吉见俊哉（Shunya Yoshimi）：《博览会的政治学》，苏硕斌等译，群学出版有限公司2010年版，第219—221页。

对于中国来说，1949 年之后几十年与西方资本主义世界及其文化制度的隔离，不能简单地理解为现代化进程的断裂。从中国与世界博览会交往史的角度来看，晚清以来中国从来都没有认真地对待、研究和接纳西方现代性的制度框架和世界体系，更遑论积极融入了。社会主义革命和冷战只不过更加确认和强化了中国对资本主义现代性的疏离。改革开放和全球化进程以强大的动力改变了这种状态，使中国第一次认真思考与现存世界体系的关系。在 30 年快速的经济增长和成为世界第二大经济体之后，上海世界博览会便应运而生，成为宣告中国全新国际地位和世界观念的重大仪式。但吊诡的是，在全球秩序出现巨大转型的时代，在人们期待中国提出自己的世界理念的时刻，中国却以"城市，让生活更美好"的主题再一次回避了对时代课题的应对与回答。世界博览会从来都是一个将国家时间与世界时间交织在一起的政治仪式和文化装置，但上海却以城市的主题绕过了国家与历史的宏大追问，将城市认同置于中心，展开了实用与技术层面为主的探讨。上海世博会明显的时代野心和去政治化的主题设置形成了巨大的张力，使得中国继续通过回避讨论和触及"何为现代性"、"现代性与中国的关系"等核心问题来展示中国的现代文化与社会，其结果当然仍旧是一个将传统与现代随意堆砌在一起的模糊的中国形象。然而，这样置身事外的"无为"之举倒也产生了一些意想不到的效果，各国根据自己的理解阐释对于文明、科学、文化与未来的想象，场馆或奢华，或朴实，或以艺术见长，或以科技取胜，有的强调实物，有的展示创意，不同的社会与文化在主题与规划宽泛的环境下得以更自由的表达，也算是取得了众声喧哗的效果，观众得以各取所需。

五　中日文化的解构与延伸：同一舞台上的不同舞者

在全球化的进程中，大规模的仪式性展示对于正在步入世界最有影响力国家行列的政治经济体来说具有重要的意义。当考察的范围逐步缩小到中日两国时，世博会却更像一部放映机一样，放电影般展示出两国之间的文化差异。

中日两国所举办的世博会延续了世博会的现代性文化功能——向其他文化群体展示本国核心价值文化并试图施加影响。在一个西方文化理念仍征服性地统治世界的阶段，在亚洲举办的世博会都自发地通过对自身文化的发掘与思考而重新将本国的文化推向世界。

1968 年，也就是日本第一次举办世博会的前两年，日本经过战后二十多年的近乎疯狂地增长已经成为了世界第二大经济体，所举办的第一次的大阪世博会也就有了些"加冕"的意义。综观日本所举办的四次世博会，不难发现其主题设置上都集中体现了"人的发展"、"自然的保护"以及"技术的进步"这三个要素。

至于为什么形成了如此复杂，具有层次性甚至间断性的文化跳跃式发展，学者将原因归结于日本所处的地理环境：由于独立于大陆文明，日本原始时代一直处于农业社会文明的边缘，政治、经济、文化落后。因此，对当地自然环境的依赖程度较高，劳动与生活的循环频率与温带森林的季节性循环频率相互吻合，可谓人依存于自然，人与自然共生。[①] 也正是因为此，他们既感谢自然所带来的气候、食物，也畏惧自然所带来的地震、火山等灾害，从而形成了日本原始信仰"万物有灵论"——日本最原始的文化理念。甚至在中国正式进入封建制社会、秦始皇统一中国时，日本还没有农业，没有阶级，甚至还没有经历图腾文化的阶段。然而，就是这个时候的日本却在很短时间内接纳了高度完备、发达的中国文化，从而使日本文化发生了跳跃性的飞越，这样的飞越也注定造成了日本文化的模仿性，进一步造成了日本文化的表层与深层的彻底分离：表层的日本文化有着中国文化的要素，"以人为本"、"和为贵"等那些有着精巧的、富有思辨性的概念；里层的日本文化却是粗犷的、简单的对于自然崇拜的原始要素。[②] 在 19 世纪中叶，日本锁国的大门被西方以武力方式打开，这使得日本开始全方位接触西方文化，并且形成了日本以"兰学"为主的西方思想科技文化。"兰学研究不仅使日本人及时吸收了西方科学革命的新成果，而且还接触到西方近代理性的人文思想，同时也了解了世界发展大势，从而催发了否定日本传统封建意识形态的现代化思想革命，树立了面对现实的科学对外观。"[③]

---

① 王家骅：《风土、语言、民族性与民族》，载叶渭渠主编《日本文明》，中国社会科学出版社 1999 年版，第 15 页。

② 滕军：《叙至十九世纪的日本艺术》，高等教育出版社 2007 年版，第 5 页。

③ 赵德宇：《日本近代化溯源——洋学》，《日本学刊》2004 年第 4 期。

日本所举办的历届世博会的主题也正是呈现了其文化本质：自然——来自日本原始文化，人和——来自中国的思辨性文化，技术与发展——来自近代以来日本对于西方的科学技术等的学习。

事隔 40 余年，尽管中国同样以"世界第二大经济体"的身份举办了上海世博会，然而，与日本发掘自身文化并以东亚文化的代表的身份来举办世博会不同的是，中国没有能够在"城市，让生活更美好"这一主题的设置上找到自身的文化特质。在官方的回应中，将这一主题标注成"诉求"，随之当然是对于诉求的回应，"为此，上海 2010 年将以'和谐城市'的理念来回应对'城市，让生活更美好'的诉求"①。中国更像一个最大的参展国一样，用近些年从中国文化重新发掘的"和谐"的概念，跟其他国家并无差异的去解释而非构造这样的命题。几千年来，中国将所有传入的外来文化都进行了中国化这一步骤，而"和谐"这一中国文化的独特功能在这一过程中起到了重要的作用。或许因为中国文化过于庞大，而无法从中提出囊括整个中华文化的要点，从而采用一个"消化"文化的过程去涵盖整个中国文化。

中日两国从第一次接触世博会、参与世博会，乃至最终的举办世博会，虽然相隔不到一千公里的距离，但这两个自古便联系紧密的国家却表现出来了截然不同的感受与应对。世博会的现代性文化功能所呈现出来的或许正是中日两国文化的动态发展中所一直存在着的差异：中国博大庞杂的文化以一种连续性的内化的方式发展着，而日本文化的发展，却仿佛出于历史的巧合一样，走向了相反的道路。

（吴靖，北京大学新闻与传播学院副教授，电子邮箱：jwu@ pku. edu. cn；万马，北京大学经济学院本科生，电子邮箱：wanma@ pku. edu. cn）

①　刘巍：《上海世博会的主题演绎》，《瞭望》2010 年第 15 期。

A Cultural Exhibition – A Historical Comparison of China and Japan in Their Involvement in World Exhibitions

WU Jing   WAN Ma

Abstract: World exhibitions are the cultural apparatus of modernity. Nations try to shape and delineate modern life and modern world order by discovering and showing the facts of their own culture through exhibitions of things. As two nations with deep tradition and long history, China and Japan are facing similar problems during their transition to modernity, especially the conflicts and tensions between traditional values and westernization. Since the world exposition can be seen as a platform where modern culture is narrated, expressed and demonstrated, we can use it as a medium to explore and compare the patterns of cultural construction in the historical process of modernization between China and Japan. The article will first describe the forms and functions of world expositions as cultural institutions of modernity, and then study the historical process of China and Japan's involvement in world fairs. The essay focuses on the cultural consciousness, cultural strategies and cultural negotiation of the two nations demonstrated through their encountering and engagement with world expositions, in order to explore the features and multiplicity of the cultures of these China and Japan in a dynamic perspective.

Keywords: World Exposition, modernity, culture

(WU Jing, Associate Professor of School of Journalism and Communication, Peking University. Email: jwu@ pku. edu. cn; WAN Ma, Undergraduate of School of Economics, Peking University. Email: wanma@ pku. edu. cn)

跨文化沟通能力与文化智力：两个概念的对话

刘　澜

提　要：跨文化沟通能力是跨文化传播学的重要概念，经过半个多世纪的发展，在理论和测量上仍然面临许多挑战，缺乏一个被广为接受的测量工具。文化智力是在跨文化管理学领域发展起来的新概念，在理论严谨性和测量效度上具有一定的优越性。跨文化沟通能力和文化智力的定义和研究目的基本相同，但是目前两股研究潮流平行发展，缺乏对话。本文以文献综述的方法，试图厘清两个概念的关系，指出文化智力对跨文化沟通能力走出目前的研究困境的启示，以及两个概念面对的共同挑战。

关键词：跨文化沟通能力，跨文化能力，文化智力，文化智商

"跨文化沟通能力"（intercultural communication competence）是与跨文化传播学一起诞生的概念，是该学科的核心概念之一。顾力行、迟若冰说"任何一本关于跨文化过程的书籍都必然会谈到"这个概念①，尽管略显夸张，也从一个侧面说明了它的重要性。然而半个多世纪以来，这个概念在理论和测量上的发展都并不理想，正如有学者总结的："尽管自从霍尔以来，这个领域已经取得了长足的发展，但一个能够在不同文化中很好运用的令人满意的跨文化沟通能力模型和量表还没被发展出来。"②

---

① 顾力行、迟若冰：《导读》，载 Stella Ting-Toomey《跨文化间的交流》，上海外语教育出版社 2007 年版，第 ix—xxi 页。

② Lily A. Arasaratnam and Marya L. Doerfel, " Intercultural Communication Competence: Identifying Key Components from Multicultural Perspectives", *International Journal of Intercultural Relations*, 29, 2005.

　　"文化智力"（cultural intelligence）则是诞生于跨文化管理领域的新概念，尽管只有不到 10 年的历史，但在跨文化管理以及更广泛的跨文化研究领域内，引起了一定的关注和好评。跨文化心理学家特里安迪斯（Triandis）认为文化智力研究"开启了跨文化互动研究的新时代"，"为在多元文化情境中的互动进行科学研究提供了理论和新方法"①。跨文化管理学者汉普顿—特纳（Hampden-Turner）和特朗姆皮纳斯（Trompenaars）则从应用的角度，称赞它是"一个非常重要的而且很可能拯救世界的概念"，因为如果我们缺乏文化智力，"如果我们不能很快学会互相尊重和彼此欣赏，我们几乎肯定会重蹈 20 世纪发生的种族灭绝和大屠杀的覆辙"②。

　　这两个概念在定义上没有什么本质不同，都是指在跨文化情境中有效地互动的能力。因此，学者们需要回答这样的问题：为什么需要两个概念？可以用一个代替另一个吗？如果不能，为什么？对这两个概念的分别研究能够给彼此提供怎样的启示？遗憾的是，这样的对话几乎没有进行，学者们几乎没有深入讨论过这两个概念的关系。一方面，尽管早就有学者批评后起的文化智力研究忽视已有的跨文化沟通能力文献③，然而文化智力的研究者至今未能作出有力的回应。另一方面，尽管跨文化沟通能力的研究者承认走入了困境④，然而，他们却没有留意到文化智力的相关研究很可能给自己如何走出困境带来了启示。

　　文化智力只是一个外表花哨的新瓶，装的依然是跨文化沟通能力的旧酒？还是说，文化智力的确为研究跨文化互动打开了一条新路？这是在理论和实践上都有着重大意义的问题，呼唤在这两个概念之间展开对话。本文即是以文献综述的方式，建立跨文化沟通能力与文化智力的对话的初步尝试。

---

　　① Harry C. Triandis, "Foreword：Cultural Intelligence", in Soon Ang and Linn Van Dyne（eds.）, *Handbook of Cultural Intelligence：Theory, Measurement, and Applications*, Armonk, NY：M. E. Sharpe, 2008, pp. xi—xiii.

　　② Charles Hampden-Turner and Fons Trompenaars, "Cultural Intelligence：Is Such a Capacity Credible", *Group and Organization Management*, 31（1）, 2006.

　　③ John W. Berry and Colleen Ward, "Commentary on 'Redefining Interactions Across Cultures and Organizations'", *Group and Organization Management*, 31（1）, 2006.

　　④ 陈国明：《跨文化交际学》，华东师范大学出版社 2009 年版，第 241—243 页。

一　跨文化沟通能力：发展与挑战

跨文化沟通能力，也译跨文化交际能力、跨文化交流能力或跨文化传播能力，也经常被直接称为跨文化能力①，是跨文化传播学的一个重要概念，也是跨文化培训实践的重要理论基础。在 20 世纪 50 年代诞生的跨文化传播学，在很大程度上就是为满足当时提高在海外工作的美国人的跨文化沟通能力的迫切需求而产生的。因此，在跨文化传播学的早期文献中，就提出了跨文化沟通能力，或者与之类似的跨文化沟通效力这样的概念②。这种实用主义的传统一直延续到现在，学者们仍然把提高跨文化沟通能力称为学习跨文化传播的"最终目标"③或者"终极目的"④。

经过几十年的研究，在跨文化沟通能力上，学者们正在形成两点共识。其一，人们越来越同意斯皮茨伯格（Spitzberg）提出判断跨文化沟通能力的两个标准：有效（effectiveness）和得体（appropriateness，或译恰当）。⑤斯皮茨伯格指出，"得体指在关系中看重的规则、规范和预期没有被严重违反。有效指相对于成本和替代方案的所看重的目标或回报的获取"。最理想的当然是既有效又得体的沟通。得体但无效的沟通者，没有什么冒犯行为，但也没有取得个人成果。有效但不得体的沟通者，使用了

---

① 庄恩平指出，一些国内学者把跨文化能力和跨文化交际能力当做两个不同概念是一种误解。他说："由于我国一些学者已把跨文化交际学科理解为研究语言交际中的文化问题的学科，因此将其能力也限于跨文化交际中的一种能力，似乎 Intercultural competence（跨文化能力）就不是跨文化交际学科研究的范畴，甚至有人将跨文化交际能力归入跨文化能力的组成部分，或将跨文化能力归入跨文化交际能力的组成部分范畴之中。本书作者以及外国其他一些学者一般都将这两个概念互换使用，也就是说，两种说法一个概念。"（庄恩平：《导读》，载 Myron W. Lustig and Jolene Koester《跨文化能力：文化间人际沟通导论》，上海外语教育出版社 2007 年版，第 xv—xxiv 页）

② Richard L. Wiseman, "Intercultural Communication Competence", in William B. Gudykunst (ed.), *Cross-Culture and Intercultural Communication*, Shanghai: Shanghai Foreign Language Education Press, 2007, pp. 191—208.

③ 顾力行、迟若冰：《导读》，载 Stella Ting-Toomey《跨文化间的交流》，上海外语教育出版社 2007 年版，第 ix—xxi 页。

④ 陈国明：《跨文化交际学》，华东师范大学出版社 2009 年版，第 244 页。

⑤ Richard L. Wiseman, "Intercultural Communication Competence", in William B. Gudykunst (ed.), *Cross-Culture and Intercultural Communication*, Shanghai: Shanghai Foreign Language Education Press, 2007, pp. 191—208.

撒谎、欺骗等不道德的手段。① 这两个标准也成为学者们对跨文化沟通能
力进行定义的核心。约翰逊（Johnson）等人通过文献回顾，发现跨文化
传播学者达成的共识是：跨文化沟通能力指"来自不同国家文化的个人进
行得体和有效的互动"②。

其二，斯皮茨伯格界定的跨文化沟通能力的三个条件，或称三个要
素，即知识、动机和技巧③，成为绝大多数跨文化沟通能力模型的基础。
例如，尽管陈国明在 1989 年和 1994 年分别提出过两个不同的四要素模
型④，但是他最后提出来的跨文化沟通能力的"最新最完整的模式"包括
认知、情感和行为三个层面，分别称为跨文化理解力、跨文化敏觉力和跨
文化效力⑤，与知识、动机和技巧一一对应。卢斯蒂格（Lustig）和科斯
特（Koester）也把跨文化沟通能力的三要素称为"足够的知识、合适的
动机和有技巧的行动"⑥。

即使持不同观点的学者，也倾向于在前述的两个标准和三大要素的基
础上进行修正。如丁允珠（Ting-Toomey）提出了跨文化沟通能力的三个
标准，是在有效和得体之外增加了"满意"⑦。她的跨文化沟通能力的模
型包括三个要素：知识、留心（mindfulness）和沟通技巧⑧，以"留心"
替代了更为流行的情感或动机。"留心"指关注自己的内在假设、认知与
情感，同时针对他人的假设、认知和情感进行调整⑨，因此同时涉及认知
和情感的层面。霍夫斯泰德（Hofstede）提出取得跨文化能力需要三步过

---

① Brian H. Spitzberg, "A Model of Intercultural Communication Competence", in Larry A. Samovar and Richard E. Porter（eds.）, *Intercultural Communication：A Reader*, Belmont, CA：Wadsworth, 1997, pp. 379—391.

② James P. Johnson, Thomas Lenartowicz and Salvador Apud, "Cross-cultural Competence in International Business：Toward a Definition and a Model", *Journal of International Business Studies*, 37, 2006.

③ 转引自 Richard L. Wiseman, "Intercultural Communication Competence", in William B. Gudykunst（ed.）, *Cross-Culture and Intercultural Communication*, Shanghai：Shanghai Foreign Language Education Press, 2007, pp. 191—208。

④ 陈国明：《跨文化交际学》，华东师范大学出版社 2009 年版，第 223、243 页。

⑤ 同上书，第 223 页。

⑥ Myron W. Lustig and Jolene Koester, *Intercultural Competence：Interpersonal Communication across Cultures*, Shanghai：Shanghai Foreign Language Education Press, 2007, p. 69.

⑦ Stella Ting-Toomey, *Communication Across Cultures*, Shanghai：Shanghai Foreign Language Education Press, 2007, p. 262.

⑧ 同上书，p. 266。

⑨ 同上书，p. 267。

程：理解、知识和技能①，也可以看做是基于前述三大要素的修正。关于跨文化沟通能力的更复杂的模型，往往也以前述的三要素为基石。比如斯皮茨伯格建立了包含个人（individual）、事件（episodic）和关系（relational）三个系统的跨文化沟通能力模型，但是该模型描绘的基本过程仍然是"两个个体沟通的动机，在该情境中沟通的知识，以及实施其动机和知识的技能"②。

然而，相对于这两点共识，在跨文化沟通能力的研究上，更多的是分歧，主要体现在三个方面。第一，跨文化沟通能力在术语使用上就五花八门，除最常用的 intercultural communication competence 之外，还有 transcultural communication competence③、cross-cultural communication competence、intercultural communication effectiveness、intercultural sensitivity 等多种用法④。这些不同的术语，反映的是学者们对跨文化沟通能力赋予的不同的内涵和侧重点。

第二，关于跨文化沟通能力的要素，除去三要素的主流说法之外，还有许多其他的要素模型，以及直接列出几种特质或者技能的"列表式"说法。如陈国明在 1989 年建立了一个包含个人属性、沟通技巧、心理调适与文化理解的四要素模型，其中个人属性包括自我表露、自我理解、自我概念与社交宽怀，沟通技巧包括信息技巧、社交技巧、弹性与互动经营，心理调适包括挫折、压力、疏离与模糊性，文化理解包括文化价值、文化习俗、文化规范与社会系统⑤。斯皮茨伯格对众多"列表式"说法进

---

① Geert Hofstede, *Culture's Consequence：Comparing Values, Behaviors, Institutions and Organizations across Nations* (2nd ed.), Shanghai：Shanghai Foreign Language Education Press, 2007, pp. 427—428.

② Brian H. Spitzberg, "A Model of Intercultural Communication Competence", in Larry A. Samovar and Richard E. Porter (eds.), *Intercultural Communication：A Reader*, Belmont, CA：Wadsworth, 1997, pp. 379—391.

③ 这个术语仅丁允珠使用（Stella Ting-Toomey, *Communication Across Cultures*, Shanghai：Shanghai Foreign Language Education Press, 2007, p. 261），其他术语使用者均较多。

④ 除我这里列举的术语外，怀斯曼还指出以下这些术语也是"跨文化沟通能力"的变种：cross-cultural adjustment, cross-cultural adaptation, intercultural understanding, overseas success, cross-cultural effectiveness, 以及 satisfaction with overseas experience。参见 Richard L. Wiseman, "Intercultural Communication Competence", in William B. Gudykunst (ed.), *Cross-Culture and Intercultural Communication*, Shanghai：Shanghai Foreign Language Education Press, 2007, pp. 191—208。

⑤ 陈国明：《跨文化交际学》，华东师范大学出版社 2009 年版，第 223 页。

行文献回顾之后，汇总出一个包含 52 个项目的"清单"①。

第三，因为对跨文化沟通能力具体包含的内容没有达成共识，学者们发展出了多个相关的测量工具，但没有一个量表得到广泛认同。佩奇（Paige）介绍的跨文化培训的检测工具有 35 个②，其中跟跨文化能力相关的至少超过 10 个。

跨文化沟通能力领域主要学者之一的陈国明对研究现状提出了尖锐的批评："虽然半世纪以来，已累积了不少这方面的研究文献，可惜的是，有关跨文化沟通能力研究的文献，至今仍然散乱无章，缺乏一个整体性的视野（holistice view）。在概念（conceptual）层次方面，也无法提供一个可以发展出在全球化社会有效与可靠的评估与测试跨文化沟通能力的方向和方法。"③

陈国明具体总结了跨文化沟通能力面对的 8 个挑战。首先，在概念层次面对五大挑战：（1）能力是天生能力（trait competence）还是后天能力（state competence）？（2）能力是知识还是行为表现？（3）效力（effectiveness）和能力（competence）的区别是什么？（4）以文化通则法还是文化特殊法来研究？（5）其应用不应只限于跨文化适应领域，而应扩展到人际间、团体间、组织间、国家间与超国家间。其次，在操作层面，跨文化沟通能力也面临三个挑战：（1）跨文化沟通能力到底存在于哪里？是信息发出者，还是接收者，还是存在于关系、社交与文化规范之中？（2）以何种方式评估跨文化沟通能力，是自我报告，第三者评估，还是两者皆有？（3）以哪些要素来测量跨文化沟通能力？④

总的说来，作为跨文化传播学的一个核心概念，跨文化沟通能力的研究现状并不令人乐观。陈国明所总结的 8 个挑战，在短期内取得突破性的进展可能性很小。

① Brian H, Spitzberg, "A Model of Intercultural Communication Competence", in Larry A. Samovar and Richard E. Porter（eds.）, *Intercultural Communication: A Reader*, Belmont, CA: Wadsworth, 1997, pp. 379—391.

② ［美］R. 迈克尔·佩奇：《跨文化培训中的检测工具》，载丹·兰迪斯、珍妮特·M. 贝内特、米尔顿·J. 贝内特《跨文化培训指南（第三版）》，关世杰等译，北京大学出版社 2009 年版，第 120—183 页。

③ 陈国明：《跨文化交际学》，华东师范大学出版社 2009 年版，第 241 页。

④ 同上书，第 242—243 页。

二　文化智力：新瓶还是新酒？

　　就在跨文化沟通能力研究走入困境的同时，在与跨文化传播学相邻的跨文化管理学界，出现了一个与之相似的新概念，而且带动了一股越来越引人注目的研究潮流，这就是文化智力，又称文化智商（CQ）。一般认为这个概念诞生于 2003 年，伦敦商学院教授厄利（Earley）和新加坡南洋理工大学教授洪洵（Ang）在其合作的专著中正式提出了文化智力的概念①。不过，这个概念诞生的时间也可以上溯到 2002 年，厄利在一篇论文中呈现了即将出版的专著的理论框架②。

　　文化智力的主要研究者把它定义为“一个人有效适应（新的）文化情境的能力”③，或者“一个人在文化多样性情境中有效地行事的能力”④，研究它的目的是为了理解古老的旅居者（sojourner）问题：为什么一些人在文化多样性情境中取得成功，而另一些人没有⑤。文化智力包括认知、动机和行为三个层面的内容，其中认知层面包括元认知（meta-cognition）的内容⑥。很快，元认知被单独作为一个层面拿出来，形成了后来被广泛运用的文化智力的四要素模型，即文化智商由元认知文化智商、认知文化智商、动机文化智商和行为文化智商组成。元认知文化智商指个体在进行跨文化互动时的文化自觉性和文化意识，认知文化智商指对不同文化中的规范、实践和惯例的知识，动机文化智商指将注意力和精力导向文化差异的能力，行为文化智商指在跨文化互动时展示出得体的语言和非语言行为

---

　　①　P. Christopher Earley and Soon Ang, *Cultural Intelligence：Individual Interactions Across Cultures*, Palo Alto, CA：Stanford University Press, 2003.

　　②　P. Christopher Earley, “Redefining Interactions Across Cultures and Organizations：Moving Forward with Cultural Intelligence”, *Research in Organizational Behavior*, 24, 2002.

　　③　同上；P. Christopher Earley and Soon Ang, *Cultural Intelligence：Individual Interactions Across Cultures*, Palo Alto, CA：Stanford University Press, 2003, p. 59.

　　④　Soon Ang and Linn Van Dyne, “Conceptualization of Cultural Intelligence：Definition, Distinctiveness, and Nomological Network”, in Soon Ang and Linn Van Dyne（eds.）, *Handbook of Cultural Intelligence：Theory, Measurement, and Applications*, Armonk, NY：M. E. Sharpe, 2008, pp. 3—15.

　　⑤　同上。

　　⑥　P. Christopher Earley, “Redefining Interactions Across Cultures and Organizations：Moving Forward with Cultural Intelligence”, *Research in Organizational Behavior*, 24, 2002.

的能力。①

　　文化智力迅速在跨文化管理这个多学科交叉领域形成了一股研究潮流。2004 年的管理学会（Academy of Management）年会上组织了文化智商的专题研讨会。2006 年，《团队与组织管理》（*Group and Organization Management*）杂志推出文化智力专辑。2006 年，第一届文化智力全球会议举行，同年在中国上海也举行了文化智力会议。2008 年，《文化智力手册：理论、测量与应用》出版②，著名的跨文化心理学家特里安迪斯为之作序，特别称赞了建立在四要素模型基础上的"文化智商量表"，认为这个既包含了自我报告又有第三者评估的量表具有卓越的心理测量特征③。

　　然而粗看起来，尤其是在熟悉跨文化沟通能力研究的人看来，文化智力这个概念似乎只是新瓶装旧酒，只是对跨文化沟通能力的又一个说法。不但两者的定义和研究目的都基本相同，更重要的是，文化智力的四要素（尤其是最早的三要素划分）跟跨文化沟通能力的三要素也基本对应。托马斯（Thomas）另外建立的文化智力三要素模型为知识、留心、技能④，跟前述的丁允珠的跨文化沟通能力模型的三要素完全一致，更加深了这种困惑。尽管托马斯认为其三要素内容与之有所不同，但是如果只是在内容上进行微调，似乎不说明有建立一个新概念的必要性。现有的关于跨文化沟通能力的标签已经够多了，如果在理论和测量上没有强大的说服力，我们还需要一个新的概念吗？跨文化心理学家贝里（Berry）和沃德（Ward）就评论说："尽管文化智商的提法有新意，也许也很有概括性，但现在还不清楚，它到底是传递了新的内涵，还是只是把有着 30 年历史的涵化（acculturation）理论和研究进行所谓的重新包装罢了。"⑤

---

　　① Linn Van Dyne, Soon Ang and Christine Koh, "Development and Validation of the CQS: The Cultural Intelligence Scale", in Soon Ang and Linn Van Dyne (eds.), *Handbook of Cultural Intelligence: Theory, Measurement, and Applications*, Armonk, NY: M. E. Sharpe, 2008, pp. 15—38.

　　② Soon Ang and Linn Van Dyne (eds.), *Handbook of Cultural Intelligence: Theory, Measurement, and Applications*, Armonk, NY: M. E. Sharpe, 2008.

　　③ Harry C. Triandis, "Foreword: Cultural Intelligence", in Soon Ang and Linn Van Dyne (eds.), *Handbook of Cultural Intelligence: Theory, Measurement, and Applications*, Armonk, NY: M. E. Sharpe, 2008, pp. xi—xiii.

　　④ David C. Thomas, "Domain and Development of Cultural Intelligence: The Importance of Mindfulness", *Group and Organization Management*, 31 (1), 2006.

　　⑤ John W. Berry and Colleen Ward, "Commentary on 'Redefining Interactions Across Cultures and Organizations'", *Group and Organization Management*, 31 (1), 2006.

文化智力这个概念的倡导者对此进行了辩护。洪洵和戴恩（Dyne）首先强调了文化智商在理论上的依据。文化智商主要建立在心理学家斯滕伯格（Sternberg）的多元智力理论之上。斯滕伯格把个体智力分为了四个层面：（1）元认知智力，对认知的知识和控制；（2）认知智力，个体的知识和知识结构；（3）动机智力，精力的强弱和方向；（4）行为智力，个体在行动层面的能力①。洪洵和戴恩总结说，文献把个体差异归为三大类：能力、人格和兴趣。建立在智力理论基础上的文化智力，清楚地指向能力。人格往往是稳定的特质（traitlike），能力和兴趣则更多是后天的（statelike）。文化智力是可变的，是可以通过经历、教育和培训来提高的。

杰尔范德（Gelfand）等人较为详细地讨论了文化智力在概念上的优越性：（1）它有简约（parsimony）的优点，又称奥卡姆剃刀原则，即科学的目标是在解释一个现象时，从众多等同的理论中选择最简单的那一个。文化智力在解释有效的跨文化互动时，聚焦在了四个较高、较抽象的层次上，而非更多、更具体的层次。（2）文化智力具有理论上的综合性和逻辑上的连贯性。比如，其他的文化能力指标往往关注元认知、认知、动机、行为的某些内容，但是只有文化智力把它们整合到了一起。（3）而且，文化智力在理论上更精确。它的四大要素，清楚地说明了它是什么和不是什么，比如，它不是价值观或个性。因此，文化智力可能起到一个标杆作用，用它来厘清其他的文化能力概念，就像心理学上"大五"人格概念对研究人格的其他文献所起到的作用一样。（4）文化智力通过一个通用的智力框架，可以帮助打通学科边界，进行跨学科的对话。文化智力已经被用于管理学之外的领域，如传播学、心理咨询、宗教研究等。（5）反过来，文化智力还为智力研究本身打开了新天地。②

洪洵和戴恩通过比较文化智力和跨文化沟通能力的测量工具，来说明文化智力这个概念在测量上的优越性。他们从前述的佩奇对跨文化培训测

---

①　转引自 Soon Ang and Linn Van Dyne, "Conceptualization of Cultural Intelligence: Definition, Distinctiveness, and Nomological Network", in Soon Ang and Linn Van Dyne (eds.), *Handbook of Cultural Intelligence: Theory, Measurement, and Applications*, Armonk, NY: M. E. Sharpe, 2008, pp. 3—15。

②　Michele J. Gelfand, Lynn Imai, and Ryan Fehr, "Thinking Intelligently about Cultural Intelligence: The Road Ahead", in Soon Ang and Linn Van Dyne (eds.), *Handbook of Cultural Intelligence: Theory, Measurement, and Applications*, Armonk, NY: M. E. Sharpe, 2008, pp. 375—387.

量工具的研究中，找到 10 种也是测量文化能力的量表，加上另一个跨文化调适潜力量表，一共 11 个量表来和文化智商量表（CQS）比较。他们认为，其中两个测量的主要是非能力与诸如个性、态度、价值观这样的个体差异，与 CQS 没有交叉；另外 9 个量表中包含的能力元素可以归入 CQS 的框架之中。其中 3 个量表有元认知的内容，5 个有认知的内容，两个有动机的内容，还有 5 个有行为能力的内容。然而，他们指出，所有其他量表，没有一个是建立在智力的多维度理论基础之上的。而且，其中 7 个量表在跨文化能力之外，包含稳定的个性特征、态度和价值观。他们总结说："总之，现存的跨文化能力量表缺乏连贯的理论基础，常常把能力和非能力特性混淆。因为这样做会把不同种类的个体差异混淆在一起，这就产生了构念效度（construct validity）的问题。相比之下，我们清楚地把文化智商定位为一套能力，扎根于多元智力的文献之中。因此，文化智商是一个'更清澈'的构念（Construct），建立在一个理论上充足、综合性强、逻辑连贯的框架之上，用一个单一工具来评估跨文化能力的多个方面。"[①]中国学者也应用文化智商量表对大学生和企业工作人员进行了测试，已有的研究认为这个量表有较好的构念效度[②]。

三　文化智力与跨文化沟通能力：双向的启示

文化智力这个概念尚未引起跨文化传播学者的足够关注。以中国为例，目前，关注文化智力的主要是心理学者、管理学者和语言学者[③]。因此，跨文化传播学者忽略了来自相邻学科的文化智力概念，很可能为跨文化沟通能力如何走出目前的困境带来有益的启示。

最大的启示就是，跨文化沟通能力的概念应该建立在更为坚实的理论

[①]　Soon Ang and Linn Van Dyne, "Conceptualization of Cultural Intelligence：Definition, Distinctiveness, and Nomological Network", in Soon Ang and Linn Van Dyne (eds.), *Handbook of Cultural Intelligence：Theory, Measurement, and Applications*, Armonk, NY：M. E. Sharpe, 2008, pp. 3—15.

[②]　王琦琪、唐宁玉、孟慧：《文化智力量表在我国大学生中的结构效度》，《中国心理卫生杂志》2008 年第 9 期；唐宁玉、郑兴山、张静抒、付佳：《文化智力的构思和准则关联效度研究》，《心理科学》2010 年第 2 期。

[③]　高中华、李超平：《文化智力研究评述与展望》，《心理科学进展》2009 年第 1 期；贺远琼、陈昀：《文化智力对跨文化效能影响的研究述评》，《科技管理研究》2008 年第 7 期；王莉：《大学生跨文化情商培养模式探析》，《教育与教学研究》2010 年第 2 期。

基础之上。目前名目众多的跨文化沟通能力的概念，都没有一个严谨的理论基础。陈国明说，"跨文化沟通能力是沟通能力的延伸"，并说沟通能力可以分为基本能力、社交能力、社交技巧、人际间能力、语言能力、沟通能力（communicative competence）与关系能力七种①。仅从其名称就可以看到，这七种能力的彼此区分和相互关系都是模糊不清的。

　　反过来，建立在智力的多维度理论之上的文化智力，其四大要素的区分和联系是相对严谨的。因此在概念上，文化智力已经避免了陈国明提出的跨文化沟通能力的五个挑战。文化智力的研究者比较明确地回答了：（1）文化智力不是天生能力（trait competence），而是后天能力（state competence）；（2）文化智力既包括知识，又包括行为，还包括元认知和动机；（3）效力是文化智力的结果，而非文化智力本身；（4）文化智力是不局限于某一特殊文化的，是"文化普适"（culture-free）的；（5）文化智力可以应用于个人以外的组织层面等。因为在概念上达成了共识，因此在文化智力的测量上，人们也就更容易达成共识，普遍使用洪洵等人开发出来的包含 20 个条目的文化智商量表②。

　　同时，文化智力为跨文化培训提出了新思路。跨文化沟通能力因为说法众多，没有为跨文化培训提供一个坚实的理论基础。传统的跨文化培训以文化价值观维度为基础，"几乎成为理解霍夫斯泰德、汉普顿—特纳、特朗姆皮纳斯、克拉克洪（Kluckhohn）和斯托罗贝克（Strodtbeck），以及特里安迪斯的文化价值观模型"的同义词，而文化智力承认一国内每个人的文化特征不同，避免了过度简化和刻板印象，同时能够有针对性地提高个体的跨文化能力。③

　　尽管文化智力很可能是一个比跨文化沟通智力更优越的概念，但是反过来，积累了超过半个世纪的跨文化沟通能力的研究，同样能够给文化智力以一些启示。其一，在定义上，文化智力的定义强调"有效"，是否忽

---

① 陈国明：《跨文化交际学》，华东师范大学出版社 2009 年版，第 220 页。

② Linn Van Dyne, Soon Ang and Christine Koh, "Development and Validation of the CQS: The Cultural Intelligence Scale", in Soon Ang and Linn Van Dyne (eds.), *Handbook of Cultural Intelligence: Theory, Measurement, and Applications*, Armonk, NY: M. E. Sharpe, 2008, pp. 15—38.

③ P. Christopher Earley and Randall S. Peterson, "The Elusive Chameleon: Cultural Intelligence as a New Approach to Intercultural Training for the Global Manager", *Academy of Management Learning and Education*, 3 (1), 2004.

略了被跨义化沟通能力所强调的"得体"呢？实际上，文化智力的研究者在少数时候似乎混淆使用"有效"和"得体"，比如说文化智力的行为要素是指依据文化情境"得体"地展示出来的言语和非言语行为①。其二，在测量上，有学者指出目前文化智商量表的广泛使用，造成了对文化智力的测量的单一性，如果在方法上具有多样性更好②。在这一点上，测量跨文化沟通能力的多个量表也许可以给建立更多的文化智力量表以启发。

还需要指出的是，文化智力本身也面对与跨文化沟通能力相似的挑战。

其一，跟"能力"有不同的理解一样，"智力"本身就是心理学中最富争议的概念之一③。文化智力的理论基础真的非常稳固吗？真的存在一种单独的文化智力，还是它只是其他心理学家提出来的情绪智力、社交智力或者人际智力的一部分？

其二，文化智力到底指什么，也并非就是那么清楚。谢弗（Shaffer）和米勒（Miller）通过文献回顾，发现文化智力研究者提出了7个文化智力定义，其中5个指能力，两个指结果，"一般认为文化智商是和来自不同文化背景的人有效互动的能力，或者这些互动所产生的结果"④。那么，文化智力到底指能力还是结果？尽管许多学者明确说文化智力不指结果，但是在实际使用中仍然面临贝里和沃德所指出的到底是预测变量（predictor）还是标准（criterion）的问题⑤，这也是跨文化沟通能力所面临的混淆能力与效力的问

---

① Kok-Yee Ng and P. Christopher Earley, "*Culture + Intelligence*", *Group and Organization Management*, 31（1）, 2006.

② Michele J. Gelfand, Lynn Imai and Ryan Fehr, "Thinking Intelligently about Cultural Intelligence: The Road Ahead", in Soon Ang and Linn Van Dyne（eds.）, *Handbook of Cultural Intelligence: Theory, Measurement, and Applications*, Armonk, NY: M. E. Sharpe, 2008, pp. 375—387.

③' Detelin S. Elenkov and Joana R. C. Pimentel, "Social Intelligence, Emotional Intelligence, and Cultural Intelligence: An Integrative Perspective", in Soon Ang and Linn Van Dyne（eds.）, *Handbook of Cultural Intelligence: Theory, Measurement, and Applications*, Armonk, NY: M. E. Sharpe, 2008, pp. 289—305.

④ Margaret Shaffer and Gloria Miller, "Cultural Intelligence: A Key Success Factor for Expatriates", in Soon Ang and Linn Van Dyne（eds.）, *Handbook of Cultural Intelligence: Theory, Measurement, and Applications*, Armonk, NY: M. E. Sharpe, 2008, pp. 107—125.

⑤ John W. Berry and Colleen Ward, "Commentary on 'Redefining Interactions Across Cultures and Organizations'", *Group and Organization Management*, 31（1）, 2006.

题①。而且，上述的对文化智商的定义跟跨文化沟通能力到底有什么不同？文化智力还需要进一步厘清概念，避免已经发生的将陈国明对跨文化沟通能力的一项早期研究也列入文化智力的研究之中②，以及前述的托马斯的文化智力模型基本等同于丁允珠的跨文化沟通能力模型的尴尬。

　　其三，一个具有文化普遍性的文化智商量表是可能的吗？不同的文化对智力有不同的理解，在一种文化中被认为是文化智商的与另一种文化的观点可能大不相同③，这也是斯滕伯格本人的发现④。比如，杨和斯滕伯格发现，中国的台湾人认为智力包含以下因素：（1）普遍的认知因素，相当于西方智力测试中的 g 因子；（2）人际智力；（3）内省（intrapersonal）智力；（4）智识上的自信；（5）智识上的谦虚（self-effacement）。这不同于斯滕伯格等人发现的美国人的智力观：（1）实际解决问题；（2）语言能力；（3）社交能力。⑤ 尽管智力在不同文化中也有共同的因素，但是，文化智商量表所界定的确实是这些共同因素吗？即便如此，那些具有文化特殊性的文化智力因素又该怎么测量、怎么提高？这也是发展跨文化沟通能力量表需要回答的问题。

　　其四，跟跨文化沟通能力一样，文化智力同样面临从个体层面的研究上升到团队、组织乃至国家层面的研究的挑战。埃伦科夫（Elenkov）和皮门特尔（Pimentel）指出，文化智力难以在高于个人的社会层面提高⑥。

---

　　① 陈国明：《跨文化交际学》，华东师范大学出版社 2009 年版，第 235 页。

　　② Detelin S. Elenkov and Joana R. C. Pimentel, "Social Intelligence, Emotional Intelligence, and Cultural Intelligence: An Integrative Perspective", in Soon Ang and Linn Van Dyne (eds.), *Handbook of Cultural Intelligence: Theory, Measurement, and Applications*, Armonk, NY: M. E. Sharpe, 2008, pp. 289—305.

　　③ John W. Berry and Colleen Ward, "Commentary on 'Redefining Interactions Across Cultures and Organizations'", *Group and Organization Management*, 31 (1), 2006.

　　④ Robert J. Sternberg and Elena L. Grigorenko, "Cultural Intelligence and Successful Intelligence", *Group and Organization Management*, 31 (1), 2006.

　　⑤ 这个对比转引自 Robert J. Stergberg, "Successful Intelligence as a Framework for Understanding Cultural Adaptation", in Soon Ang and Linn Van Dyne (eds.), *Handbook of Cultural Intelligence: Theory, Measurement, and Applications*, Armonk, NY: M. E. Sharpe, 2008, pp. 306—317; 以及 Kok-Yee Ng and P. Christopher Earley, "Culture + Intelligence", *Group and Organization Management*, 31 (1), 2006。

　　⑥ Detelin S. Elenkov and Joana R. C. Pimentel, "Social Intelligence, Emotional Intelligence, and Cultural Intelligence: An Integrative Perspective", in Soon Ang and Linn Van Dyne (eds.), *Handbook of Cultural Intelligence: Theory, Measurement, and Applications*, Armonk, NY: M. E. Sharpe, 2008, pp. 289—305.

　　综上所述，文化智力这个新概念难以在短期内取代跨文化沟通能力，不仅是因为两个概念分属学术路径不同的两个学科，更是因为文化智力这个概念本身仍待发展。文化智力尽管在某些方面体现了超越跨文化沟通能力的优越性，但是它仍然面临挑战，其中一些是与跨文化沟通能力共同面对的问题。然而需要强调的是，这两个概念的定义和研究目的基本相同，它们亟须开展对话，这必将促进彼此的发展，为解决它们面临的不同和共同问题提供有益的启示。

（刘澜，北京大学新闻与传播学院博士生。电子邮箱：lanliu@ pku. edu. cn）

Intercultural Communication Competence and Cultural Intelligence：The Dialogue of Two Constructs

LIU Lan

Abstract：Intercultural Communication Competence (ICC), one of the key constructs in Intercultural Communication studies, still faces serious challenges of lacking theoretic rigor and measurement validity after its long development of over half a century, while Cultural Intelligence (CQ), a new construct with almost the same definition and research aim, has attracted scholars for its theoretic coherence and psychometric superiority in the field of intercultural and international management. However, the two streams of research have little, if any, substantial conversation. This paper reviews relevant literatures and endeavors to delineate the relationship between the two constructs, and more importantly, point out how CQ research sheds light on the current plight of ICC research, and how CQ must take on some common challenges that ICC shares and can benefit from the dialogue as well.

Keywords：intercultural communication competence, intercultural competence, cultural intelligence, CQ

（LIU Lan, PhD candidate of School of Journalism and Communication, Peking University. Email：lanliu@ pku. edu. cn）

论如何构建中国在互联网上的对外软实力

刘　阳　胡　泳

提　要：本文简要梳理了软实力和国际话语权的理论源流，并总结了互联网的基本技术维度——开放和互联，据此从效果研究的三个维度——认知、态度和行为——出发对如何建构中国在互联网上的对外软实力展开了系统的论述，认为建设若干信息发布迅速且内容真实有效的互联网对外外文话语平台，是构建我国在互联网上对外软实力的重中之重与当务之急。

关键词：国际话语权，互联网，认知，态度，行为

一　软实力与国际话语权

约瑟夫·奈（Joseph Nye）的软实力理论是在衰落论的背景中产生的。20世纪80年代，以耶鲁大学教授保罗·肯尼迪（Paul Kennedy）为代表的美国衰落论者认为经济和科技的发展是社会发展和军事实力的基础，由于国际生产中心转移和美国的过分扩张，美国已经在政治、经济和军事方面面临一系列问题，很可能像曾经的大英帝国一样逐渐走向衰落。正是在这种社会思潮中，约瑟夫·奈提出了"软实力"（Soft Power）的概念。他在《谁与争锋：美国力量的转变》中首次提出这一概念，后又在《外交政策》上发表《软实力》一文，首次将国家的综合国力划分为硬实力和软实力，并对之系统地进行论述。

约瑟夫·奈这样界定他提出的这一国际政治概念："一国的综合国力既包括了由经济、军事、科技实力表现出来的硬实力，也包括以文化和意识形态吸引力体现出来的软实力。"他将硬实力与软实力做了详细比较："尽管在某些国家团体之中直接诉诸武力是被禁止的，但武力依旧发挥着重要的政治作用……保护性军事力量的提供可用于谈判过程。在某些情况

下，联系是直接的；在更多的情势下，它是一个并不公开提及但却存在于政治家心目中的因素"；"此外，另一种考虑可被称为'权力的另一面'。改变其他国家可被称为行使权力指示性或命令性方式。命令权力可基于引诱（'胡萝卜'）或威胁（'大棒'）。还有一种非指令性的行使权力方式。一个国家在世界政治所期望目标的实现，是因为其他国家愿意追随它，或接受造就这种结果的体系。从这一方面讲，确定议程、构建世界政治某种情势的框架与在特定情势下改变他者同等重要。权力的这一方面——即使他国期望你所期望的可被称为间接或同化权力行为。它与使他国做你期望的事情的命令性权力行为形成鲜明对照"，而"建立预期的能力往往与文化、意识形态和制度等无形权力资源相关。这一维度可被视为构成与硬权力相对照的软权力。后者往往与军事实力、经济实力等有形资源相关"①。

软实力，又被约瑟夫·奈称作"同化权力"（co-optive power），他这样描述软实力的作用："软性的同化权力与硬性的指挥权力同样重要。如果一个国家可以使其权力被他国视为合法，则它将遭受更少对其所期望的目标的抵制。如果其文化与意识形态有吸引力，其他国家将更愿意追随其后。如果该国支持使得他国按照主导国家的预期采取行动或限制自身行为的制度，它可能无须以高昂代价运用强制性权力或硬权力。"并且，奈还强调指出，"权力正变得更少转化性、更少强制性、更趋无形化"②。

在约瑟夫·奈的论述中，软实力的主体是国家，包括这一国家的文化吸引力、道德感召力、政策公信力等，而将这一概念放置到互联网的场景中，落实到具体的层面，中国的互联网软实力集中体现为中国在互联网上的国际话语权。因为在构建软实力的过程中，互联网展现的是其作为表达平台的媒介的功能，因此，话语权在这一场景中是软实力的同义词。

话语权（power of discourse）一词渊源已久，但经过20世纪著名的社会理论家米歇尔·福柯（Michel Foucault）的改造和传播后才广为人知，"话语是人类社会相互沟通与理解的交流平台，正是因为有了话语平台，人类才得以在此基础上建构起各种制度、法律、原则、权力乃至整个文明。所以，可以说'话语'是一项最初始同时也是最重要的建构"。福柯

---

① ［英］约瑟夫·S. 奈：《硬权力与软权力》，门洪华译，北京大学出版社2005年版，第116—117页。

② 同上书，第107页。

认为"正是因为话语不停地建构、更迭、解构、重构，话语就在历史中不停地建构起各种各样四处渗透的权力，而权力又反过来建构起新的话语"。"从严格的意义上来讲，话语就是一种经过较长时间历史积淀而形成的社会文化语码，以语词言说的形式潜在地制约着人们的思想和行为。话语一旦形成，便拥有了自己的意义世界，形成了自己的特定规则，构建了自己的知识形式和话语系统……话语是一种建构，它的目的除了交流与沟通之外，其最大的功能还在于'建构'，建构起整个人类文明，并在漫长的建构过程中，建立起了数不胜数的枝节盘错的文化、生活乃至生命状态。"① 在福柯看来，"掌握了话语权就掌握了世界"。而细化到国际话语权，国际话语权指的是"国际政治传播中就某一特定问题通过国际媒体表达自己看法并且影响国际社会舆论的行为能力"，它可以帮助"构建自身的国际形象，更好地为本国公共外交服务"②。

　　本文所要讨论的话语权其实属于效果研究的领域，而传播学界一般认为传播效果可从三个维度展开：认知（cognition）、态度（attitude）和行为（behavior）。关于构建互联网国际话语权的研究也最宜从这三个维度展开。对互联网国际话语权从这三个维度进行通俗阐释，那么互联网国际话语权（亦即互联网对外软实力）的具体体现是：说了有人看（认知维度），看了有人信（态度维度），信了有人做（行为层面）。而在关于如何构建中国在互联网上的国际话语权这一议题进入核心讨论之前，我们必须先对互联网的相关特性进行深入的剖析。

二　互联网的技术特性：开放与互联

　　因为互联网对社会结构的巨大影响和进步意义，互联网的技术特性又常被代以"互联网精神"这样颇带些神圣色彩的称谓。关于互联网精神，不同的学者和从业者论述各异，有人从产业的角度出发认为互联网精神是创新、交流、效率和免费③，更多的则是从社会的维度谈论互联网精神。李伦认为："尽管专家学者从不同的出发点探讨互联网精神，他们对互联网

---

① 杨波怡：《福柯话语权简梳》，上海交通大学 2008 年硕士学位论文，第 4—5 页。
② 曾德金：《国际话语权与中国公共外交》，北京语言大学 2009 年硕士学位论文，第 11 页。
③ 冯洪全：《互联网精神》，《深圳特区科技》2000 年第 3 期。

精神的概括和表述也略有不同，但他们大多把互联网的精神归结为'自由'、'开放'、'共享'、'民主'、'平等'、'多元化'、'分权'和'兼容'等。在我们看来，互联网精神主要包括'自由'、'开放'和'共享'。从技术和人文两个方面来说，国际互联网就必须搭建一个实现共享的技术平台，这就要求电脑相互连接，并保持开放，这样，互联网就成为一个自由、开放和共享的计算机网络。互联网的其他特征和精神，如'民主'、'平等'、'多元化'、'分权'和'兼容'等皆因'自由'、'开放'和'共享'这三大网络精神而来"①。

关于互联网的技术特性的谈论众说纷纭、莫衷一是，却都有其道理，都能自圆其说。"开放"、"共享"、"平等"、"多元"、"参与"、"互动"等，从长期的互联网观察和切身的互联网体验来看，都完全可以被认定为互联网的技术特性或者互联网精神，因此，关于互联网技术特性的讨论其核心并不在否定什么肯定什么，而是要采用"奥康姆剃刀"意示的方法，揭示互联网的本质技术特征，从而指出互联网的社会影响以及应对策略。在我们看来，互联网的技术特性是分级的，也就是在以往学者所谈论的诸多互联网特性中，存在几个最基本的特征。

我们从社会结构的角度来理解互联网技术，互联网技术最基本的特征就是：开放与互联。这两项最基本的技术特征是从"对外"与"对内"两个维度出发考虑的，因其"内"、"外"兼顾，因而具有对该技术特征概括的本质完全性。

所谓开放即"对外"而言，互联网技术具有开放的特征。信息技术产业多年以来就在为开放系统和开放源代码一类的概念争斗不休。但最近这些年，开放标准越来越占上风，因为消费者对其存在巨大的需求。例如，微软作为标准平台的提供者收获了巨额利润，软件公司可以在微软的平台上搭建应用。此种转向开放标准的趋势随着 IT 技术人员开始利用一系列开放软件平台展开协作而更增势头。例如，Apache 网络服务器、Linux 操作系统、火狐浏览器乃至万维网本身，都是这一趋势的明显部分。

在最新的 Web 2.0 技术浪潮中，开放也成为基本的共识。比如世界最大的社交网络 Facebook 因其向第三方应用开放，使得任何一个有想法、

---

① 李伦：《作为互联网精神的自由、开放与共享——兼谈技术文化价值的生成》，《湖南文理学院学报》（社会科学版）2006 年第 3 期。

又会编程的人都可以创造可能被成千上万人使用和分享的应用。Facebook
由此成为一种社交门户。由于第三方可以在其上开发复杂的应用，Face-
book 平台是迄今为止互联网领域出现的最接近于微软在个人电脑上开发出
的操作系统的产品。第三方应用使得 Facebook 更加强大，至少更具吸引
力。在这方面，微软 Windows 平台运行的桌面软件都无法与之相比。在社
交网络之后兴起的微博服务也以开放为旗号，造就了丰富多彩的微博生态
系统。

　　同时，我们可以看到，"开放"这个词是极富意义和积极的内涵的。
开放与参与以及接近权等相联系，对网民而言，这意味着借助互联网技
术，人人皆可以成为发言者，这一开放特性从另一个侧面来讲就是"低门
槛"，即网络发言的成本和风险都较低。此外，开放还常常可以同公正、
透明、自由、灵活、广阔等联系起来，当我们谈到开放的这一维度的时
候，我们等于是在向制度和机构提出要求。比如，在金融危机之后，人们
要求建立更为严格的国际会计制度，因为大家惊悟，完全的透明对现代全
球经济的安全发展和可持续能力是至关重要的。又比如，由于秘密滋生腐
败和无能，把所有企业的重要交易和决策置于公众监督之下越来越成为全
球共识。

　　然而，开放并不是一个经常被用来描述当今经济或者很多其他社会组
织的内部运转的形容词。当涉及与这个世界分享信息，大多数组织机构的
默认姿态是秘密和不透明。政府和组织的封闭在某种程度上是因为他们能
够这样做。公司把重要的信息留给自己，特别是缺点、错误或者弱点方面
的信息。大多数的政府机构宁愿把重要信息从公众眼前遮盖起来，并且只
有在被规章制度或者法令迫使的情况下才会勉强同意公众获得这些信息。

　　而所谓互联即"对内"而言，互联网技术具有互联的特征。无可否
认，网络有鲜明的技术含义：作为一种布局，它将互有关联但相距遥远的
元素通过通信线路连接起来；另外，网络也是一个社会学术语，代表个人
的社会关系并涉及这类关系的发生频率、分布状况、均匀性和亲近程度。

　　互联网为何如此流行？不仅仅因为它能够提供多媒体信息，更因为它
具有"超文本"特性。超文本是包含与其他数据的链接的数据，之所以
有超文本这一称呼正是由于它有自身的特殊性，难以用普通的文本来衡
量。超文本能制造出不同资料间的联系，从而使你能很容易地找到相关资

料。当你得到不同资料之间的联系的时候，你就可以开始设想由这些联系所构成的网络了。万维网之所以引人注目，原因在于它能天衣无缝地把全世界的、不同机器上的、不同数据库中的信息连接起来，在于它能满足人们寻求事物间彼此联系的需要比事物间联系更重要的是人与人的联系。为什么人们成小时、成天，甚至一年到头地上网呢？对互联网的议论从服务价格到软件标准都很热烈，但互联网最重要的方面与金钱或技术都没有什么关系。网上最大的资源是人。技术的成功是因为人；互联网满足了人们的交往需要，迎合了他们的情感，包括好的和坏的。互联网络比任何其他媒介都能更好地调节人的相互作用，互相接触比玩最带劲的游戏或获取最热门的信息都更为有趣。这是因为，人类是天生的社会动物，顽强地想要相互联系。

美国未来学家保罗·萨福把 Internet 称为计算机领域的第三次浪潮，并指出这次浪潮的本质就是同其他人发生联系。① 或许，只有在这个层面上，我们才能够理解网络互联的本质。互联意味着，借助互联网技术，人们可以迅速实现信息的共享和行动的协同，这一互联特性从另一个侧面讲就是网络个体的行动空间扩大。

三　构建中国在互联网上的国际话语权

以上我们讨论了互联网的基本技术特性——开放与互联，实际这恰恰针对的是构建互联网国家话语权的前两个基本维度——认知和态度。

（一）认知层面的互联网国际话语权构建

所谓构建国际话语权的"认知"问题，在传播的结构上来讲，指的是"接受"或者"到达"的问题，尤其从主动构建的角度来看，就是信息"到达"的问题。网络技术的开放特性造成了众声喧哗的状况，使得人人都能成为发言者，从而将由"认知"问题转换而来的"到达"问题被凸显出来而日益重要。而从这一层面着手建构国际话语权则要从三方面来看：话语平台规模、话语传播形态、话语传播速度。

话语平台规模：互联网的众声喧哗将中国的声音如何脱颖而出的难题

---

① 崔保国主编：《信息社会的理论与模式》，高等教育出版社 1999 年版，第 64—65 页。

变得日益严峻，而要做到"声传四海"，基本的网站，即网络话语平台的建设与宣传前期投入是必需的。也就是说，国家一定要投入足够的资金建设足够多的对外宣传的网站，同时要加大对这些网站的海外宣传力度。这种看似粗放的构建方式是诚然必需的。"在国际上，网络信息主要集中在北美、西欧、日本等信息基础设施比较发达的国家和地区，它们在网络信息的生产量、使用量以及信息密度、优势资源等许多方面都拥有绝对的垄断地位。这些国家和地区的总人口不到世界总人口的 30%，却拥有世界邮件量的 95%，数据库量的 92%……网络运营商、网络信息提供商、网络标准的制订与域名管理等等，主要是由西方发达国家所控制，其中网络信息量的 80% 又是由美国发布的……网络上频频被访问的主要是美国等发达国家的站点，而发展中国家主要是接受信息……从发达国家流入发展中国家的信息流量超过从发展中国家流入发达国家的 100 倍"①，造成这样的不平等国际传播秩序的首要原因就是发展中国家网络基础设施的缺乏。据此，对中国而言，要使海外的受众最大可能地听到来自中国的声音，那么建设由若干条传播主干道和足够多传播辅干道的话语平台体系从信息到达的效果来讲正是当务之急。

话语传播形态：网络技术的开放性使得现实中的语言霸权在互联网上得以复制，"语言符号本身并不是一个单纯的'中性词'，它总是承载着特定的文化意识内容；语言的形式、类型和结构往往影响到文化内容的传播和接受。因此，语言符号的传递必然将其中蕴含的文化意识和伦理观念同时传播开来，而且随着这种符号体系的广泛渗透而表现出特定的文化权力意志。在信息时代，网络显然正在成为一种新型的话语权力舞台"②。而更为现实的是，在互联网上，"英语内容大约占 90%，有人戏称网络就是为英语而生的。网上英语信息的霸主地位，使得其中内含的文化意识形态在网络上广为散布。此外，网络用户为了自由地在网上遨游必须学习英语，学习英语的过程本身也是一个受美英文化影响的过程。与此同时，广大非英语国家由于语言障碍而影响了其信息的传播方位"③。正是为此，

---

① 王爱玲、洪晓楠：《软实力竞争与网络媒介的文化自觉》，《大连理工大学学报》（社会科学版）2008 年第 9 期。

② 同上。

③ 同上。

法国前司法部部长雅克·图邦认为英语占主导地位的互联网络意味着一种新形式的殖民主义。①

如何与英语在互联网上的霸权进行有效的斗争和合理的妥协，成为构建中国在互联网上国际话语权的又一重大任务。对此，一则毫无疑问要勇于面对英文在互联网语言体系中的主导地位，大力发展对外宣传的外文网站，尤其是英文网站，这样才能保证信息在语言层面的有效到达。二则要加大对外汉语教育的政策力度，其中包括大力扶持孔子学院等海外汉语言文化教育推广项目。只有在这样与英语霸权的妥协与斗争中，才能逐步成功构建我国在互联网上的国际话语权。

话语传播速度：在众声喧哗之中，要保证信息的到达，不仅要有基本的平台建设，能逾越语言的障碍，同时亦要在发布速度上争分抢秒。信息的脱颖而出，比的不仅是信息的覆盖面，还有信息的时效性。这一传播速度的快慢不仅涉及到达的问题，更深层地还涉及我们下面将要谈到的态度维度，所谓"先入为主"，受众接触的第一手资料往往决定他们的态度。此外，在具体的信息处理层面，话语传播速度还涉及话语对象的问题，即关于谁的国际话语权。如今的世界情势是，不仅关于西方事务，中国没有太多的话语权，甚至关于中国自身的事务，西方的国际话语霸权亦十分明显，关于中国的许多信息首先是被外国媒体网站报道。关于我们自身事务的话语权反倒常被西方褫夺，这集中体现的就是一个话语传播速度的问题。我国目前尚未牢牢掌握关于自身事务的话语权，更遑论扩大在世界舆论界的影响。

（二）态度层面的互联网国际话语权构建

就互联网对外软实力或网络国际话语权的建构而言，从正面来讲，认知层面要实现的是"接收"，态度层面要实现的是"相信"，行为层面要实现的是"行动"，在建构软实力的工程中，"接收"是基础，"相信"是核心，"行动"是升华。

态度层面建构互联网国际话语权涉及的是话语内容的问题，因为造成和培养受众态度的从本质来讲最终只可能是话语的内容，这就关涉信息在传播中的两个基本维度：真实性与有效性。

---

① 转引自陆群《不在网上的都是穷人》，《中华读书报》1999 年 6 月 2 日。

　　话语的真实性：网络技术互联的基本属性将信息的"分享"水平提高到了前所未有的程度，一条信息可以在瞬间传遍全网，也就是说它能使个体尽可能快地掌握对某一事件或问题尽可能丰富的信息，使个体在某一个时点上的信息量达到最大值具有现实可能性。这就使网民具有强大的"纠错"、"察伪"功能，因此，虽然网络的开放性造成了假消息的满天飞，但网络的互联性亦使消息的真伪能迅速查实。故在互联网时代，戈培尔的宣传策略"谎言重复一千遍也是真理"是不可取的，也是不可行的。

　　要构建我国的互联网国际话语权，就一定要杜绝片面信息的发布，更要杜绝虚假信息的发布。这并不仅仅是指单一信息的发布是否具备真实性，而是指信息发布的理念是否从宣传本位转向了传播本位。

　　陆地等认为，中国的对外传播还停留在对外宣传的理念上，基本不谙国际传播的规律。而实际上，对外宣传和国际传播是两种不同性质的传播活动。① 对这两种传播活动的混淆，就话语的真实性来看，经常出现的一个弊端是：以所谓正面报道为主的"喜报"满天飞，甚至把灾害当喜事报，这已经成为中国对外宣传的通病。它也是对内传播"报喜不报忧"式的新闻思路在对外宣传上的一种延伸。不论是传统媒体，还是网络媒体，国外听众希望从中国传播机构那里得到的并不仅仅是关乎中国的"好消息"，而是对中国社会予以全面展现的消息。这正如中国的听众也极度不满一些国外媒体只报中国的"坏消息"一样。

　　坚持网络话语的真实性，并不仅仅是一句基于价值判断的高超之论，而同时也是基于宣传效果考量的策略性建议。

　　话语的有效性：话语的有效性涉及的是话语方式的问题，目前我们认为在发布文本中要注意使用跨文化策略和软性话语策略。

　　建构中国在互联网上的国际话语权有两个方面，一是说服外国，一是推广中国，这是一个跨文化的问题。而网络技术互联的基本属性使同一文化共同体内的个体接触愈加丰富，相互的认同增加从而使文化的自我认同空前加强。故此，在网络技术的推动下，西方文化共同体内个体的"团结"水平达到了前所未有的程度，这种团结从更普遍的文化层面呼应了凯

---

　　① 陆地、高菲：《如何从对外宣传走向国际传播》，《杭州师范学院学报》（社会科学版）2005 年第 2 期。

斯·桑斯坦《网络共和国》中的"群体极化"概念。① 也就是说，网络文化共同体的排外性更强，因此，对外宣传的难度也就更大。在培养态度层面，构建互联网国际话语权就一定要考虑话语内容的有效性问题，其核心就是在话语内容的制作中一定要认识到不同文化间的差异，要有的放矢，不能自说自话。这就是国际话语权建构中的跨文化策略。

周锡生认为，因为信息发布的对象是外国人，且"这些人对中国知之甚少甚至一无所知，而且在思想意识、语言文字、风俗习惯、生活方式、价值观念、宗教信仰等方面与我们不尽相同。如果把对外传播对象当作国内受众，很多情况下无异于卡拉OK"，因此他认为在话语内容的制作中要"淡化'说教味'，摆脱'宣传腔'，采用海外受众易于接受的方式进行报道，强调用事例说事，寓理于事，并注意报道对象和观点的适当平衡。也就是要坚持'中国故事、国际表达'"②。这就引申出了建构网络国际话语权的另一个重要策略——软性话语策略。互联网的表达不同于传统媒体的报道，更加诉诸情感，更加非正式，网民们也更乐于接受活泼而短浅的表达内容；此外，因为中外政治体制的差异，以政治主题的文本较难引起外国的迅速认同与兴趣，而文化主题则不同，中国文化是引起西方浓厚兴趣的主题。因此，在面向国外的网络表达中，要注意使用软性话语，于潜移默化之中增进国外民众对中国的认同。

（三）行为层面的互联网国际话语权构建

此前已经强调，互联网国际话语权的建构在行为层面要实现的是"行动"，这一行动指的是，建构客体实施符合建构主体目标的行为，这一"行动"的实现所基于的是对受众"日常行为"的影响，因为只有对受众日常行为的模式和方法产生影响，才意味着真正话语权的建构，否则效果只是临时性的和偶然性的，更不能构成所谓的对外软实力。

意欲影响其日常行为，其本质仍应是在态度层面着力。但是，行为层面的国际话语权建构是态度层面话语权建构的丰富和深化，因为它意味着，要使受众相信的不仅仅是具体语境下的发布内容，而应该是具有一定超越性的发布者（发布主体或发布平台）。也就是说，必须建立权威。

---

① ［美］凯斯·桑斯坦：《网络共和国：网络社会中的民主问题》，黄维明译，上海人民出版社2003年版。

② 周锡生：《突发公共事件应急报道中的国际话语权问题》，《中国记者》2009年第7期。

　　媒体权威的形成最首要地取决于其信度，而信度的形成基于受众长期的阅听感受，因此，保证话语的"真实性"和"有效性"应作为话语原则被长期坚持，而不能仅仅成为说服策略。此外，媒体权威的形成也与信息的到达密切相关，认知层面国际话语权建构从话语平台规模、话语传播形态和话语传播速度三方面展开的分析都是为了保证足够规模的信息到达率。只有达到足够大的受众规模，媒体权威的形成才有其基础，而只有建构足够高的平台信度，媒体权威的形成才有可能。

　　媒体权威的形成还同秉持什么样的传播伦理密切相关。由信息源到信息接收者的线性传播模式曾在过去很长一段时间被视为唯一的传播模式。今天，理想的传播更像是参与的、对话的、横向的和富有创意的。这种新的传播风尚也在影响大众媒体的公共传播。所有传统的公共媒体都在努力寻找自己的"公众"，如果说它们面临危机，那部分的也是由于公共传播仍然遵循着线性的"国家建构"伦理，而不是新型传播的社群主义伦理，以亚文化和寻找认同为中心。

　　过去300年的核心社会文化经验是，有着自己的方言、地方文化和地方经济的村庄和地区被逐渐卷入国家构建之中。现代化过程的第一个伟大的观察者涂尔干指出，人们从小的、相对自主的村庄和地区的社会性组织转入一个大的有机体，在其中，每一部分都会在敌对环境下为国家的生存发挥作用。国家生存的挑战在于保证所有的公民都被紧密地楔入预定角色中，并对国家目标保持忠诚。[①]

　　在这一过程中，民族国家很少使用蛮力建构国族文化的一致性。早期，专制政府钟情于公开的宣传和意识形态的说服，但这很容易招致人们的反感。今天，公众可以对国家的努力加以自由的回应，媒体成为国家劝服话语的主要渠道。媒体起着解释和传达民族国家之行动的作用，也即帮助建构葛兰西意义上的霸权。公众的认同被霸权所压制。

　　社群主义的伦理的核心是，不同文化认同的存在权利得到确认，这些不同的认同按其所自认为的那样得到描述，并彼此展开对话。职业的公共传播者的技能在于，发掘不同公众对认同的追求，形成文本，让这些公众能够识别、肯定自己的认同，并依此展开行动。公共传播者的原材料包

---

　　① ［法］涂尔干：《社会分工论》，渠东译，台北：左岸文化，2002年。

括：公众的口头表述，他们喜爱的修辞形式，他们关心的话题，他们喜欢讲述的故事的叙事结构，他们所认定的英雄和恶霸，他们如何表达政治见解，他们使用的批评形式的力量，以及其他话语特性。

从国家建构的伦理到社群主义的伦理，体现在对外传播上，就是要认识到，国家是一种依契约关系形成的政治共同体，是政府和人民之间的联合，因而，基于共同体"完整"的理念，不能在建构对外传播软实力的过程中，仅仅想着传递国家意志，而应更多着眼于共同体内部的人们的公共文化和生活方式；这在具体操作中，表现为扫除"官气"，不是处处表现出"官方"的观点，而是更多注重民众的观点和感受。中国的对外网络传播媒介要想成为真正的国际传播媒介，就必须摆脱外国受众把中国媒体普遍看做政府附庸的刻板成见，充分利用网络的参与与对话特征，在对外传播上走出一条崭新的道路。

四 总结：建设若干权威的互联网对外话语平台

以上我们集中从认知层面、态度层面和行为层面讨论了互联网对外软实力亦即互联网国际话语权的建构问题，归结起来，除了于外围扩大汉语言文化的国际影响之外，最核心的就是要建设若干权威的对外话语平台，具体来讲就是要建设若干大型而优良的对外传播网站。建构强大的互联网国际话语权不仅要求网站的数量要得到保证，更要求网站的质量要得到落实。目前来说，隶属我国管辖的称得上有国际影响的外文网站仅中国日报官网、新华网的若干外文版等寥寥数家，远不能满足我国加强对外软实力的战略需求，而就话语的传播质量而言亦属堪忧，关于中国事务的消息屡屡被西方网站抢先公布，我国外文网站的报道风格和发布模式亦未能与西方读者的文本感觉结构（structures of feeling）相契合。更关键的是，对外传播没有形成信息传播的基本伦理规范，传播理念的形成与媒体权威的建立仍处在襁褓期，对外话语既不能雷霆万钧，更无法春风化雨，传播效果十分不理想。

据此可知，从上文所系统指出的诸多方面来建设若干信息发布迅速且内容真实有效的互联网对外权威外文话语平台是构建我国在互联网上对外软实力的重中之重与当务之急。而在平台建构之中尤其需要清醒地意识到的是网络的语境，即在互联网国际话语权的建构中，相关部门要十分尊重互联网的开放性与互联性，认识到文化的差异性、网民的复杂性与主动性，将保证话语的真实性与有效性作为对外传播的基本原则，同时积极扩大话语平台体系的规模，对话语传播形态予以多样化，加快话语传播速度，以此建立权威的对外话语平台，提高我国互联网传播的对外软实力。

最后需要强调的是，在构建中国国家话语权的过程中，互联网的出现既是挑战也是转机。网络的开放性意味着普通大众成为互联网传播的主要受众，因此传统的严肃文本与政治主题的传播形式需要被反思，软性的话语策略应被采用，这种策略的具体内容需要在实践，尤其是不断地试错中探索并丰富，这是中国国家话语权建构的难题；但同时，传统外国媒体的舆论主导权被网络削弱，外国网民的成分又十分复杂且不乏可塑性，以中国对外网站为平台，或许可以聚集和培养一批对华友善的外国网民，而在前网络时代，除名人外，对华友善的普通外国民众则几乎是不可见的。

（刘阳，北京大学新闻与传播学院硕士生。胡泳，北京大学新闻与传播学院副教授。电子邮件：jiangzhiyong@gmail.com）

On How to Construct the Soft Power
of China on the Internet

LIU Yang, HU Yong

Abstract: This paper introduces the theoretical origin and development of "soft power" and "power of international discourse", and summarizes two technological characteristics of the Internet: openness and interconnection. It then systematically discusses how to construct the soft power of China on the Internet through the perspectives of cognition, attitude and behaviour, and conclude that it is imperative to build authoritative websites for speedy and factual external communication.

Keywords: power of international discourse, Internet, cognition, attitude, behaviour

(LIU Yang, Master of Arts, School of Journalism and Communication, Peking University; HU Yong, Associate Professor, School of Journalism and Communication, Peking University. Email: jiangzhiyong@ gmail. com)

美国文化形象的建构与传播：
基于一种整体性视野^①

孙英春

提　要： 美国文化形象的"理想模式"大致就是表征美国文化和民族精神的"美国梦"。近代以来"美国梦"的衍变以美国文化"世界化"为基本路径，映射着美国全球扩张过程中世界权力和文化格局的整体变动趋势，并成为西方中心主义在国际社会实施帝国统治和争夺话语权的文化意识形态。"美国梦"与美国强大的大众文化生产与传播体系相结合，与美国政府的本土文化政策和全球范围内谋求领导权的努力相结合，共同造就了美国文化形象全球传播的整体格局，也影响着全球文化与传播秩序的未来走向。

关键词： "美国梦"，文化形象，大众文化，全球传播

在国际行为体之间相互依存的全球化背景下，国家形象已成为影响国际关系和国际格局的重要变量。国家形象是多层次的，包括文化形象、政治形象、经济形象、外交形象等，其中文化形象是国家形象的重要构成，表征着国民素质、民族性格和文化精神，也是判定一个国家的国际影响力和美誉度的重要标尺。美国是较早注重文化形象的西方国家之一，至少是从近代以来，美国政府一直就把建构和传播有影响力的文化形象作为重要使命，本文即是从美国文化形象的"理想模式"（ideal type）——"美国梦"的内涵与演变入手，考察美国大众文化生产与传播体系的全球影响，以及美国本土文化政策和全球范围内谋求领导权的系统性努力。

① 本文系作者主持的教育部人文社会科学规划项目"跨文化传播前沿理论的本土化研究"（09YJA860023）阶段性成果。

本文采取这样一种整体性视角，来自笔者对国内外相关研究的考察。根据 2011 年 3 月在国家图书馆的图书检索（检索词：美国、形象、文化、美国梦、软实力等），目前国内还没有一部研究美国文化形象建构与传播的系统性论著，相关专著只有于朝晖的《冷战后美国国际形象构建研究》，该书运用的是战略传播管理分析框架，以冷战后美国在中东的战略传播政策和行为作为案例剖析，以验证国家形象美誉度是检验战略传播实施效度的坐标。根据同期在中国期刊数据库的论文检索（针对"篇名""摘要"、"关键词"的二级检索，检索词：文化形象、美国、国家形象、传播等），有关美国形象的学术论文只有 8 篇，包括"奥巴马与美国国际形象修复战略"、"大众话语中的美国形象与中美关系"、"中国媒体中的美国形象"等，从文化形象建构与传播的视角对美国形象进行深入分析的论文，笔者尚没有发现。根据同期在哈佛大学图书馆进行的图书检索（检索词：image，cultural policy，communication，American Dream，Soft Power），没有发现系统性研究论著，通过英文论文检索也发现，美国学者对美国文化形象的关注主要呈现为零星的或分门别类的研究，系统性研究不多，鲜见较为详尽梳理、分析的论文。另外，从国家社科基金新闻学与传播学 2006 年以来的资助项目来看，针对国家形象的课题数量不多，且均为针对中国形象的策略与政策研究，关于国家形象跨文化研究的课题直到 2011 年才第一次出现。这些情况至少可以说明：目前国内学界对于美国国家形象建构与传播的研究重视不足，相关研究并未充分展开。

2010 年，笔者曾撰文指出，国家形象的文化建构是中国经济发展过程中亟待同步进行的战略平衡行为，应从"传统中国"、"现代中国"与"未来中国"三种形象的建构入手，聚合社会各层次力量，以中国文化的世界化为目标，加强文化建构与传播体系建设。① 此说的背景是：进入 21世纪以来，支持中国国家形象向好的主要因素是强势发展的经济话语，但面向未来，应做好以文化话语为重心的准备，调整、强化中国文化形象的整体性建设。对于知识界而言，则应立足于中国文化对外拓展的战略需要，为建立和完善国家形象建构的理论范式和传播体系作出有价值的努力。基于这些考虑，对美国文化形象的建构与传播进行整体性考察，吸收

---

① 孙英春：《中国国家形象的文化建构》，《教学与研究》2010 年第 11 期。

其经验得失，必有益于提升国内学界国家形象研究的广度和深度，有益于凝聚思想、达成共识，指导国内相关机构的行为和政策。

一　"美国梦"的衍变与全球影响

如果要在认知意义上给美国的文化形象绘出一个"理想模式"，大致就是表征美国文化和民族精神的"美国梦"（American Dream）。其核心是来自欧洲的基督教传统与自由市场资本主义精神结合后的文化价值观，融入了自由主义、保守主义、理想主义、多元主义等多重理念，主张改革的清教徒精神在其中长期存在，历久弥新，表现为强烈的"选民"意识和"美国例外论"等，催生着美国公民普遍存在的宗教热情、民主信仰和参与国际文化事务的自觉性，以及各类非政府力量的文化使命感和开展对外文化传播活动的主动性。

自美国建国以来，"美国梦"经历了多次衍变，内涵不断丰富，对外传播的力度和影响力也在不断放大。18—19 世纪是"美国梦"的孕育期，它以白人盎格鲁—撒克逊新教文化固有的宗教观念和文化价值为核心，信奉个人主义、自由价值和民主制度，并传递着对未来的希望与对生活无限的憧憬，吸引着一批批的移民涌向北美大陆，也鼓舞着一代代美国人完成自己的梦想。19 世纪晚期到 20 世纪初，自由主义和理想主义思潮在推动美国走向世界舞台的同时，也为"美国梦"赋予了新的内涵，如罗斯福总统 1941 年国情咨文所说：建立一个以"思想人类基本自由为基础的世界"，即言论自由和表达自由、以自己的方式信仰上帝的自由、不虞匮乏和不虞恐惧的自由。第二次世界大战结束后，"美国梦"之中美国领导世界的"责任感"迅速得到强化，倾向于把世界看成是一个"简单的、柔顺的世界"，虽然并不尊重与之不同的文化模式，却"允诺全球将更有秩序，更加自由，因此也更加安全"。[①] "美国梦"对外传播的方向与目标，也更为准确地服务于美国在非殖民时代保持"帝国式权威"的国家战略。[②] 冷战结束后，借助全球化浪潮迅速扩散的"美国梦"还裹挟着消费

---

① ［美］迈克尔·亨特：《意识形态与美国外交》，褚律元译，世界知识出版社 1998 年版，第 190—191 页。

② 胡文涛：《美国文化外交及其在中国的应用》，世界知识出版社 2008 年版，第 62—65 页。

主义生活方式，迅速推动着全球范围的文化和社会变迁，并使"美国梦"有了新的内容，就是把"拥有和使用数量和种类不断增长的物品和服务"作为个体最重要的价值取向、最确切的通向个人幸福、社会地位和成功的道路。

整体看来，"美国梦"的衍变是以美国文化"世界化"为基本路径的，其历程折射着两个多世纪以来世界权力和文化格局的变动态势，也凸显了这一时期东西方文化和国家之间现实关系的调适与变迁。美国文化"世界化"的目标有二：一是以美国的理想来重塑世界；二是在现有的国际秩序中为美国最大限度地获得影响和利益。就其过程而言，并不过多顾虑他者的文化需要和社会语境，而更多地采取文化霸权和媒介垄断的姿态，特别是随着冷战结束，美国掌控了世界文化市场的主要话语权，持续影响着其他国家的意识形态、价值观念和民族文化。就其影响而言，包括西方国家在内，全球社会中的绝大部分国家都被美国文化所包围，或先或后、或深或浅地处在"美国梦"的影响之中，没有哪个文化和国家能够独立于这一潮流的冲击之外，直接或间接地导致了全球文化的"同质化"趋势，以及消费主义对精神生活的深层次侵蚀、工具理性对价值理性的无情蔑视等，也给全球社会带来了新的不确定性、紧张乃至动乱。

不同时期的"美国梦"相互参照、彼此引证，已形成具有内在一致性与延续性的文化定式，影响并引导着国际社会中他者的认知，改造着美国政治、经济、文化乃至军事势力所至的每一个地方。就目前情势而言，"美国梦"的全球扩散是全球文化格局的基本特征，也是西方中心主义在国际秩序中实施帝国统治和争夺话语权的文化意识形态。美国文化来源于欧洲大陆，"美国梦"的内涵中始终具有鲜明的西方文化特征，亨廷顿（Samuel Huntington）曾明确指出：美国文化上是由西方文明的遗产所界定的，美国接受了西方文化的"真传"，是西方文化的"旗帜"和"核心"。① 作为西方文化与美国新大陆多元文化共同作用的结果，在一代代美国人的心目中，共有着一种沃勒斯坦（Immanuel Wallerstein）所描述的心态："我们大家心里都在想：我们比世界其他地方都更文明，我们通常都带着一种高傲的情绪认为那些地方是旧世界……我们是自由世界的领导

---

① 转引自周琪《意识形态与美国外交》，上海人民出版社 2006 年版，第 39 页。

者，因为我们是世界上最自由的国家，其他人把我们看作是领导者，我们高举着自由和文明的旗帜。"① 事实上，从 19 世纪晚期开始，美国文化就在诸多方面深刻影响着西方国家及其控制的殖民地半殖民地国家的文化发展，第二次世界大战结束后，对美国文化的认同不仅成为美国领导下的西方联盟的合法性基础，也深刻地影响陆续独立的发展中国家。

必须看到，"美国梦"在美国文化形象的构建与传播中发挥的效力，依赖于政府有意识地进行的各种"文化输出"活动，更依靠于其内涵具备的文化影响力——"美国梦"的产生与衍变，首先是基于人类的认知本能和交流欲望，折射出人类追寻美好生活的愿望，也使其内涵具有丰富的与世界文化、社会发展趋势契合的要素。周宁即有此说："美国从一个殖民地独立的边远小国变成世界帝国，而所谓的'美国梦'在某种程度上也成为世界之梦。尽管这种梦想从未成为现实，但依旧对现实具有感召力，成就了美国文化软实力的基石。"② 进一步说，相比美国处理对外关系中使用的政治、军事和经济话语，"美国梦"作为文化话语的作用更具可持续性，更具有赋予美国权力扩张合法性的作用，而其内在的一致性和延续性，也使美国文化形象出现变动和扭曲的空间相对较小。很多调查都表明，虽然美国长期挥霍权力、置国际条约与机制于不顾，以及在军备控制、环境、人权等国际事务上持续表现出的霸权态度，但从 1950—2000年，美国的国际形象除越战期间一度陷入低谷外，总体上是积极的，尤以2001 年最佳，个中原因必然很多，但美国文化话语所起的作用是不容忽视的。2008 年 12 月，皮尤研究中心发布的"布什执政期间的世界舆情变化报告"显示，一些欧洲国家对美国的正面评价有所下降，伊斯兰国家则继续对美国持严重的负面印象。相关研究则指出，造成这种变动的主要原因，是国际社会对美国具体政策的反对而并非对美国文化价值观或者美国人的反感，即使是阿拉伯世界的情形也是如此。正如美国学者詹姆斯·佐格比（James Zogby）的观察："阿拉伯世界喜欢我们的价值观，他们喜欢我们的人民，我们的文化。事实上，是我们的政策导致他们不喜欢美国及

---

① ［美］伊曼纽尔·沃勒斯坦：《美国实力的衰落》，谭荣根译，社会科学文献出版社 2007年版，第 180 页。

② 周宁：《打造"中国梦"感召力任重道远》，2009 年 2 月，爱思想网（http：//www. aisixiang. com/data/24657. html）。

我们在世界上的好感度严重下降。"①

二　大众文化的"全球共享"

"美国梦"的构建与传播是多层次、多渠道的，包括运用传教方式去传播美国的文化和价值观，通过教育方式扩张和巩固其固有的技术和文化影响力等。最为突出的，就是通过美国在大众文化领域的优势实现美国文化的"全球共享"，使得全球文化形态中占据主导地位的美国大众文化不仅成为全球文化消费的主要内容，也全面参与全球文化的构造以及全球社会的变迁。

美国大众文化的"全球共享"是美国资本主义市场经济全球化的自然结果，半个多世纪以来，凭借完善的生产组织系统、稳定的产品类型和高度的垄断性，美国文化工业逐步建立了全球大众文化的"标准"，垄断着全球受众对大众文化的解读，也主导着全球大众文化发展的"主流方向"，其他国家的影视、小说、音乐、体育、娱乐、时装、快餐等领域都在接受来自美国的深刻影响。为此，不断有批评家指出：好莱坞与全球普遍存在的美国大众文化是以商品逻辑建立了世界文化的标准，并使其"同质化"②；美国的强大力量正在席卷整个世界——最强者将会构成一种全球标准，形成一种"世界上的任何人都只能顺其而行的秩序"③；美国大众文化引导着不同国家受众的需要与认同，对其他文化主体具有巨大吸引力，"全球都在学习美国的电视传媒模式——用娱乐内容吸引观众，然后将观众作为商品卖给广告商"④。

更为重要的是，美国大众文化通过对最新或时尚的消费文化的"示范"，建立了一种独特的价值目标，进而导致对美国文化的认同或言依赖。如前所说，此时的"美国梦"已经具备了现代化、多样化和"世界化"的消费主义文化的内涵，美国大众文化一方面不断生产和满足着大众

---

① 转引自胡文涛《奥巴马与美国国际形象修复战略》，《现代国际关系》2010 年第 4 期。

② Otto Newman and Richard de Zoysa, *The American Dream in the Information Age*, New York: St. Martin's Press, 1999, p.114.

③ ［日］桂敬一主编：《多媒体时代与大众传播》，刘雪雁译，新华出版社 2000 年版，第 297 页。

④ 陆扬、王毅：《大众文化与媒介》，上海三联书店出版社 2000 年版，第 87 页。

的口味、兴趣、幻想和生活方式，同时也成为这种文化意识形态最积极、最有效的推广机制。易言之，美国大众文化已成为全球不同国家中的人们探索自身、寻求认同的重要的"媒介化"方式，消费美国大众文化就等于实现了一种自我认同，完成了对自身的生存方式、身份地位、社会形象的一种选择，也就等于实现了所谓的"美国梦"。

虽然包括西方国家在内的许多国家都采取了各种措施，但美国大众文化全球传播的势头并没有减弱的迹象，由美国文化工业主导的全球一体化市场也不可能让其他国家特别是弱势国家产生对等收益，全球文化传播领域的不平等也会因此加剧。作为其后果之一，"那些能表明当地或国家特征和连接当地或国家的文化价值观，似乎处在被全球市场的冷酷力量打垮的危险之中"[1]。即使是其他西方国家，也无法摆脱这种影响，约瑟夫·奈（Joseph Nye）提供的数据表明，20 世纪 90 年代中期，61% 的法国人，45% 的德国人，32% 的意大利人认为美国文化是对本国文化的威胁。[2] 对社会、文化发展相对滞后的国家而言，美国文化的影响力则是无法想象的，在总结东欧剧变的原因时，詹明信（Fredric Jameson）的观点令人深思："社会主义的文化传统从来就没有强大到足以抵制西方消费品的吸引力。"[3]

早在 1901 年，英国学者威廉·斯特德（William Stead）就在《世界的美国化》（*The Americanization of the World*）一书中表达了欧洲对美国大众文化的恐惧，认为美国大众文化造成了欧洲知识分子和艺术家标准的下降、民族语言和传统的衰落、独特的国家认同在美国文化压力下的消失。[4] 可以预计的是，借助于经济、科技优势和市场运作的强大系统，特别是 21 世纪以来世界格局的调整，美国大众文化将继续构成对其他民族国家文化乃至国家安全的重大威胁，至于美国大众文化的"全球共享"会使全球文化走向何方？大众文化领域资本、技术与文化工业的密切结

---

① 联合国教科文组织编：《世界文化报告 1998》，关世杰译，北京大学出版社 2000 年版，第 120 页。

② ［美］约瑟夫·奈：《硬权力与软权力》，门洪华译，北京大学出版社 2005 年版，第 155 页。

③ ［美］詹明信：《后资本主义是现实存在的马克思主义的课题》，《国外社会科学》1996 年第 3 期。

④ Richard Pells, "Who's Afraid of Steven Spielberg?", *Diplomatic History*, Vol. 24, No. 3, 2000, p. 495.

合，是否将持续形成新的文化—政治宰制关系？后发展国家将如何应对？这些都是需要其他国家不得不长期面对的问题。

三　全球传播的"帝国网络"

在传播全球化的语境下，任何一国的文化形象都不仅存在于文化实践和文本之中，也存在于对内、对外传播机制之中，其过程与效果不仅决定于国家的整体传播能力，也受制于国内各个社层的话语建构能力。本着实现美国文化"世界化"的目标，至少是自第二次世界大战结束以来，美国政府就开始精心协调与整合各种传播渠道，聚合社会各层次的力量，不遗余力地重视和运用民间智慧和资本力量等建构和传播文化形象。

1948 年年初，美国国会通过了指导信息与教育交流政策的《史密斯—蒙特法案》（Smith-Mundt Act），明确规定要最大限度发挥民间组织的作用，强调民间组织能做好的活动，政府部门就不应介入。在对外传播实践中，美国政府和各类民间智库、基金会在经费提供、政策制定甚至人事任命等方面都有密切的合作关系，美国政府在对外决策中往往委托民间智库进行调研并提交政策建议，规模庞大的各类民间基金会在对外交流项目中的投入也成为美国对外传播体系的主要资本力量。① 就文化领域的立法而言，1791 年通过的美国宪法第一修正案明确指出：国会不得制定任何剥夺言论或新闻出版自由的法规；1929 年世界经济大萧条时期，美国政府出台了一系列促进文化发展的政策法规，包括《联邦戏剧计划》、《联邦音乐计划》、《联邦艺术计划》、《联邦作家计划》等，培养了众多优秀人才；1965 年，美国政府出台了《国家艺术及人文事业基金法》，创立国家艺术基金会与国家人文基金会，保证了文化艺术领域的资金投入；1994 年，美国制定了《乌拉圭回合协议法》，使美国的知识产权法律系统更臻完善；1996 年出台了《电信传媒市场竞争与解禁法案》，降低管制限度并维持市场竞争。美国政府还积极介入新兴文化领域，以保持和增强其在全球范围的竞争力，比如，新的卫星技术规范降低了卫星直播电视业务早期经营成本，公共机构直接投资卫星电视业务等。这些举措对美国文化与信

① 陈开和：《美国对外传播中的智库运作及其启示》，《对外传播》2010 年第 2 期。

息产业的发展影响深远，也成为促进美国文化形象构建与传播的系统保障。整体看来，学术界、志愿者组织、基金会、私人企业、行业协会等在美国的对外文化传播中发挥着不可替代的作用，包括提供宪法禁止政府从事的服务，如开展宗教文化活动；扮演美国与不同国家开展文化传播使者的角色，通过项目推介、资金支持、购买服务、法律维护等方式开展颇有价值的工作等。

从美国的对外关系实践来看，美国文化形象的全球传播依赖于自身明确的传播者定位自觉，也依赖于它坚定的文化传统观念、清醒的跨文化传播思路和明确的目标指向，使之能够准确地把握传播对象的认识主体地位，借助全球化的驱动力，以基于现代社会共有的知识起点、思想过程和价值意义来克服不同民族国家的文化和意识形态壁垒，并通过多样化的大众文化和公共外交等手段，建设全球范围的对话交流平台。在这个过程中，美国政府发挥的作用是至关重要的，恰如约瑟夫·奈指出的，美国政府对其他国家"公正的、开放的和信息量大的广播，有助于以一种宣传从来不能达到的方式促进美国的可信度和软实力"[1]。尤其是，美国政府一直将美国文化的对外传播与其海外利益密切关联，建立全球传播的"帝国网络"是长期纳入美国国家战略体系的重要议程。在 2000 年 7 月美国国家利益委员会（The Commission on America's National Interests）发布的《美国国家利益》报告中，强调的重要的美国国家利益就包括：促进西半球的民主、繁荣和稳定；在战略意义重大的国家中推动多元化、自由和民主；保持全球信息传播中的领先地位，确保美国价值观主动影响其他国家的文化；促进民主制度在世界范围的发展。[2] 也是在这个意义上，世界许多国家都在借鉴美国政府的经验，将寻求综合的"外部利益"作为政府管理和干预文化事务的重要理由，以积极努力促进自身文化的全球竞争力。

美国文化形象的维护和提升，得益于完善的文化政策法规体系，也得益于强大的文化产业市场体系，还在于它长期致力架构的全球传播体系。20 世纪 60 年代，在研究美国与第三世界之间的文化传播问题时，美国学者赫伯特·席勒（Herbert Schiller）指出：美国强大的传播系统构筑了一

---

[1]　转引自王晓德《软实力与美国大众文化的全球扩张》，《历史教学》2007 年第 10 期。

[2]　美国国家利益委员会：《美国国家利益报告》，2011 年 3 月 20 日，http：//belfercenter. ksg. harvard. edu/publication/2058/americas_ national_ interests. html。

个"帝国网络"，这一网络具有强大的技术、经济实力，并构成了一个"权力金字塔"，美国处于占主导地位的"塔尖"，塔底则遍布着经济上落后的众多新兴独立国家。① "9·11 事件"后，美国政府迅速成立了白宫联合信息中心（Coalition Information Center），作为专门负责反恐宣传的应急部门。2002 年秋，美国政府成立了国际传播办公室（Office of Global Communications），主要任务就是解决"世界憎恨美国"的问题，为赢得世界的好感而努力公关。为了对伊斯兰世界中的美国形象进行重新定位，美国不断加强电视和广播在中东地区"舆论战"的议程设置功能，迅速建立萨瓦电台（Radio Sawa）取代美国之音阿拉伯语广播，与半岛电视台等穆斯林媒体开展宣传竞争——2002 年 3 月萨瓦电台运作后不久，凭借美国和阿拉伯通俗音乐与新闻报道滚动播出的形式，迅速吸引了埃及、约旦、卡塔尔、科威特和阿联酋等国的年轻听众。

凭借强大的经济、技术实力和全球传播体系，美国文化战略的主要目标与世界其他国家截然不同，不是控制异质文化输入以保证本国文化发展免受结构性影响，而是一种开放式的、强调自由沟通和寻求普世价值的文化扩展，将全球社会中所有的异质文化纳入美国文化主导的文化秩序之中。美国海权理论创始人马汉（Alfred Mahan）所阐述的"美国理想"即是如此："摆在基督教世界面前的重任，就是将包围着自己的众多古老的异域文明——首先是中国、印度和日本的文明——纳入自己的胸怀，并融入自身的理念之中。"② 虽然美国形象在近年有所下降，但随着奥巴马政府的上台和经历 2008 年全球金融危机的冲击之后，美国政府实施了新的国家形象战略，其重要特征是：强化文化和意识形态领域的全球化扩张，将之视为美国全球利益拓展过程中的战略平衡行为。毋庸讳言，这一特征体现的正是美国在全球领域的扩张、争夺和渗透的"历史惯性"，也符合美国在全球多元文化空间中寻求霸主地位的一致表现。

借助于经济、科技优势和市场运作的强大功能系统，特别是 20 世纪 90 年代以来全球信息技术革命和世界格局的调整，美国的全球传播体系正在变得比以往任何时候都更有影响力，这必将进一步构成对其他民族国家文化和国家安全的重大威胁，继续造成"经济上的依赖、社会意义上的

---

① Herbert Schiller, *Mass Communications and American Empire*, Boston：Beacon, 1971, p. 8.
② 转引自于歌《美国的本质》，当代中国出版社 2006 年版，第 155 页。

归顺和文化上的替代"。①面对这一趋势，一些学者还提出了"虚拟殖民主义"（cybercolonialism）的概念，认为不平衡的网络技术和网络资源将会减少国家的主权，而美国凭借强大的全球传播体系，正在将互联网作为一种新型殖民主义的工具，无疑会对其他国家的存在方式和运作方式产生重大的影响，必将深刻地影响未来世界的结构方式和文化内涵。

四 亟待延伸的思考

参与文化领域的国际竞争，不能凭借闭门造车或是一相情愿的幻想。对于中国国内正在进行的文化与国家形象相关研究而言，对美国形象的历史衍变、本土建构、传播机制和全球影响进行系统性考察和评估，必定有利于探究大国形象建构与传播的一般规律，也有利于理解中国文化在全球社会中调适与变迁的选择。同时还应看到，伴随着中国以及其他新兴国家的崛起，国际社会中的权力与话语格局已经出现了一种复杂的整体变动趋势，这是东方国家特别是中国文化发展的重要机遇所在。面对美国以及西方文化在全球文化领域的扩张和影响，中国文化作为全球文化生态中最有分量的一个平衡力量，其前途与走向不仅关乎中国未来，也会对全球文化共同体的整体格局和发展趋势产生重要影响。

依据美国经验，国家形象应当是政治、经济、文化等多层次的、平衡发展的展现，否则很难摆脱被扭曲、误读的困局，特别是要认识到：文化形象既能发挥文化传统大国的既有优势，也易于汇聚力量，产生长期的、有效的结构性影响。近年来，欧洲许多国家和日韩等国都在汲取美国经验，积极推动文化建设，特别是将大众文化领域的竞争视为参与全球文化"角力"的重要领域。必须正视的事实是，即使是与这些国家相比，中国当代文化建设的成就以及大众文化的国际影响力仍有相当差距，面向未来，我们任重道远，同时也应看到，在国际社会不同文化碰撞日趋激烈和交融日益加速的当下，中国丰富的文化资源有了难得的全球扩展的空间，这是前所未有的机遇，不容错过。

当前，建构与大国地位相适应的中国形象，既是中国现代化进程的

---

① ［英］大卫·麦克奎恩：《理解电视》，苗棣等译，华夏出版社2003年版，第232页。

应有之意，也是决定着和平发展道路的根本性问题。借鉴美国经验推进中国文化形象的建构与传播，对于贯彻"十二五"规划提出的"加强对外宣传和文化交流，创新文化'走出去'模式，增强中华文化国际竞争力和影响力"，无疑是有价值的，对于"十二五"规划提出的建设中华民族共有精神家园、增强民族凝聚力和创造力、深化文化体制改革、繁荣发展文化事业和文化产业等目标而言，也具有积极的意义。以本文的整体性考察为起点，需要深入思考的问题还有很多，其中包括：什么样的文化形象能够对世界产生长期的、有效的结构性影响？如何统筹协调、聚合社会各层次的力量，为个人、企业、民间团体等非政府力量开辟对外文化传播渠道？如何加强相关基金会、智库的建设，逐步积累知识界参与的贡献？如何构造一种基于"中国文化世界化"目标的对外传播战略和话语体系？都期待着知识界乃至社会各界的深沉思考和有效努力。

（孙英春，博士，毕业于北京大学新闻与传播学院，中国传媒大学国际关系研究所暨国际传播研究中心教授，中国传播学会理事。电子信箱：sunychun@ sina. com）

Cultural Construction and Global Communication of the United States' Images: A Holistic Perspective

SUN Yingchun

Abstract: The *Ideal Type* of American cultural images is approximately equal to the so-called *American Dreams* which represented cultural and national spirits of this country. Expanding process of *American Dreams* since 18th century was in the route of *Universalization* of American culture, which reflected development of world order of power and discourses, and formed as main ideology of *western centralism* to pursue imperialistic governance in global society. Combined with priorities of mass culture's production and communication system, with local cultural policies and endeavors of hegemonic leadership worldwide, *American Dreams* organized a systemic framework of construction and communication for the United States' Images, which will influence the future prospects of global culture and communication.

Keywords: American Dreams, Cultural Images, Mass Culture, Global Communication

(SUN Yingchun, Professor of Institute of International Relations & Center of International Communication, Communication University of China. Email: sunychun@ sina. com)

The Experience of Cultural Difference and the Development of Intercultural Competence[①]

Milton J. Bennett

Abstract: This paper summarizes relativist and constructivist explanations of how cultural difference is perceived and experienced and then shows how constructivist intercultural theory has been used to develop a curriculum of intercultural training for intercultural competence. It will explore the important distinction between competence training based on intercultural communication from that based on cross-cultural psychology.

Keywords: experience of cultural difference, constructivist intercultural theory, intercultural training, intercultural competence

Cultural relativism and intercultural communication

Almost at the turn of the 18th century, Franz Boas (1886) delivered a devastating critique of his fellow anthropologists for their adherence to the comparative method. By comparing cultures to an assumed absolute standard of civilization(as defined by the Western anthropologists), a hierarchy of cultures had been created, from "savage" to "civilized." Colonialists and other cultural imperialists were using this idea and the mistaken notion of "social Darwinism" to fuel their assumption of cultural superiority. Boas pointed out the ethnocentrism of this stance and argued that cultures could only be understood in their own terms – a position that became known as *cultural relativism*. Ethnographies

---

① A paper presented to the 11th China Communication Conference Sponsored by the School of Journalism & Communication, Peking University, Beijing, China, June 10, 2010.

according to this principle were famously developed by his students Margaret Mead(1928) and Ruth Benedict(1934) , among many others who explicated the idea of a culturally-contexted *worldview*.

The initial applications of cultural relativism and cultural worldview were unyielding in their purity. To really understand another culture, one needed to drop all preconceived notions and describe with absolute neutrality the worldview of the culture under consideration with no reference to concepts outside that worldview. The difficulty, if not impossibility, of this requirement led anthropologists to modify the principle in practice. For instance, Ruth Benedict (1934) combined the idea of cultural relativism with the idea of cultural patterns- an imposition of an outside concept (since people indigenous to a worldview usually do not perceive their behavior as part of a pattern.) But the main problem with pure cultural relativism was that it precluded intercultural communication. For communication across cultural contexts to occur, people would need to be able to shift rather casually from their own cultural perspective to that of another culture. The idea of cultures as discrete and incomparable contexts made such a shift impossible. Even with the practical modification that allowed some comparison of cultural patterns, the idea of using those comparisons for communication purposes was originally unthinkable.

The person generally credited with taking the step from cultural relativism to intercultural communication is Edward T. Hall(1959, 1976) , an anthropologist who argued that cultures could be compared in terms of "etic" categories that observers created for the purpose of making the comparison. He was particularly interested in creating categories about communication, so that people could generate a comparison between say, a "high-context" indirect style and a "low-context" direct style of message delivery, and then adjust their own style to be more effective in the other context. Hall's work was solidly based in cultural relativism, but he had found a road back to comparison without recourse to universal principles. Actually, he was pushed onto the road by his students at the Foreign Service Institute(FSI) , where he taught from 1951 – 1955(Rogers et al. , 2002) .

The foreign service workers were impatient with theoretical and ethnographic anthropology – they wanted practical advice on how to communicate in the societies to which they would be assigned. Hall and the linguist George Trager created what was, in essence, intercultural communication training as a response

(Leeds-Hurwitz, 1990) .

A relativist paradigm lies at the heart of communication in general. Theories of human communication, including those of intercultural communication, are based heavily on systems theory (Littlejohn, 1983) . Systems-based research, rather than searching for the universal law with which to predict human behavior, tries to describe how elements interact in complex systems (A. Kuhn, 1974) . Communication research in particular seeks to understand how people interact via systemic rules and roles to create the meanings they do. So it was natural that intercultural communication considered culture as a system, and that interculturalists classified the patterns of meanings created by people within the system as " cultural elements. " These categories of elements are the typical constituents of intercultural courses, such as language use, nonverbal behavior, communication style, cognitive style, and cultural values. Within the relativist paradigm, intercultural theory describes how people who are influenced by one set of elements attempt to understand and be understood by people who are influenced by a different set of elements (M. Bennett, 2005) .

A relativist, or system-based understanding of cultural worldview differentiates intercultural communication from cross-cultural psychology. Psychology tends to be driven by a positivist paradigm, where the goal is to discover and accurately describe a universal reality. As such, psychology follows the rules of traditional Newtonian science, seeking to eliminate various contextual factors to discover underlying enduring facts about human behavior. Like interculturalists, cross-cultural psychologists specialize in understanding cultural context. However, in the case of psychologists the purpose of this understanding is to eliminate the cultural contexts – to discover valid facts about human behavior that transcend culture. For instance, one of the more relativist cross-cultural psychologists, John Berry(2004) , acknowledges that basic psychological processes are likely to manifest differently in different cultural contexts. Nevertheless, he states the final positivist goal:

A working assumption of this chapter is that such "universal laws" of human behavior can be approached even though they may not be fully reached. That is, I believe that we may eventually discover the underlying psychological processes that are characteristic of the species, *homo sapiens*, as a whole (Berry, 2004, p. 167) .

The major theoretical limitation of relativism-based systems theory for intercultural communication is its inability to explain context-shifting(M. Bennett, 2005). In a relativist paradigm, systems are *a priori* – there is no non-systemic context in which systems exist. So once defined by a system, elements cannot escape their role in the system. A parent, for instance, cannot stop having the role of parent in a family system, regardless of whether the actual parental person is present, engaged, or even alive. Similarly, in this view, once one is defined as "Chinese" (meaning that one has been socialized within a generally Chinese cultural system) , one cannot stop being Chinese. If this Chinese person is located in some other national cultural context, such as Italy, then he or she is simply a Chinese person in Italy. Only in the extreme case of complete re-socialization (assimilation) might the Chinese person transform culturally into an Italian, but even then physical appearances are likely to lead others to ascribe some Asian cultural heritage to the person.

The practical implication for intercultural trainers and educators of this limitation of the relativist paradigm is this: teaching an alternative cultural perspective does not necessarily generate the ability for people to take that perspective in their communication with people of that culture. Teaching people cultural differences as described by Kluckhohn & Strodbeck(1961) , Stewart & Bennett(1991) , Hampden-Turner and Trompenaars(1994) , or Hofstede(2000) does not necessarily make them more competent communicators in the alternative culture.

For example, returning to the example of a Chinese person in Italy, let us assume that it is a female Chinese exchange student who received information about a general Italian worldview before embarking on the exchange. She knows, for instance, that Italians tend to be more polychronic than Chinese, meaning that Italians are generally more comfortable than Chinese in doing several things at the same time. Examples of polychronicity in Italy include conducting meetings with several people on several topics at the same time, taking extended phone calls while in conversation with others, and making requests in stores or cafes without regard for queuing. The Chinese student knows this about Italians, but can she use this knowledge to interpret actual Italian behavior? For instance, when the Italian calls out from behind her an order for coffee while she is waiting to give her own order, does she recognize the behavior as appropriate in that context? Even more significantly, can she do it herself? And if she does try the behavior, can she do it in an appropriately Italian way? This is a parallel to the common observation in US universities that Chinese students know that they should ask questions in class, and they may try to do it, but often the timing or topic of the question is notably "off. " Similarly, I have been asked by some East Asian contacts to discourage Americans from bowing when introduced. When I asked "why, " the answer was "because it is sometimes painful to watch. "Assumedly this is a reference to the tendency of Americans(and other Westerners) to emulate the behavior of bowing without being able to do it as an appropriate expression of relative status recognition.

These latter considerations are those of intercultural competence, which differs from cultural knowledge and demands some additional theoretical backing to be taught and implemented.

Constructivism in Intercultural Communication

A constructivist definition of "culture" was established by the sociologists Peter Berger and Thomas Luckmann in their seminal work, *The Social Construction of Reality* (1967) . This definition, which is commonly used by interculturalists, distinguishes between *objective culture* and *subjective culture*. Objective culture refers to the institutional aspects of culture, such as political and economic systems, and to its products such as art, music, cuisine, etc. Insofar as history traces the development of a society's institutions, it also refers to objective culture. In contrast, subjective culture refers to the experience of the social reality formed by a society's institutions – in other words, it is the *worldview* of a society's people. According to Berger and Luckmann, objective and subjective culture exist as a dialectic where objective culture is internalized through socialization and subjective culture is externalized through role behavior. Thus, in a circular, self-referential process, the institutions of culture are constantly re-created by people acting out their experience of those institutions.

Unlike cultural relativism, a constructivist view of culture does not take cultural systems to be *a priori*. While one is born into a cultural system, that system only exists because the previous generation kept on constructing reality more or less in the way they were socialized. And the system will continue to exist insofar as the new members(elements) in the system enact the roles and rules of the system. Since systems in this view are dynamic constructions, it is theoretically possible for a person to construct a system at any time that is different from the one in which that person received primary socialization; that is, one can construct an alternative perspective.

The idea of constructing a perspective is implied in George Kelly's(1963) "experience corollary" of his theory of personal constructs. Kelly stated that our experience is not merely a result of being in the vicinity of events when they occur, but that it is a function of how we construe or interpret events:

A person can be a witness to a tremendous parade of episodes and yet, if he fails to keep making something out of them. . . , he gains little in the way of experience from having been around when they happened. It is not what happens around him that makes a man experienced; it is the successive construing and reconstruing of what happens, as it happens, that enriches the experience of his life(p. 73) .

In other words, if we have no way of construing an event, we will not experience it. Stated differently, the existence of phenomena in a world view depends on the extent to which we can discriminate those particular phenomena. This idea is parallel to one stated by Benjamin Lee Whorf(1956) in his work on linguistic relativity:

The categories and types that we isolate from the world of phenomena we do not find here because they stare every observer in the face; on the contrary, the world is presented in a kaleidoscopic flux of impressions which has to be organized by our minds...(p. 213) .

Experience always occurs in some context – a context that is constructed both individually via personal characteristics and collectively via culture. By intentionally constructing a particular cultural context, one can therefore generate a particular cultural perspective. Returning once again to the Chinese exchange student, we can now see the mechanism whereby she can become more interculturally competent. To shift her perspective to a more Italian one, she needs to organize the world in a more Italian way. That is, she needs to construe the events around her in an Italian way, thereby generating a more Italian experience for herself and potentially allowing her to enact behavior in a more appropriately Italian way.

Intercultural Competence

Intercultural competence is the ability to intentionally enact appropriate behavior in an alternative cultural context. As we saw above, this ability is based on being able to construe to some extent the worldview of the alternative cultural context and then to experience the "feeling of appropriateness" of behavior in that context (Bennett & Castiglioni, 2004) . There are three major aspects or dimensions of intercultural competence. Often one or more of these aspects are referred to collectively as the *intercultural approach*, both in academic contexts (M. Bennett, 1998) and in popular usage(V. Nicoloulia, 2010) .

1. The definition of subjective culture and cultural identity. First, we must define what *level of analysis* we are using in observing human behavior. Culture refers to a *group level* of analysis, where the concern is with normative patterns of behavior spread throughout some defined group, such as a national society, a region, a gender, etc. By contrast, an *individual level* of analysis refers to individual characteristics and personality. Of course, people's behavior is a product of both individual characteristics and the socialization they received in a group. But is important for intercultural work to not confuse these two levels of analysis. When it does, intercultural communication is conflated with cross-cultural psychology. As we have seen, the focus of cross-cultural psychology is on universal human characteristics that transcend cultural context, while the focus of intercultural communication in on explicating cultural contexts and taking perspective from within them. When this important distinction is blurred, the work of both fields becomes less coherent.

The *institutional level* of analysis is frequently conflated with the group cultural level. Such confusion can lead to the reification, or "essentializing", of culture. Institutions such as political and economic structures, architecture, literature, and all those things that are typically described by history can be seen as products of culture; that is, as products of groups of people who are cooperating in various ways to generate those things. The more culture is viewed in terms of artifacts, the more it is reified. Reified culture is called "objective culture." (Berger & Luckmann, 1967)

But we can also point to the patterns themselves. These are the ways in which people cooperate with one another to generate certain kinds of behaviour. For instance, people cooperate to generate a conversation in which there are some rules about who listens, who talks, how we make eye contact with one another, what kind of reinforcements are given. All of these things are agreements that we have (or that we are creating) about how to have a conversation. The conversation itself is the product of this, but the way in which we are engaged in this conversation is the pattern of behaviour. According to Berger and Luckmann, this is " subjective culture" – the kind of culture that we carry around with us, or the *worldview* that guides our group-related experience of the world.

In all cases, however, we should remember that culture is a way of observing something. Culture is not really a " thing" so much as it is an observational strategy. When we apply that strategy to observing human behaviour, it generates patterns of group behaviour that we call "culture. "But the group patterns that we describe are themselves products of our observational strategy.

Cultural identity is the way that we affiliate with particular cultural groups, or sometimes it is the way we are ascribed to groups. For instance, I affiliate with a certain group of US Americans(US West Coast liberals, to be exact) with whom I feel comfortable. I can act in relatively unconscious ways and have that behaviour be appropriate in the group. I more or less agree with the values and beliefs of the group, and I recognize the influence of the group on my behaviour both inside and outside the group. I can affiliate with more than one group; for instance, I affiliate with men more than women, and with well-educated people more than with minimally educated people.

One can also be ascribed membership in groups with which one might not feel affiliated. For instance, I may be ascribed membership in the group of "people of retirement age", a group with which I don't(yet) feel much connection. Still, it is important for me to know that I might be ascribed that way, since it sets certain expectations that I may need to address.

2. Cross-cultural interaction analysis and the identification of potential misunderstanding. The complexity of cultural diversity seems overwhelming. Even anthropologists are generally expert in no more than one or two cultures other than their own, and it is their life's work. So how can we have general intercultural competence without specific cultural expertise?

It is one of the great strengths of intercultural relations to have addressed this problem. The key is to use a set of *culture-general frameworks*. These frameworks, derived from anthropology, communication, and other fields of study, provide a general set of cultural contrasts that apply to a wide range of cultures. By identifying where one's own and a particular other culture lies on the continua of contrasts, the student can create a broad picture of the other culture and how it differs from his or her own. It is a relatively simple matter to apply the frameworks to all the cultures with which one has contact. In some cases of light contact, there may be no need for more culture-specific information; the culture-general framework will be sufficient to identify and analyze relevant differences.

These culture-general frameworks are also *learning-to-learn* techniques, since they call attention to the areas of difference that are most important to consider when first encountering another culture. By initially identifying general cultural differences, a newcomer to the culture can avoid obvious misunderstandings and move more quickly towards learning relevant culture-specific knowledge. In this way, the culture-general framework offers an entrée into the culture-specific knowledge that will be necessary to operate effectively over the long run.

Intercultural programming (such as training for international educational exchange) first establishes the existence of culture and then defines frameworks for identifying cultural differences. A typical list of such frameworks would include

- language use(the social context of language, such as ritual greetings)
- nonverbal behavior(eg, variations in gesturing, or eye contact)
- communication style(eg, linear vs. circular, or emotionally restrained vs expressive)
- cognitive style (eg, inductive vs deductive reasoning, or strategic vs tactical planning)
- cultural values(eg, the importance of hierarchically-defined ascribed roles vs egalitarian-defined achieved roles) .

In designing such programming, curriculum planners need to resist the call for information about specific cultures, such as a whole program on Peruvian culture. While such programming looks "cultural", it usually doesn't do much to improve intercultural relations. It helps to remember that intercultural always needs to look at some interface between groups, rather than just at the normative behavior of the group itself.

3. Adaptation strategies and the development of intercultural competence. Adaptation to cultural difference is the enactment of intercultural competence. In other words, adaptation is the choice and ability to construe events in a way

appropriate to an alternative cultural context and to then to behave in naturally appropriate ways for that context. Ideally, adaptation is two-way. So in an international exchange, the host is trying to adapt to the exchange student while the student is trying to adapt to the host. Of course, this ideal is often not met, and one side or the other does most of the adapting. Being one-way does not change the process of adaptation, but it does limit the value of diversity that can be derived from the situation.

There are alternative strategies to "adaptation" for dealing with cultural difference. For instance, the term "assimilation" can be used to refer to the unconscious, one-way adoption of an alternative worldview. Assimilation is often held up as a goal for immigrants to a new society, both by the hosts and often by the immigrants themselves(or as an aspiration for their children). Assimilation is "substitutive," meaning that after successful assimilation, one original worldview is replaced by the new worldview of the adopted culture. In contrast, adaptation is "additive," meaning that after successful adaptation a person has access to more than one worldview

There is a major difference between how intercultural communication defines adaptation and how it is approached by cross-cultural psychology. Psychologists look for underlying personal characteristics such as openness, curiosity, or empathy as predictors to success in adjusting to a different culture. A good example of this approach can be found in David Matsumoto's(2006) aptly titled chapter, "Psychological Skills Related to Intercultural Adjustment." The shift in terminology from "adaptation" to "adjustment" is an indication of a shift in level of analysis. Interculturalists define competence at a group level of analysis, meaning that they consider the ability to get along in another culture to be one of being able to experience cultural differences so as to generate a feeling of appropriateness in the other culture. Cross-cultural psychologists are more likely to define competence at an individual level of analysis, where they look for personal characteristics that give one the motivation and ability to "adjust" to difference.

These two different strategies of adaptation lead to different approaches to training and education for intercultural competence. In the extreme case of a cross-cultural psychology approach, there would be no grounds for training at all. People already either are or are not inclined to be competent in cross-cultural situations. In this view, only selection is possible-anything else is a waste of time. In the less extreme, more common condition, cross-cultural training focuses on helping people reduce their prejudice and develop those psychological constructs(such as open-mindedness) that are theoretically associated with cross-cultural competence.

The intercultural approach assumes that anyone can learn to appreciate cultural differences, no matter what their personality is. Training is a matter of creating motivation to move beyond the default condition of ethnocentrism, to acquire the appropriate information about another culture, but mostly to learn how to take the perspective of the other culture and thus enable cultural experience and enactment to occur naturally in that context.

Developing Intercultural Competence

The *Developmental Model of Intercultural Sensitivity* (DMIS) (M. Bennett, 1986, 1993, 2004) is a way of describing how people acquire intercultural competence. As people became more adept at enacting appropriate behavior in another cultural context, there is a major change in the quality of their experience of cultural difference – the move from *ethnocentrism* to *ethnorelativism*. I used the term "ethnocentrism" to refer to the experience of one's own culture as "central to reality. " By this I mean that the beliefs and behaviors that people receive in their primary socialization are unquestioned; they are experienced as "just the way things are. " I coined the term "ethnorelativism" to mean the opposite of ethnocentrism-the experience of one's own beliefs and behaviors as just one organization of reality among many viable possibilities.

There are six distinct kinds of experience spread across the continuum from ethnocentrism and ethnorelativism. The most ethnocentric experience is the *Denial* of cultural difference, followed by the *Defense* against cultural difference. In the middle of the continuum the *Minimization* of cultural difference is a transition from the more virulent forms of ethnocentrism to a more benign form, leading to the ethnorelative *Acceptance* of cultural difference. At the heart of ethnorelativism was *Adaptation* to cultural difference, followed in some cases by the *Integration* of cultural difference into identity. The sequence of these experiences became the "stages" of the DMIS. Current research with the *Intercultural Development Inventory*(IDI) , an instrument that assesses the experience of cultural difference in terms of the DMIS, has affirmed the distinction of the stages and their developmental sequence(Hammer, Bennett, & Wiseman, 2003) .

In general, the more ethnocentric orientations can be seen as ways of *avoiding cultural difference*, either by denying its existence, by raising defenses against it, or by minimizing its importance. The more ethnorelative worldviews are ways of *seeking cultural difference*, either by accepting its importance, by adapting perspective to take it into account, or by integrating the whole concept into a definition of identity.

The first three DMIS orientations are conceptualized as more ethnocentric, meaning that the tenants of one's own culture are experienced as central to reality in some way. The default condition of a typical, monocultural primary socialization is *Denial* of cultural difference. This is the state in which one's own culture is experienced as the only real one – that is, that the patterns of beliefs, behaviors, and values that constitute a culture are experienced as unquestionably real or true. Other cultures are either not noticed at all, or they are construed in rather vague ways. As a result, cultural difference is either not experienced at all, or it is experienced as associated with a kind of undifferentiated *other* such as "foreigner" or "immigrant. " In extreme cases, the people of one's own culture may be perceived to be the only real "humans" and other people viewed as simpler forms in the environment to be tolerated, exploited, or eliminated as necessary.

People with a Denial worldview generally are disinterested in cultural difference even when it is brought to their attention, although they may act aggressively to avoid or eliminate a difference if it impinges on them. For example, many dominant-culture U. S. Americans or Han Chinese become quite aggressive in seeking to avoid immigrants or people of different ethnicities located in their own societies. Nor is this worldview restricted to dominant-culture folks in American or other societies. Even if they are forced by economic necessity into interaction with the dominant culture, people of non-dominant groups with a Denial worldview remain unable to recognize the cultural dimension of the interaction. Both dominant and non-dominant groups in many, if not all, societies have a tendency to use familiar but often simplistic or fallacious categories of race and ethnicity.

Another way a Denial worldview shows up is as an inability(and disinterest) in differentiating national cultures. For instance, U. S. Americans at this stage often cannot tell the difference between Chinese and Japanese cultures, or to distinguish among Gulf State Arabs (e. g. Kuwaitis), Fertile Crescent Arabs

(e. g. Syrians) , and Persians(in Iran) . While educated Europeans or Asians are generally more knowledgeable than U. S. Americans about geopolitical issues, at Denial they seem just as likely to neglect these kinds of cultural differences. For example, Asian sojourners seem to be at least as inclined as Americans to maintain the exclusive company of their compatriots, and many Europeans seem oblivious to the cultural factors that frequently underlie political differences.

The main issue to be resolved at Denial is the tendency to avoid noticing or confronting cultural difference. People here need to attend to the simple existence of other cultures, both globally and domestically. Those who are facilitating this initial recognition(teachers, trainers, friends) need to understand that Denial is not a refusal to "confront the facts. " It is instead an inability to make the perceptual distinctions that allow cultural facts to be recognized. When facilitators fail to understand the experience of Denial, they are likely to present cultural information in too-complex ways and to become impatient at the aggressive ignorance often displayed at this stage. The resolution of Denial issues allows the creation of simple categories for particular cultures, which sets up the conditions for the experience of Defense.

Defense against cultural difference is the state in which one's own culture(or an adopted culture) is experienced as the only viable one – the most "evolved" form of civilization, or at least the only good way to live. People at Defense have become more adept at discriminating difference, so they experience cultural differences as more real than do people at Denial. But the Defense worldview structure is not sufficiently complex to generate an equally "human" experience of the other. While the cultural differences experienced by people with a Defense perspective are stereotypical, they nevertheless seem real by comparison to the Denial condition. Consequently, people at Defense are more openly threatened by cultural differences than are people in a state of Denial. The world is organized into "us and them, " where one's own culture is superior and other cultures are inferior.

People of dominant cultures are likely to experience Defense as an attack on their values(often perceived by others as privileges) . They may complain that immigrants or other minorities are "taking our jobs. " They are likely to have many negative stereotypes of "them, " including a full stock of jokes emphasizing the assumed failings of other cultures. In its benign form, Defense may be expressed by "helping" non-dominant group members to succeed by bringing them into the assumedly superior dominant culture. The politically correct descriptions of some mentoring programs in corporations may mask this Defense orientation. In its more virulent form, Defense is likely to be expressed by membership in groups that exclude cultural difference or in outright attacks people of other cultures.

In the international domain, Defense is clearly the predominant orientation of "nation-building. " Like mentoring, such efforts are likely implicit(and sometimes even explicit) attempts to export the builders' assumedly superior cultural values. The polarized worldview is also evident in the statement "you're either with us or against us, " uttered by a variety of world leaders. Other incidents of a culturally polarized worldview are evident in the complaints of travelers about unfamiliar food and similar failures of other cultures to not be "like us. "

A variation on Defense is *Reversal*, where an adopted culture is experienced as superior to the culture of one's primary socialization ("going native, " or "passing") . Reversal is like Defense in that it maintains a polarized, "us and them" worldview. It is unlike Defense in that it does not maintain the other culture as a threat. Reversal is common among long-term sojourners such as missionaries, diplomats, corporate expatriates, and exchange students. Reversal may masquerade as cultural sensitivity, since it provides a positive experience of a different culture along with seemingly analytical criticisms of one's own culture. However, the positive experience of the other culture is at an unsophisticated stereotypical level, and the criticism of one's own culture is usually an internalization of others' negative stereotypes.

The resolution of Defense issues involves recognizing the common humanity of people of other cultures. Techniques such as "ropes courses" or other experiences that create mutual dependence independent of gender or race can be effective for this purpose. Facilitators who try to correct the stereotypes of people in Defense are likely to fall prey to the polarized worldview themselves, becoming yet another example of the evils of multiculturalism or globalization. The need here is to establish commonality, not to introduce more sophisticated understanding of difference. When this resolution is accomplished, the stage is set for a move into Minimization.

Minimization of cultural difference is the state in which elements of one's own cultural worldview are experienced as universal. The threat associated with cultural differences experienced in Defense is neutralized by subsuming the differences into familiar categories. For instance, cultural differences may be subordinated to the overwhelming similarity of people's biological nature(*physical universalism*) . The experience of similarity of natural physical processes may then be generalized to other assumedly natural phenomena such as needs and motivations. The assumption that typologies(personality, learning style, etc.) apply equally well in all cultures is an example of Minimization.

The experience of similarity might also be experienced in the assumed cross-cultural applicability of certain religious, economic, political, or philosophical concepts(*transcendent universalism*) . For instance, the religious assumptions that everyone in the world is a child of God or that everyone has karma are examples of Minimization. Note that it is not ethnocentric to have a religious belief; however, it is ethnocentric to assume that people in other cultures either do or would if they could share your belief. Similarly, the assumption that people of all cultures would like to live in a democratic society(or in a benevolent dictatorship) if they only could is ethnocentric by this definition. Because these "universal absolutes" obscure deep cultural differences, other cultures may be trivialized or romanticized at Minimization.

People at Minimization expect similarities, and they may become insistent about correcting others' behavior to match their expectations. Many exchange students have reported to me that their host families, despite their kindness, generosity, and sincere curiosity about different customs, do not really want their students to have different basic values from themselves. I have observed that many host families are at Minimization. The families are motivated by sharing the host country's way of life with the student, on the assumption that of course the student will appreciate that way of life once he or she sees what it is. If the student is insufficiently appreciative, it threatens the Minimization assumption that all everyone really wants to be "like us. " This operation of Minimization is far more dangerous, of course, when the appreciation of our way of life is being promoted by armed "nation-builders. "

Particularly for people of dominant cultures, Minimization tends to mask recognition of their own culture(ethnicity) and the institutional privilege it affords its members. Because people at this stage no longer experience others in a polarized way, they tend to overestimate their racial and ethnic appreciation. While they may be relatively tolerant, people at Minimization are unable to appreciate other cultures because they cannot see their own culture clearly. If, for instance, I cannot see that my communication style is a cultural pattern, I think that everyone does (or would if they could) use the same style. Consequently, I judge the failure to use my style as a lack of social skill or as a choice to be "alternative." Either of these judgments misses the point that other people may be naturally using a culturally different style.

A Minimization worldview involves the acceptance of something like the "melting pot" idea. It generally is a position that is perceived and perhaps intended as a political statement. In any case, the experience is one that minimizes the cultural differences between the dominant and non-dominant groups in such a way that the same universal standard(e. g. university entrance requirements) can be applied to all the groups without bias. When the result of such an application of standard yields group differences, the explanation by both dominant and non-dominant Minimizers is that the groups actually differ in their intelligence, skills, or preparation. The idea that all standards are necessarily constrained by cultural context does not occur in Minimization.

The missing piece in Minimization, and the issue that needs to be resolved to move into ethnorelativism, is the recognition of one's own culture(cultural self-awareness). In more general terms, this is the ability to experience culture as a context. Only when one sees that all beliefs, behaviors, and values are at least influenced by the particular context in which one was socialized can one fully imagine alternatives to them. Facilitators at this stage need to stress the development of cultural self-awareness in contrast to other cultures before they move into too much detail about the other cultures.

The second three DMIS orientations are defined as more ethnorelative, meaning that one's own culture is experienced in the context of other cultures. *Acceptance* of cultural difference is the state in which one's own culture is experienced as just one of a number of equally complex worldviews. By discriminating differences among cultures (including one's own), and by constructing a kind of self-reflexive perspective, people with this worldview are able to experience others as different from themselves, but equally human. People at Acceptance can construct culture-general categories that allow them to generate a range of relevant cultural contrasts among many cultures. Thus, they are not necessarily experts in one or more cultures(although they might also be that); rather, they are adept at identifying how cultural differences in general operate in a wide range of human interactions.

In this last regard, is important to remember that the DMIS is not a model of knowledge, attitude, or skills. So, the fact that one is knowledgeable about a culture may or may not be associated with the ethnorelative experience of Acceptance. I know a lot of people who are knowledgeable about Japanese hospitality rituals or German status relationships who do not seem to have any general feeling for those cultures. I suspect it is because, despite their specific knowledge, these people are not able to experience the cultural worldviews of which those behaviors are a part. I would hypothesize that people need to have a "critical mass" of information about another culture in order to apprehend the worldview, and that even that amount of information is useless unless basic Minimization issues have been resolved first; that is, that they are "ready" to hear the information.

At Acceptance, people are likely to have positive attitudes toward another culture without having the ability to experience the other culture with much depth. I have observed this to be typical of efforts to appear cosmopolitan or "politically correct." Acceptance does not mean agreement. It is na?ve to think that intercultural sensitivity and competence is always associated with liking other cultures or agreeing with their values or ways of life. In fact, the uncritical agreement with other cultures is more characteristic of the ethnocentric condition of Reversal, particularly if it is accompanied by a critical view of your own culture. Some cultural differences may be judged negatively – but the judgment is not ethnocentric unless it is associated with simplification, or withholding equal humanity.

This last point brings up the major issue to be resolved at Acceptance: "value relativity." To accept the relativity of values to cultural context(and thus to attain the potential to experience the world as organized by different values) , one needs to figure out how to maintain ethical commitment in the face of such relativity. This is a difficult matter, as illustrated in the following example. A student once confided in me her concern that she was being ethnocentric in her support of the 2003 U. S. invasion of Iraq. I replied that it was possible that she was, but it was also possible that she was making an ethnorelative judgment. The test is whether she was according full humanity to the Iraqis that she felt should be forcibly dealt with. So I asked "What is good about Sadam Hussein from some Iraqi perspectives?" She said, "nothing is good – he is a monster and all Iraqis think so except some evil people who are profiting from his cruelty." Leaving aside the history of U. S. profits from Iraq, I replied that her concerns were justified – she was being ethnocentric. She was imposing her values on others by making the Minimization assumption that her values were the most real. Further, she was denying equal humanity to Sadam Hussein and Iraqis who supported him by labeling them "monsters" and "evil. "

A more ethnorelative approach to the Iraq situation would have been to recognize that Sadam Hussein is a complex human being whose behavior, while "good" in some Arab contexts because it stands up to the Americans or expresses Arab pride, is nevertheless "bad" in the context of the current world consensus about the use of violence and intimidation in domestic governance. The question then is are you committed to stopping the bad behavior? Is Sadam's behavior sufficiently different from other world leaders' to allow a non-hypocritical intervention? Is the need for intervention important enough to outweigh the principle of national sovereignty? Are the consequences of interference better than the consequences of not interfering? The answer to all these questions could be "yes. " I believe that had my student considered these and other such questions, and had she then accorded Hussein and other Iraqis a complexity of motive similar to her own, then she could have supported the U. S. invasion in an ethnorelative way. Of course, a different person might make the same considerations and conclude that the invasion was not supportable. But both positions would be ethnorelative.

Resolution of the issue of value relativity and commitment allows you to take the perspective of another culture without losing your own perspective. This is the crux of the next stage.

Adaptation to cultural difference is the state in which the experience of another culture yields perception and behavior appropriate to that culture. One's worldview is expanded to include relevant constructs from other cultural worldviews. People at Adaptation can engage in empathy – the ability to take perspective or shift frame of reference vis-à-vis other cultures. This shift is not merely cognitive; it is a change in the organization of lived experience, which necessarily includes affect and behavior. Thus, people at Adaptation are able to express their alternative cultural experience in culturally appropriate feelings and behavior. If the process of frame shifting is deepened and habitualized, it becomes the basis of biculturality or multiculturality.

Adaptation is not assimilation. The term "assimilation" is understood by many immigrants and people of non-dominant groups to refer to something like the "melting pot. " This idea of assimilation is that you should give up who you were before and take on the worldview of your host, or dominant culture. The concept of adaptation offers an alternative to assimilation. Adaptation involves the extension of your repertoire of beliefs and behavior, not a substitution of one set for another. So you don't need to lose your primary cultural identity to operate effectively in a different cultural context.

In domestic multicultural contexts, adaptation leads to mutual adjustment. In other words, people of both dominant and non-dominant groups are equally inclined to adapt their behavior to one another. Of course, the dominant group has the power to demand that only the non-dominant group adjust. But dominant-culture people who experience cultural difference in this more ethnorelative way are less likely to invoke that power. Instead, they are curious about cultural difference and actually eager to experience other cultures. For those reasons, never mind fairness, they seek the other cultural perspectives represented in groups and attempt to learn how to act in ways that are to some extent appropriate in those cultural contexts. They may also be motivated by fairness, but unlike some others who may sincerely believe in equity while lacking the ability to act equitably, these people have the worldview structure to support the kind of mutual cultural adaptation that actually implements equity.

Adaptation as defined here has long been the goal of intercultural communication training for international sojourners. Programs for exchange students, development workers, expatriates, and others have stressed the acquisition of culturally appropriate behavior. The DMIS suggests that a lot of attention should go to preparing trainees to experience another culture before trying to train any particular behavior.

The major issue to be resolved at Adaptation is that of "authenticity. " How is it possible to perceive and behave in culturally different ways and still "be yourself?" The answer seems to lie in defining yourself more broadly – in expanding the repertoire of perception and behavior that is "yours" (Bennett & Castiglioni, 2004) .

Integration of cultural difference is the state in which one's experience of self is expanded to include the movement in and out of different cultural worldviews. Here, people are dealing with issues related to their own "cultural marginality"; they construe their identities at the margins of two or more cultures and central to none. Integration is not necessarily better than Adaptation in situations demanding intercultural competence, but it is descriptive of a growing number of people, including many members of non-dominant cultures, long-term expatriates, and "global nomads."

Constructive marginality represents the resolution of the identity issue of Integration. Here people are able to experience themselves as multicultural beings who are constantly choosing the most appropriate cultural context for their behavior. This living on the edge of cultures may occasionally be stressful and alienating, but it is more often exhilarating and fulfilling. Because they so easily shift cultural perspectives, constructive marginals are likely to take the role of cultural bridge-builders in intercultural situations. They can do this without "losing themselves" because they self-reflexively define their identities in terms of perspective-shifting and bridge-building.

I do not think that interculturally sensitive people are generally *better* people. To say so would imply that there was one universally good kind of person and that this particular model just happened to describe that goodness. On the contrary, this model describes what it means to be good at intercultural relations. All we can say about more ethnorelative people is that they are better at experiencing cultural differences than are more ethnocentric people, and therefore they are probably better at adapting to those differences in interaction. Perhaps you believe, as I do, that the world would be a better place if more people were ethnorelative. I hope that we will continue to act on this commitment, and that we will do so with intercultural sensitivity.

References

Bennett, M. J. (2005). Paradigmatic assumption of intercultural communication. Hillsboro: IDRInstitute www. idrinstitute. org

Bennett, M. J. (2004). Developing intercultural competence. In J. S. Wurzel(ed.) *Toward multiculturalism: A Reader in Multicultural Education.* Newton, MA: Intercultural Resource Corporation.

Bennett, M. (1998) . Intercultural communication: A current perspective. In M. Bennett (ed.), *Basic Concept of Intercultural Communication: A Reader.* Yarmouth, ME: Intercultural Press.

Bennett, Milton J. & Ida Castiglioni(2004). "Embodied ethnocentrism and the feeling of culture: A key to training for intercultural competence", in Landis, D. , Bennett, J. and Bennett,

M. (eds.) *Handbook of Intercultural Communication Training* (3rd ed.). Sage: Thousand Oaks and London.

Benedict, R. (1934). *Patterns of Culture*, Boston: Houghton Mifflin.

Berry, J. (2004) . Fundamental psychological processes in intercultural relations. In Landis, D. , Bennett, J. & Bennett, M. (eds.) *Handbook of Intercultural Training* (3rd ed.). Thousand Oaks, CA: Sage.

Boas, F. (1896). "The limitations of the comparative method in anthropology". In Boas, F. , *Race, Language, and Culture*, 1948. New York: McMillan.

Hall, E. T. (1976). *Beyond Culture*. New York: Anchor Press, Doubleday.

Hall, E. T. (1959, 1973). *The Silent Language*. Garden City, NJ: Anchor.

Hammer, M. R. , Bennett, M. J. , & Wiseman, R. (2003) . Measuring intercultural sensitivity: The Intercultural Development Inventory. In R. M. Paige(Guest ed.). Special issue on the Intercultural Development. *International Journal of Intercultural Relations*, 27 (4) , pp. 421—443.

Hofstede, G. & Hofstede, J. (2005). *Cultures and organizations: Software of the Mind*. New York: McGraw-Hill.

Kelly, G. A. (1963). *A Theory of Personality: The Psychology of Personal Constructs*. New York: Norton.

Kluckhohn, F. R. & Strodbeck F. (1961) . *Variations in Value Orientations*. New York: Row Peterson.

Kuhn, A. (1974). *The Logic of Social Systems*. San Francisco: Jossey-Bass.

Kuhn, T. (1970) . *The Structure of Scientific Revolutions*. Chicago: University of Chicago Press.

Leeds-Hurwitz, W. (1990). Notes in the history of intercultural communication: The foreign service institute and the mandate for intercultural training. *Quarterly Journal of Speech*, Vol. 76, No. 3, 1990, pp. 262—281.

Littlejohn, S. W. (1983) . *Theories of Human Communication* (2nd ed.) , Belmont, Ca: Wadsworth.

Matsumoto, D. , Hirayama, S. , LeRoux, J. (2006) . Psychological skills related to intercultural adjustment. In Paul T. P Wong and Lillian C. J. Wong (eds.), *Handbook of Multicultural Perspectives on Stress and Coping*. New York: Kluwer Academic/Plenum Publishing, pp. 387—409.

Mead, M. (1928). *Coming of Age in Samoa*, New York: Morrow.

Nicoloulia, V. (2010). An intercultural approach to education. In *Bridges Magazine*, www. bridge-mag. com

Rogers, E. , Hart, W. & Miike, Y. (2002). Edward T. Hall and the History of Intercultural Communication: The United States and Japan. *Keio Communication Review*, 34, 2002.

Stewart, E. & Bennett, M. (1991) . *American Cultural Patterns: A Cross-cultural Approach*. Yarmouth, ME: Intercultural Press.

Trompenaars, F. (1993). *Riding the Waves of Culture*. New York: Irwin.

Whorf, B. L. (1956). "Science and Linguistics", in J. B. Carroll(ed.), *Language, Thought and Reality*: *Selected Writings of Benjamin Lee Whorf*. New York: John Wiley.

(Milton J. Bennett, Ph. D, Adjunct Professor, University of Milano-Bicocca Milano, Italy, Director, Intercultural Development Research Institute, Hillsboro, Oregon USA & Milano, Italy. IDRI@ IDRInstitute. org, www. IDRInstitute. org)

文化差异的体验和跨文化能力的增长

米尔顿·J. 贝内特

提　要：这篇文章概括了相对主义者和建构主义者对文化差异如何被感知、被体验的不同阐释，并说明了建构主义跨文化理论是如何被用来发展一门培养跨文化能力的跨文化训练课程。文章也探究了建立在跨文化交流基础上和跨文化心理基础上的文化训练的重要差别。

关键词：文化差异体验，建构主义跨文化理论，跨文化培训，跨文化能力

（米尔顿·J. 贝内特，博士，意大利米兰大学兼职教授，美国俄勒冈州及意大利米兰跨文化发展研究所所长。电子邮箱：IDRI@ IDRInstitute. org 网站：www. IDRInstitute. org）

调查分析

俄罗斯看中国

——关于"中国形象"社会调查数据的分析与启示

李　玮　刘　浩

提　要：本文通过 500 份的问卷分析，考察了俄罗斯民众对中国的认知与认同，他们有关中国信息的获取方法与渠道，以及他们形成认知与认同的最直接因素。问卷根据美国学者约瑟夫·奈提出的"软实力"概念所设计，力图从社会文化、制度文化以及价值观文化等三个层面具体数据的分析，勾勒俄罗斯民众眼中全面、真实的中国国家形象，总结俄罗斯民众对华态度形成的特点与原因，力图对进一步完善中国在俄形象提出建议。

关键词：中国，俄罗斯，国家形象，大众传媒

引言

2009 年，北京大学新闻与传播学院《中国文化软实力对外传播研究》课题组启动对中国文化在不同国家的真实形象研究。作为该课题组成员之一的《俄罗斯受众与中俄文化比较研究》小组于 2010 年下半年，在俄罗斯首都莫斯科展开题为《中国形象》的街头随机社会调查，获得有效问卷 500 份。

问卷内容共分四大部分，第一部分为调查样本的个人基本信息，如性别、年龄、教育程度、收入等；第二部分旨在了解俄罗斯民众对中国文化，包括表层文化、制度性文化以及价值观层面的中国文化的了解和认同感；第三部分意在了解俄罗斯民众接触中国文化的途径和渠道；第四部分涉及俄罗斯民众对中国的态度，以及态度形成的基本原因。问卷中多采用里克特量表（Likert scale）来测量俄罗斯民众对中国文化的认知程度和认同程度。

一　样本描述

在回收的 500 份有效问卷中，被调查者均为 15—65 岁的莫斯科居民，其中 15—25 岁占 21%，26—39 岁占 28%，40—65 岁占 50%，1% 拒绝透露年龄。女性占 54%，男性占 46%。被调查者的受教育程度分别是：16% 受过中等教育，30% 受过中等职业教育，10% 受过大学教育，44% 受过研究生以上的教育。被调查者的婚姻状况：28% 未婚，58% 已婚，14% 离异。被调查者的职业状况：11% 为单位领导，25% 高等技术专家，19% 为服务人员，4% 小商人，11% 为学生，8% 退休人员，10% 家庭主妇，6% 无业，6% 为其他。收入状况：3% 月收入 3000—6000 卢布，7% 为 6000—9000 卢布，9% 收入在 9000—12000 卢布，22% 在 12000—15000 之间，44% 收入高于 15000 卢布，15% 不知道。96% 被调查者没有到过中国，但其中 13% 有朋友或熟人到过中国。98% 的被调查者不属于任何党派。

从被调查者的数据看，99% 被调查者受过中等以上教育，这与俄罗斯人（特别是莫斯科人）普遍较高的受教育程度相符合。月收入状态显示，被调查者主要（66%）为 12000 卢布以上的人士，属中等以上收入者（试比较：莫斯科大学教授的平均工资为 25000—30000 卢布左右，副教授 16000—25000 卢布左右）。被调查者的男女比例适中，年龄在 15—65 岁之间。职业多样，1/3 以上为高等技术人员和单位领导。我们认为，被调查者具备成熟性、广泛性和代表性。

二　调查结果

（一）中国印象

问卷根据美国学者约瑟夫·奈提出的"软实力"概念所设计，力图从社会文化、制度文化以及价值观文化三个层面的吸引力出发，考察俄罗斯民众对中国的认知与认同。

1. 社会文化层面

这个领域，我们分别从"最熟知最常见的中国元素"、"对中国文化的兴趣度"，以及"最关心和最担心的中国问题"三大方面进行调查。

问卷首先抛出开放性问题："提起中国，你首先想到的是什么？"从被调查者的答案中得出的回答结果是长城 17％，人口众多 14％，大米 7％，茶 6％，中餐 5％，中国服装 5％，劣质商品 4％，丝绸 4％，热爱劳动 4％，切尔基佐夫斯基市场事件（2010 年莫斯科发生的中国大市场驱逐事件）3％，技术 3％，古老的文化 3％，巨大的市场需求 3％，中国龙 3％（参见图 1）。其余被提及的还有：便宜商品、便宜电器、毛泽东、寿司、鞭炮、东方、火药、大国、历史、中国瓷器、功夫。

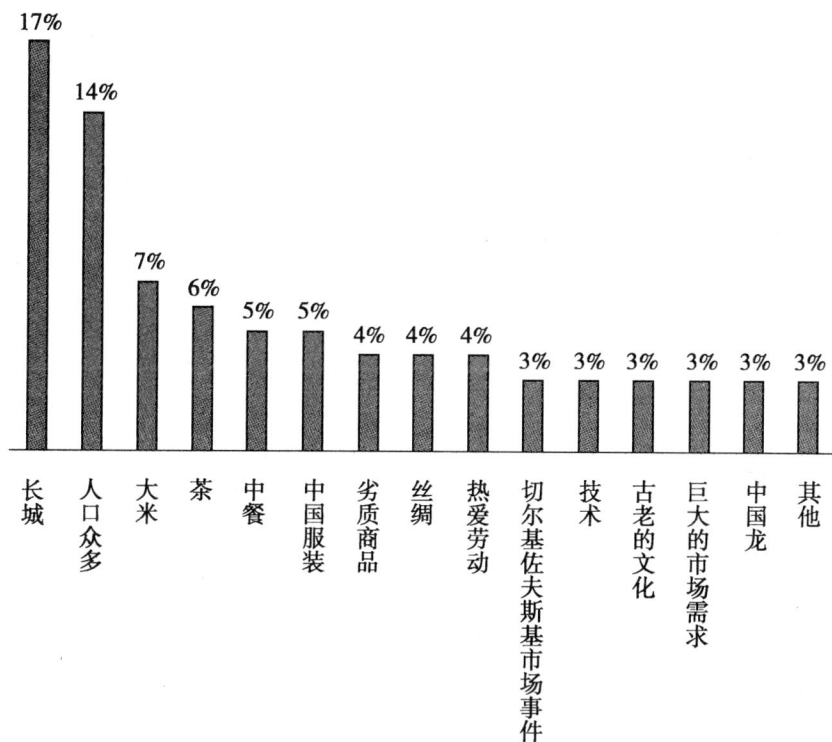

图 1　对中国社会文化层面的认知

在"你生活中常常接触的中国元素是什么？"的问题上，59％的人说中国工业产品，中国服装 55％，中餐 43％，电影和电视剧 27％，丝绸 23％，中国功夫 22％，熊猫 16％，音乐舞蹈 7％，中文与中国文学 5％（参见图 2）。

为了进一步了解俄罗斯人对中国的具体认知，接下来我们设计了六大领域的问卷，它们是"中国城市"、"中国旅游景点"、"中国著名人物"、

图2 常接触的中国元素

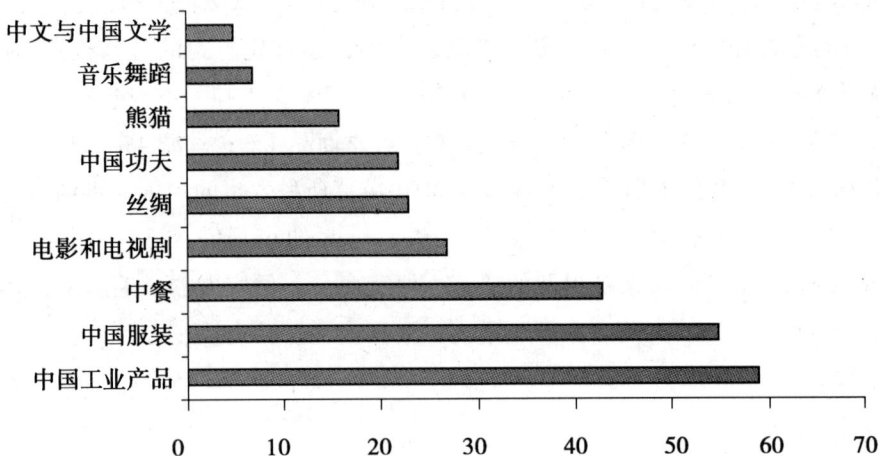

图2　常接触的中国元素（%）

"中国民间艺术"、"中国节日"、"中国文学与历史"（参见表1）。在这六大领域中，俄罗斯人对中国城市的认知度高达99%，换言之，也就是99%的被调查者能说出一至两个中国城市的名字。对中国文学和历史的认知度排在最后，只有31%的人对中国文学和历史略有了解。

表1　　　　　　　　　　　　对具体领域的认知　　　　　　　　　　　　（%）

内容	总体认知度
中国城市	99
中国著名人物	97
中国旅游景点	95
中国民间艺术	91
中国节日	63
中国文学与历史	31

针对各领域的具体内容，排在俄罗斯民众认知前5位的是：

中国城市：上海（93%）、北京（90%）、香港（81%）、广州（18%）、西安（15%）。

旅游景点：长城（92%）、天坛（31%）、兵马俑（28%）、苏州园林（16%）、西湖（13%）。

民间艺术：杂技（66%）、风筝（62%）、皮影戏（52%）、青瓷（42%）、功夫（41%）。

中国节日：元宵节（48%）、中秋（18%）、春节（16%）、清明（2%）、端午（1%）。

著名人物：毛泽东（86%）、李连杰（85%）、成龙（82%）、孔子（73%）、邓小平（30%）。

文学与历史：《论语》（17%）、《孙子兵法》（7%）、《三国》（7%）、《西游记》（6%）、《诗经》（3%）。

值得重视的是，排名第一的《论语》，认知度有17%，而对中国文学与历史完全没有概念的人数高达69%。数据还显示，48%的被调查者知道孔子是中国思想流派之一儒家思想的代表人物，但关于中国在俄罗斯设立"孔子学院"的情况，60%表示不知道，21%表示不感兴趣，表示不好说的有5%，只有14%被调查者表示知道此事。

为了解俄罗斯人对中国的兴趣，我们先是设计了问卷："你想要更多地了解中国吗"？得到的回答是：52%的被调查者表达了想更多了解中国的愿望，36%表示不想，12%表示无所谓。

我们采用里克特量表（Likert scale）来测量其对中国文化的喜爱程度，1代表完全不感兴趣，5代表非常感兴趣。得出均值如表2：

表2　　　　　　　　　　对中国文化的喜爱程度

内容	完全不感兴趣←————————→非常感兴趣（%）					均值
	1	2	3	4	5	
中餐	19	10	26	28	17	3.14
艺术	19	17	21	30	13	3.01
中医	15	19	24	24	18	3.11
历史	19	21	23	27	10	2.88
建筑	23	24	27	18	8	2.64
哲学	29	21	23	17	10	2.58
经济	32	24	19	17	8	2.45
中文	41	26	17	11	5	2.13
政治	34	25	22	14	5	2.31

结果表明，中国文化中对中餐和中医的兴趣度较高，对中文与中国政治的兴趣度较低（参见图3）。

俄罗斯人对中国的担心也是我们想要了解的。通过问卷数据，我们了解

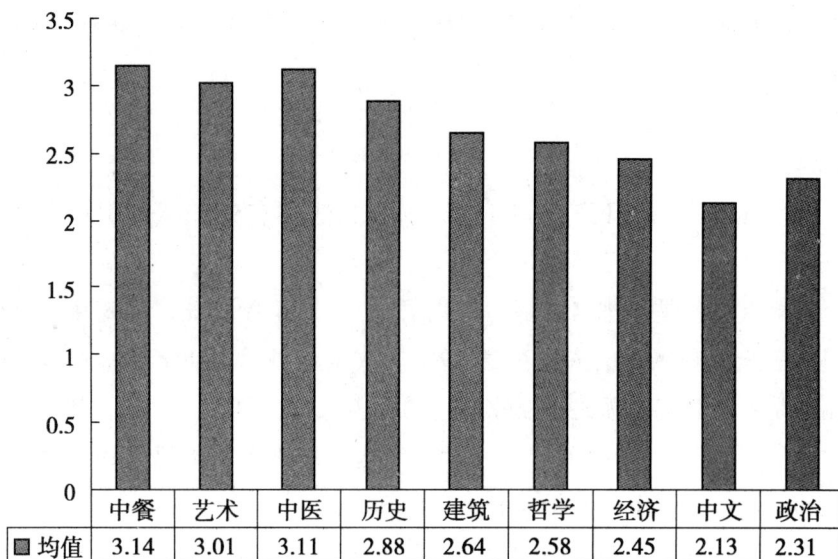

■ 均值	中餐	艺术	中医	历史	建筑	哲学	经济	中文	政治
	3.14	3.01	3.11	2.88	2.64	2.58	2.45	2.13	2.31

图 3　对中国文化的喜爱程度均值

到俄罗斯最担心的前 5 位问题是：计划生育问题 36% 、产品质量问题 34% 、
人口数量与疆土问题 32% 、经济发展快 28% 、人口素质 24% ，其他意见有
西藏问题 19% 、环境问题 17% 、政治制度 17% 、人权问题 10% 、共产主义
7% 、能源资源 4% 。有 12% 的人表示什么也不担心（参见图 4）。

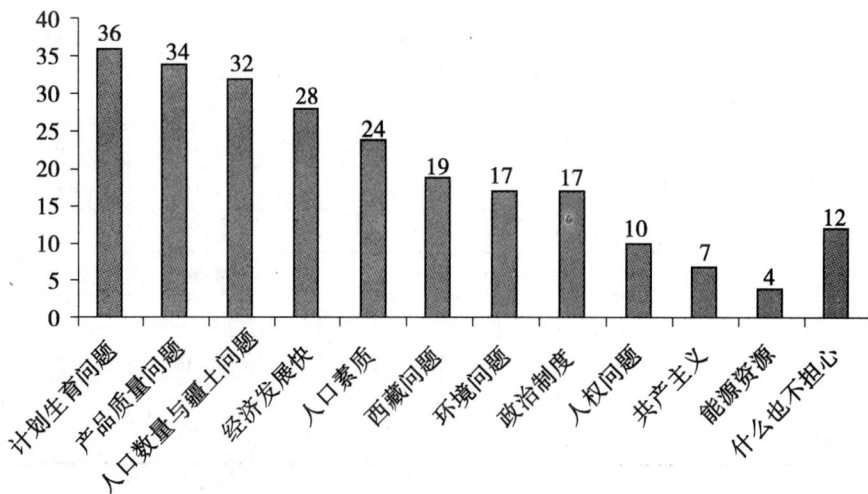

图 4　中国最让你担心的是什么（%）

2. 制度文化层面

我们对中国的政治制度、经济制度和政党制度的认知和认同度进行了调查。数据显示，俄罗斯民众对中国的现行社会制度的了解存在一定程度的偏差。被调查的37%认为中国的政治制度是共产主义。接下来，社会主义33%、资本主义9%、封建主义2%、某种主义2%、选不知道的17%（参见表3）。

表3　　　　　　　　　　对中国政治制度的认知　　　　　　　　　　（%）

您认为今天的中国社会制度是？					
共产主义	社会主义	资本主义	封建主义	某种主义	不知道
37	33	9	2	2	17

关于中国的经济体制的问题，被调查的47%认为中国的经济体制是社会主义市场经济，选社会主义计划经济和资本主义私有制为主的市场经济的人各为17%和16%（参见表4）。

表4　　　　　　　　　　对中国经济体制的认知　　　　　　　　　　（%）

您认为今天中国的经济体制是？			
社会主义市场经济	社会主义计划经济	资本主义私有制为主的市场经济	不知道
47	17	16	20

被调查的52%的人认为中国是"一党制"，选"共产党领导下的多党制"的只占14%。这表示多数的人不清楚中国的政党制度是什么（参见表5）。

表5　　　　　　　　　　对中国政党制度的认知　　　　　　　　　　（%）

您认为今日中国政党制度是？				
一党制	共产党领导下的多党制	多党制	两党制	不知道
52	14	12	4	18

在以上认知的基础上，俄罗斯民众仍然充分肯定了中国社会制度的有效及其国际作用。70%的人认为中国政治制度对中国发展有积极的作用，14%的人觉得阻碍中国的经济发展，16%的人说不知道。对中国经济的评价上，55%的表示比较肯定的评价。

在中国对世界发展的问题上，被调查的70%认为中国促进世界的发展，14%的人认为中国"威胁"世界的发展，16%的人说不知道。

3. 价值观层面

数据表明，俄罗斯民众对中国传统与现代价值观的认知度稍低，但认同度很高。

认知度的排序为："己所不欲，勿施于人"69%，"天人合一"67%，"孝顺"66%，"中庸"59%，"兼容并包"55%，"合而不同"51%，"和平共处，和平发展，和谐社会"44%，"消灭阶级差别，走向共同富裕"43%，"义利统一"41%。

认同度的排序为："孝顺"95%，"天人合一"95%，"己所不欲，勿施于人"92%，"和平共处，和平发展，和谐社会"84%，"中庸"83%，"兼容并包"80%，"和而不同"73%，"消灭阶级差别，走向共同富裕"70%，"义利统一"57%。

（二）信息来源与渠道

为了了解俄罗斯民众对中国认知和认同的直接原因，我们对获取中国信息的方式和渠道进行了调查。结果发现，被调查者的76%的人回答通过从俄罗斯的媒体接触有关中国的信息。排在后面的是中国商品38%，中国菜22%，朋友介绍16%，中国电影和电视剧16%，俄罗斯的中国人12%，中国旅游4%，欧洲传媒4%，中国在俄演出4%，中国传媒1%，其他3%，很难回答2%，没有来源7%。值得关注的是16%的人通过中国电影和电视剧接触中国，但通过中国传媒的只占1%（参见图5）。

（三）对中国的态度

俄罗斯民众对中国的总体印象较良好。72%的被调查者选择好，选非常好的占4%，不是很好和坏各自12%、2%，选一般的占10%，均值为3.64。态度还是较友好。

关于中国媒体设计了中国媒体的利用与评估。在"你是否接触过中国传媒？"的问题上97%的人没有接触过，接触过的3%被调查者提到的中国传媒有《中国画报》、《今日中国》、《中国日报》、CCTV4、CCTV9、中国国际广播电台等。此外，接触过中国传媒的人当中79%从未接触过中国网站。

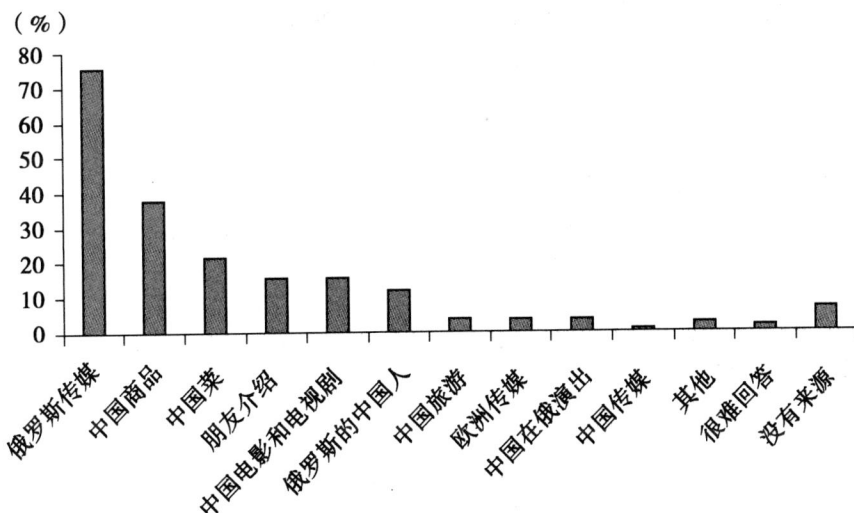

图 5　接触中国的渠道

　　我们进一步调查了俄罗斯民众对中国传媒的认同度。我们首先把中国传媒的评价项目分为独立性、客观性、公正性、准确性、信息性。然后问具体的影响如何。其中中国传媒的客观性的评价分数较高，均值为 3.60，独立性的评价分数较低，均值为 2.50（参见表 6）。

表 6　　　　　　　　　　对中国传媒的认同度

内容	很不独立←　　　　　　　　　　→很独立（%）					不知道	均值
	1	2	3	4	5		
独立性	24	17	38	7	10	4	2.50
客观性	7	7	7	62	14	3	3.60
公正性	0	3	69	21	3	4	3.12
准确性	0	7	66	22	3	2	3.15
信息性	7	21	41	21	7	3	2.91

　　俄罗斯民众对中国印象形成原因的开放式问题结果中，正面印象的来源有以下几个内容。勤劳 20%，国家发展快 13%，历史文化有趣 11%，没有什么可否定的 10%，尊重传统 3%，给世界提供大众产品 3%，美丽的国家 2%，有意思的国家 2%，伟大的国家和民族 2%，旅游异国情调

2%，聪明2%，善良2%，中俄友谊2%，知道中国的太少1%，有追求1%，人口众多1%，不知道8%（参见图6）。

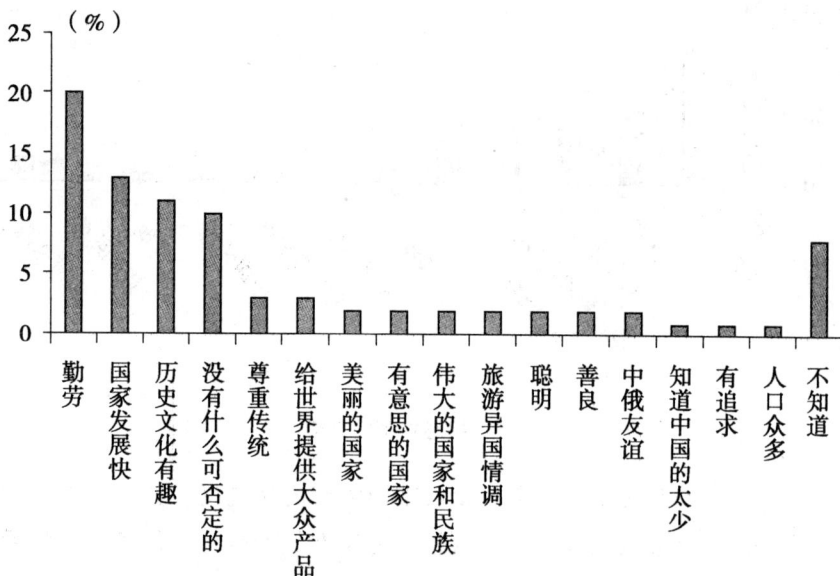

图6　正面印象形成原因

　　相反，哪些原因引起中国的负面印象的开放式问题上，占最多的比率因素是"威胁我们的领土"，占17%。此外，产品质量低劣14%，中国人在俄罗斯太多14%，威胁我们远东安全6%，狡猾不可信4%，具有进攻性4%，用化学品污染俄罗斯东部1%，不了解中国3%，不诚实1%，其他坏品质29%，不好说7%等（参见图7）。

　　关于对中国人民的总体印象，我们把总体印象分为以下几个方面。友好、勤劳、现代、和平的、开放、文化多元、和谐、有诚信、文明、现代、民主等。俄罗斯民众对中国人民的评价基本上是正面的。其中，勤劳、和平的评价较高（参见表7）。

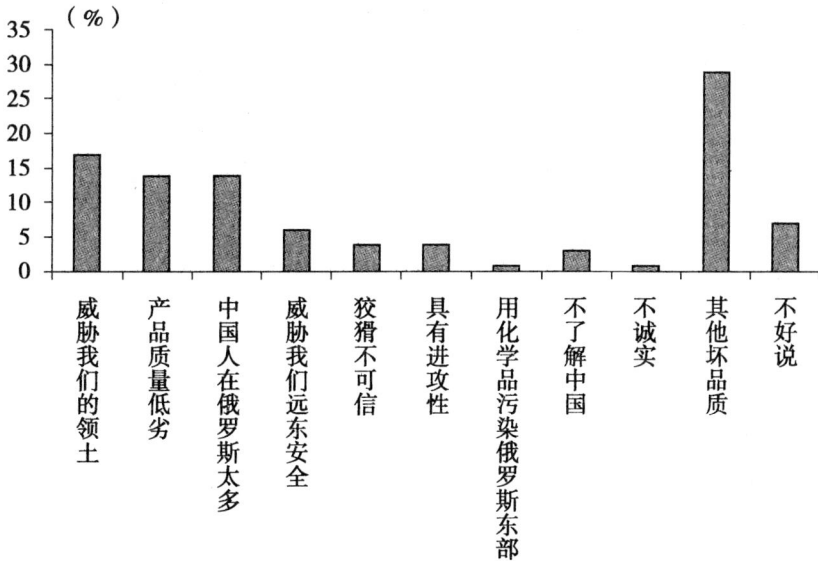

图7 负面印象形成原因

表7 对中国人民的评价

内容	等级（%）					内容	均值
	1	2	3	4	5		
敌对	1	3	21	42	33	友好	4.03
懒惰	0	1	13	21	65	勤劳	4.50
传统	12	18	24	32	14	现代	3.18
有进攻性	2	6	27	42	23	和平的	3.78
封闭	10	13	22	33	22	开放	3.44
文化单一	3	6	31	42	18	文化多元	3.66
不和谐	2	7	33	42	16	和谐	3.63
没有诚信	2	6	26	42	24	有诚信	3.80
不文明	1	11	36	37	15	文明	3.54
传统	12	18	24	32	14	现代	3.18
不民主	9	20	35	27	9	民主	3.07

　　问卷中还涉及"中国威胁论"问题，37%的被调查者认为存在"中国威胁论"，20%觉得不好说，44%认为不存在。此外，俄罗斯民众对目前中俄关系的认可度较高，均值为3.26（9%被调查者认为中俄关系特别

好，38％认为好，24％认为正常，28％认为不好，认为特别不好的只有1％）。关于中俄关系的进一步发展，85％的被调查者认为有必要，10％表示不知道，只有5％认为没有必要。

对于什么途径更能帮助他们有效地认识中国，俄罗斯民众给出的建议如下：旅游37％，传媒介绍17％，经济合作8％，文化交流6％，网络4％，文学与电影3％，科学合作2％，举办展览2％，民间交往1％，交换留学生1％，自修1％，不知道31％（参见图8）。

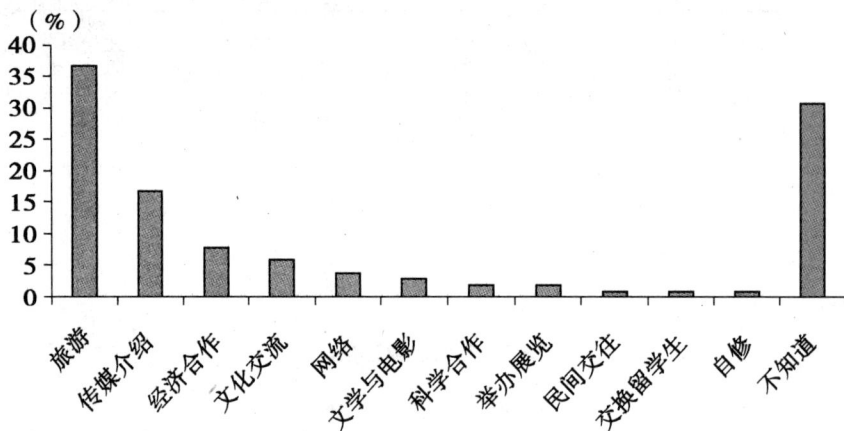

图8　认识中国的有效途径

三　总结与分析

通过对以上数据的统计、整理和分析，我们总结出中国在俄形象的概貌和特征。

（一）社会文化形象

调查数据显示，俄罗斯民众对中国社会文化的认知内容相对全面，但是认同度有待提高。

数据表明，俄罗斯人眼中最清晰的中国符号是"长城"、"工业产品"、"人口众多"和"中餐"。这四种元素，基本上构成了中国在俄社会形象的概貌，也的确较全面地体现出中国的国家形象特征。但是，在这4大元素中，"工业产品"和"人口众多"都蕴涵着一定的负面性，是俄罗斯民众不完全认同的。我们看到，正是"计划生育，产品质量、人口数量与疆土"构成俄罗斯民众最担心的三大中国问题，而中国坏印象的形成原

因中，排名前三位的也是"领土威胁"、"产品质量低劣"和"中国在俄
人数太多"。数据表明，近三成的俄罗斯人认可"中国威胁论"的存在，
说明俄罗斯人对中国的戒心。这个戒心的根源，就是人口和疆土问题。而
"便宜商品"和"劣质产品"在俄罗斯几乎就是中国商品的代名词。这两
种重要元素背后所蕴涵的不协调之声，已经放大到整个国家形象。

数据表明，中国在俄形象的结构中，表层物质文化内容大于精神文化
内容。迄今为止，中国文化多以中小工业产品、中餐、中医，中国功夫等
物质形式被俄罗斯民众所认知。尽管俄罗斯人表示出对中国艺术的浓厚兴
趣，但是他们对中国文学、艺术与历史的认知度排在最后。对中国文学和
历史，有69%的被调查者完全没有概念。这说明在整个中国形象的组成
中，精神元素处于弱势，中国精神层面的文化在俄罗斯的影响力有待
提高。

数据还表明，中国在俄形象结构中，传统和历史元素超过现代元素。
俄罗斯民众眼中最清晰的中国印象，主要还是局限于"长城"、"孔子"、
"古老的文明"、"丝绸"、"龙"、"功夫"等传统符号。俄罗斯人最熟知
的中国人中，当代人物鲜有出现。排名前五位的是毛泽东、李小龙、成
龙、孔子、邓小平，其中4位已经作古。两位电影明星与三位伟人跻身前
五强，是因为俄罗斯电视台播放的中国电影和电视剧多数是武打片，两个
"功夫之王"（成龙和李小龙）的形象在俄罗斯家喻户晓。他们虽是当代
明星，但在俄罗斯的银幕形象却主要是"穿古装，骑大马，飞檐走壁的功
夫大侠"，由他们产生的中国印象可想而知。至于在美国璀璨夺目的当代
篮球巨星姚明，在俄罗斯却只有3%的认知率。当然，这跟俄罗斯人不热
衷篮球运动有关。

（二）制度文化形象

调查数据显示，俄罗斯民众对中国制度文化的认知存在一定程度的偏
颇，但是认同度很高。

对于中国的政党制度，俄罗斯民众的认识五花八门。对于中国的社会
制度，三成多的俄罗斯被调查者认为是"共产主义"。值得一提的是，俄
罗斯人心目中的共产主义，与西方人眼中的共产主义有很大差距。俄罗斯
人对于国家、政治的理解有其特殊性。事实上，俄罗斯民族的历史血脉中
有着集体主义、权威主义、英雄主义的沿袭。尽管俄罗斯一代代知识分子

和精英分子为民主与自由奋力呐喊，但是，国家至上、天下为公的民族性，对强权的崇拜，对稳定、强国的向往，一直是俄罗斯民众身上挥之不去的本性之一。解体多年后，尽管俄罗斯社会趋于稳定，经济日渐走好。但是，处理不好的民族问题、恐怖主义问题、腐败问题、社会秩序问题仍然在扰乱民众的正常生活。一个强有力的政府，保障民众的稳定和国家的强盛，似乎是俄罗斯民众目前最关心的首要需求。俄罗斯认为中国实现了共产主义，这说明中国在俄罗斯眼中形成了稳定富强和谐的国家形象。当然，同时也说明他们对中国的了解还停留在毛泽东时代，对当今的现代中国的多元性知之甚少。值得重视的是，在认为中国是共产主义和一党制的同时，仍然有70%的被调查者认可中国的现行政治制度促进了中国的发展和世界和平，说明大部分俄罗斯民众认可中国的现行政治制度，中国的政治形象良好。与西方国家的视角不同，俄罗斯民众更看重中国的政治稳定、经济振兴、国家富强，对民主、人权、西藏等敏感问题几乎没有反对之声。

至于中国经济状况，近半数被调查者了解中国实行的是社会主义市场经济，另有17%认为中国是社会主义计划经济。但是，在这个基础上，仍然有多数人给予中国经济高度的认可和赞扬，并高度肯定中国的国际地位与作用。

（三）价值观层面的文化形象

调查数据显示，俄罗斯民众对中国价值观层面文化的认同度很高。认知度相比认同度显得不足。

俄罗斯民众对多数中国核心价值理念的认同度高达80%—90%。最认可的是"孝道"、"天人合一"、"己所不欲，勿施于人"，认可度高达90%以上。中国政府提出的"和谐社会"概念也获得大多数人（84%）的认可。值得重视的是，许多人是在不了解的情况下表示认同，这说明中国传统和现代的核心价值理念在俄罗斯具备很大的认同感，中国精神的根本元素能够在俄罗斯找到共鸣，具备共同的普世价值。

此外，数据显示，俄罗斯人对中国传统价值理念的认知度和认同度都高于现代价值核心理念。印证了中国形象中传统性高于现代性的事实。

（四）信息来源与渠道

数据表明，97%的俄罗斯民众没有接触过中国传媒，说明中国大众传媒在俄罗斯民众中的影响很小。至少到2010年11月调查结束为止，中央电视台4频道、俄语频道、国际广播电台等中国的主要外宣机构在俄罗斯民众中少有受众。

中国的大众传媒基本上不能进入俄罗斯，对俄罗斯民众缺少影响力。有些报刊的海外版和网络版会有俄罗斯研究中国问题的人士阅读，对其产生影响，再经其作品或观点间接影响俄罗斯民众，但影响力十分有限。来自中国方面的信息传播主要依靠物质传播（商品、中餐）和人际传播（朋友介绍，俄罗斯的中国人以及旅游）来获取。7%的被调查者表示他们完全没有任何有关中国的信息来源。

在俄罗斯，提供有关中国信息的任务主要由俄罗斯传媒来完成。但是，由于俄罗斯传媒私有化程度很高，受政府左右的力度很小，加上俄罗斯大众传媒的保守与封闭，要想借助它们宣传和构建良好的中国形象不是很现实。因此，如何扩大俄罗斯民众接触中国信息的渠道，如何增强中国传媒在俄罗斯领土上的影响力，成为一个值得深思的问题。

俄罗斯人对中国传媒的评价令人深思。虽然接触少，但俄罗斯人凭感觉认为中国传媒独立性不够，政治宣传性超过信息性。虽然大部分人在调查表中选择中间度，但是认为它很不独立的人数超过认为很独立的一倍多。今后即使中国传媒能够进入俄罗斯，电视能够落地报刊能够在当地发行，怎么让俄罗斯人愿意看我们的传媒并信任它们，也是一项值得研讨的艰巨任务。

（五）对中国的态度

调查数据显示，多数俄罗斯人对中国抱有良好的印象、友好的态度。尽管认知有限，但民众对中国现行的国家制度和经济体制，以及中国在国际舞台的作用，都给予了正面的评价和肯定。中俄两国人民有着良好的友谊基础和传统，虽然历尽劫波，但民众间的友好从来没有间断。近年来，随着中国国家实力的提高，两国交流领域的加大，重续前缘的中俄友谊得到恢复与发展，中国在俄罗斯的形象正在变得客观和清晰。总体上看，发展趋势是好的，总体形象也是好的。

但是，也有三成以上的被调查者表示对进一步了解中国不感兴趣或无所谓。这一数据值得加以重视。在后来的专家深度访谈中我们多次提出这个问题，得到解答如下：俄罗斯人对外部世界兴趣不大。俄罗斯传媒不仅很少报道中国，对西方的兴趣也不大，这是俄罗斯传媒的一大弱点，也是俄罗斯的民族特色。事实上，俄罗斯没有《参考消息》一类的关注国外新闻的报纸，他们的报刊多以报道国内事件为主。这与俄罗斯人的性格有关，他们天生有较强的封闭性。地大物博的国家造就了民众的自给自足、自以为是与孤傲，对外部世界（特别是东方）不以为然。

数据表明，俄罗斯民众眼中中国人最好的品质是"勤劳"，最坏的品质是"缺乏诚信"。从俄罗斯人对中国性格的评价中我们看出，现代性、民主性和诚信是中国印象中最缺乏的品质。

大部分民众充分肯定目前两国关系的友好，并认为有必要进一步加强友好交流。

四　思考与建议

通过对一系列数据的整理，分析与总结，我们认为，目前中国在俄形象的建构，存在一些具体的问题与不足，特提出下列建议。

（一）加大信息量，建构客观完整的中国形象

调查数据显示，俄罗斯传媒是俄罗斯民众获取中国信息的最主要渠道。但根据我们长期深入俄罗斯生活的跟踪了解、根据后期深度访谈的结果以及北京大学多名研究生对俄罗斯主流报刊上有关中国报道的抽样调查，我们得出结论如下：

第一，俄罗斯传媒对中国问题的报道量十分有限；

第二，除了经济和政治类报道比较客观外，社会文化形象方面多以选择性、揭露性的负面报道为主。

第三，网络传播尽管日益普及，但在俄罗斯莫斯科仍然有许多民众（比如调查者的17%）不使用计算机和网络。因此，我们认为，尽管俄罗斯传媒是主要的传播中国信息的通道，但是，可以肯定地说，这个主要通道的作用十分有限。由于中国媒体影响不到俄罗斯民众，而俄罗斯媒体很少报道中国消息，并带有极大的保守性和片面性，俄罗斯民众接触和了解中国的渠道非常有限，对中国的认识也很片面、有限和陈旧。

要改变这个状态，我们认为，信息时代，大众传媒的作用不容低估，中国传媒还是应该发挥自己的作用。要将自己的声音渗入俄罗斯社

会，光在中国本土办报办刊办电台不行，要努力从合作与合作方式上寻找突破。我们很欣慰地知道，2010 年年底，中国 CCTV 俄语频道已经获准在俄罗斯落地，这无疑会在很大程度上加大加深俄罗斯民众对中国的认知。在我们的深度访谈中，有俄罗斯专家提起中国的报纸可以采取与俄罗斯报纸合作，以办副刊的形式，达到中国报纸在俄罗斯刊出并传播的目的。此种方式目前最成功的案例是美国《时代周刊》与《莫斯科报》的合作，前者正是借助《莫斯科报》的副刊形式，成功地将美国声音渗入俄罗斯社会。此外，电影和电视剧的出口也是传播中国文化和中国精神的重要手段。我们发现，俄罗斯电视台很少播放中国电视剧，中国电影在俄罗斯缺乏影响力。而这些文艺作品的传播，如果组织得当，其效果应该高于新闻传媒，因为俄罗斯民众对中国新闻传媒的独立性并不十分认同。其次，俄罗斯民众极力推荐的了解中国的方式是扩大旅游。事实上，凡是到过中国的俄罗斯人对中国的印象都变得非常好，可见让其直观深入了解中国的重要性。

（二）加强现代中国文化的建设与传播，改变"古老中国"形象

我们认为，中国在俄形象的构成中，传统文化色彩过于浓重，古老神秘的中国形象过于深刻。应该引起重视的是，中国的对外文化传播过于重视传统元素的推介。我们出国演出的团队，从服装到节目内容都渲染太多的传统色彩。我们推广出去的电影电视剧，也以古装和传统内容为主旋律。这种弘扬中国特色，创造独特中国文化形象的理念，对于西方现代化的发达国家也许合适，因为他们已经足够现代，转而对古老的东方特色怀有新奇感。而俄罗斯是一个比较封闭的、欠发达的国家。他们崇拜西方，追求现代性（现代性也正是他们所缺乏的）。因此，一个现代的、崭新的中国更能震撼他们。访谈过程中我们发现，凡是到过中国的俄罗斯人，对中国的印象都会变得特别好。我们认为，这绝不仅因为他们看到了长城、旗袍、少林寺，也不仅因为他们体会到中华民族的传统文化，而是因为他们看到了非常现代化和发达的中国。震撼他们的是中国的现代性：高楼林立的现代化都市、琳琅满目的商品、时尚富裕的生活。正如莫斯科大学新闻系主任雅·扎苏尔斯基所说，俄罗斯人眼中的中国形象过于传统和古老。你们应该把现代中国展示给俄罗斯。现代化的生活、不逊于西方的发达社会、包括美丽时尚的中国女性，这些都能改变俄罗斯对传统落后中国

的印象。① 看来，要提高中国在俄罗斯眼中的形象，展示一个充分现代和发达的形象给俄罗斯，会起到更好的效果。我们认为，中国对外形象的塑造不能一味用传统独到来标新立异，或者说，不能针对所有国家都以《红高粱》的"土味"来展示特性，而必须投其所好，针对不同对象和受众，输出不同的东西。具体到俄罗斯，要征服打动俄罗斯，传统元素中应该加入更多的时尚、现代元素和发达元素。

（三）加强中国核心价值文化的建设和传播，削弱"中国威胁论"的影响

美国哈佛大学肯尼迪政府学院的约瑟夫·奈曾指出，一个国家可以通过它在文化、政策或价值观念上的吸引力，使别的国家理解、认同其在国际社会的主张和维护国家利益的行为。约瑟夫·奈还说："当一个国家处于崛起的阶段，往往会引起邻国的恐慌，并可能导致其他国家联合起来扼制这个国家的崛起。但如果这个崛起的国家同时拥有'软实力'，它就能让自己具有吸引力，并减少其他国家的恐惧和试图扼制其崛起的可能性。"② 目前，中国正处于经济腾飞阶段。调查数据表明，俄罗斯人的确对中国的崛起存有戒心和恐惧，这种戒心和恐惧一定会在某种程度上产生对抗和扼制。弘扬中国精神文化和民族价值理念，提高"软实力"，有助于降低俄罗斯人的担心与恐慌，缓解其戒心，消除不解和误读。

数据显示，俄罗斯民众对中国的认知，很大程度上还停留在表层文化和物质文化层面。俄罗斯民众对中国的负面印象，恰恰来源于这些层面的元素，比如，人口众多、资源有限、产品质量、环境污染等。它们是中国现阶段的基本国情，短期内很难改变。但是，数据还显示，中国核心价值层面的理念，在俄罗斯具有极高的认同度。中国精神的根本元素能够在俄罗斯找到共鸣，具备共同的普世价值。

我们认为，挖掘和推广中国精神文化的魅力和吸引力，对塑造中国形象具有极其重大的意义。比如，对中国传统价值观中"和谐"、"大同"、"己所不欲，勿施于人"等核心理念的推广，可以深化俄罗斯人对中国"不称霸，不做超级大国"的价值理念的认可。例如，代表中国图腾的"龙"的形象，多数俄国人从直观的印象将它理解成凶狠可怕具有侵略性

---

① 参见《雅·扎苏尔斯基访谈录》，2010 年 11 月 20 日，莫斯科大学新闻系，采访人：李玮。

② 《约瑟夫·奈访谈录》，《南风窗》2009 年 6 月 18 日。

和进攻性的大怪物，并在某种程度上将这个直观的形象放大到整个中国国家形象，联想到"中国威胁论"。而一旦让他们了解中国"龙"是由多种民族动物图腾的特征汇聚而成（马头、兔眼、虎掌、鹰爪、牛耳、鹿角、鱼须、蛇身），是一种和谐的动物组合，其中蕴涵了中华民族"兼容并包，和谐大同"的哲学思想，"龙"和它代表的中国形象顿时变得可亲可信起来。

（四）提高国民素质，改善社会形象

数据显示，相对制度文化与价值观文化，中国的社会文化形象是相对薄弱的部分。我们认为，这个现象主要是两个方面的因素所造成：首先是俄罗斯传媒的作用。俄罗斯电视和报刊上关于中国社会现状的报道，多以有选择的揭露性为主，主要报道中国发生的灾难、环境污染、农村的贫困与脏乱等负面内容，而且过于热衷于渲染中俄文化的差异，比如中国人吃狗肉、吃野生动物等现象。此外，中国的国民素质是更重要的因素。数据表明，目前人际传播与物品传播是俄罗斯人接触和认知中国的最直接渠道，但是我们遗憾地发现，在俄华人是影响中国形象的一个主要负面因素。在俄华人（特别是务工人员）的社会影响非常不好，他们勤劳勇敢、吃苦耐劳到不顾尊严的地步。大批中国外出务工者几十人挤住在环境极差的小房间里，为了挣钱、省钱和存钱，宁愿过着极其简陋的生活。在华人群居的地方，往往又脏又乱又差，经常大声喧哗，到处吐痰，教养差，素质低，相互斗殴、彼此抢劫等事件时有发生。关于中国产品的质量问题，事实上也与国民素质有紧密的关系。出口的不规范、商人缺乏诚信、加上产品本身质量的欠缺，导致中国产品成为"劣质"的代名词，而这个代名词，正在影响中国的整体形象。

因此，加快国民现代化的步伐，提高民众综合素质、思想观念、生活方式、行为方式等各方面的素质，真正使中国成为名副其实的"礼仪之邦"，是我们的当务之急。

总之，尽管这次社会调查的覆盖面和数量有限，但是，俄罗斯人对待中国的基本态度从中已可见一斑。近年来，俄罗斯的研究机构也很关注国家形象和两国关系问题。从 2002 年开始，俄罗斯"社会舆论基金会"每年一次针对"中国形象"在全俄展开社会调查。他们的调查数据，从不同角度印证了我们调查问卷的客观有效性。形象是需要有真实内涵的，这要求我们真正做好自己，增强国力，提高国民素质，完善自己的"软实力"。同时，形象也是需要塑造的，让别人了解你，认识你，信任你，喜爱你，是进一步相互交流、发展良性关系的一个重要基础。中俄两国是近邻，在当今世界格局中有着太多的共同利益，建构良好的中俄关系已经成为中国政府外交领域的重要关注部分。中俄关系的良性发展，取决于两国政治经济利益的需要，同时，也在很大程度上取决于两国民众的相互认可和相互信赖。因此，我们应该努力了解中国在俄罗斯民众眼中的真实形象，在此基础上，发扬我们的软实力，改善我们的形象、塑造更好的形象，吸引俄罗斯，这对于增强两国的战略伙伴关系，发展长远的中俄友谊无疑具有重大的历史意义。

参考文献

1. 程曼丽：《大众传播与国家形象塑造》，《国际新闻界》2007 年第 3 期。

2. 吴友富：《中国国家形象的塑造和传播》，复旦大学出版社 2009 年版。

3. 李玮：《俄罗斯眼中的中国——影响中国国家形象的文化因素分析》，《国外社会科学》2011 年第 1 期。

4. ［俄］亚·弗·卢金：《俄国熊看中国龙》，重庆出版社 2007 年版。

5. 《约瑟夫·奈访谈录》，《南风窗》2009 年 6 月 18 日。

6. 张毓强：《国家形象刍议》，《现代传播》2002 年第 2 期。

7. 何辉、刘朋等：《新传媒环境中国家形象的构建与传播》，外文出版社 2008 年版。

8. 信晓东：《俄罗斯主流报刊中的中国形象》，北京大学硕士学位论文 2010 年版。

9. 俄罗斯社会舆论基金会（Фонт общественного мнения），2002—2010 年《中国形象》系列调查问卷，http//www. Фом. ru。

（李玮，语言学博士、新闻学博士。北京大学外国语学院俄语系教授，博士生导师。电子邮箱：liwei225@pku. edu. cn；刘浩，北京大学外国语学院副教授，文学博士。电子邮箱：dato_ liu2002@yahoo. com. cn）

Russia's Image of China
– Data Analysis and Discussion
on China's National Image

LI Wei   LIU Hao

Abstract: Analysis of this article is based on data of 500 questionnaires randomly collected on streets of Moscow. With Joseph Nye's soft power as the core concept of questionnaire design, researchers intend to get some concrete information about knowledge and acceptance the Russia public preserve in terms of China, specifically focusing on the attraction of social, institutional and value-related dimensions of contemporary Chinese Culture. Furthermore, the means and channels Russian people usually used to get China-related information has also been examined so as to deeply understand the formation mechanism of their impression on China. Via analysis of data, this article manage to present a real and multi-dimensional image of China from the general Russian's view, which will facilitate a better understanding of the features and causes of Russian's attitude towards China and point out the way for further improvement of China's image in this regard.

Keywords: China, Russia, National Image, Mass Media

(LI Wei, Doctor of Linguistics and Journalism, Professor of Russian, Ph. D. candidate supervisor in School of Foreign Languages, Peking University. E-mail: liwei225@ pku. edu. cn; Liu Hao, Doctor of Literature, Associate Professor in School of Foreign Languages, Peking University. E-mail: dato_ liu2002@ yahoo. com. cn)

日本人眼中的中国形象

——关于中国文化对日传播的调查研究①

王秀丽 梁云祥

提 要: 本文通过问卷方式调查了日本民众对中国的总体印象及其对中国文化的了解和认同。研究发现,日本民众对表层中国文化、制度性和价值观方面的中国文化都有较深的了解和较高的认同感。中国饮食、人口众多以及熊猫和长城是日本民众对中国的第一印象。日本民众对中国的经济发展模式和成就持肯定态度,但认为中国不注重环保、不够诚信。日本民众对中国的儒家思想的了解和认同度要高于道家思想和当代中国的一些理念。同时,调查发现,日本民众接触中国文化的主要渠道是日本媒体;中国媒体对日本民众的影响力较低;日本媒体对中国的报道以负面为主,不够准确客观。

关键词: 中国形象,日本,中国文化,日本媒体

随着科学技术和经济全球化的不断发展,国与国之间在政治、经济、文化各个方面的交流与合作日益频繁。一国的国家形象比以往任何时候都更加深刻地影响着该国的生存与发展:国家形象在很大程度上影响他国消费者对一国出口产品的评价和购买意向,并可能影响他国对一国的政治、经济或外交政策的制定和实施。美国学者约瑟夫·奈(Joseph Nye)在 20 世纪 90 年代提出的软实力(soft power)的概念,即一国通过其文化、政策和价值观吸引而非通过经济制裁和武力强制等手段来获取民心的能力,

---

① 本文为 2008 年国家社科基金重大项目"我国对外传播文化软实力"(08&ZD057)的阶段性研究成果。

正在被越来越多的政府和民众所接受。①

近年来，尤其是"9·11事件"后，以美国为首的西方国家开始日益关注其国家形象，并通过文化交流、旅游推广、商业扩张、媒体策划等活动加以改善。而中国政府面对"中国威胁论"的甚嚣尘上，也采取了很多积极措施，如在海外建立孔子学院推广中国文化、设立奖学金吸引海外学生来华交流学习等，试图通过提高中国的文化软实力来改善中国的国家形象。

中国和日本作为亚洲最为重要的两个国家，不仅是隔海相望的近邻，更是合作密切的经济贸易伙伴。但是基于历史问题、领土争端等原因，中日两国之间摩擦不断，关系一波三折，两国民众间的亲近感和信任感持续下降②，不仅影响了两国的政治外交关系，也对两国的经济发展产生了很多不利影响。基于这样的背景，本文通过调查问卷方式分析了日本民众对中国的总体印象以及对中国文化的了解和认同，以期对中国政府通过对外传播中国文化来提升软实力和国家形象的策略提供必要的理论分析和可能的实践建议。

一 文献综述及研究问题的提出

国家形象是人们持有的对某一国家认知上的印象和情感上的态度。这一印象或态度可能源于媒介报道、人际传播或亲身经历。关于国家形象的国内外研究不少，但是采用问卷调查的方式研究日本民众眼中的中国形象的文献并不多。在这一部分，我们将对有关文献进行简要综述，并提出本文的研究问题。

（一）国家形象研究

国内有关国家形象的学术研究始于20世纪90年代，如徐小鸽的《国际新闻传播中的国家形象问题》，③ 黄庆的《对外宣传中的国际意识与国

---

① Joseph Nye, *Soft Power：The Means to Success in World Politics*, New York：Public Affairs, 2004.

② 吴健一：《中日邦交正常化以来的中日关系及日本人的中国观》，暨南大学硕士学位论文，2003年。

③ 徐小鸽：《国际新闻传播中的国家形象问题》，《新闻与传播研究》1996年第2期。

家形象》① 等，数量虽少，却使国家形象研究开始引起新闻传播学界的关注。

进入 21 世纪，国家形象成为国内学术研究的热点，相关的论文和书籍不断涌现。张毓强的《国家形象刍议》②、孙有中的《国家形象的内涵及其功能》③ 等研究关注国家形象的界定和内涵，从较为宽泛和宏观的角度探讨了新闻媒介与国家形象的关系。刘继南等撰写的《镜像中国——世界主流媒体中的中国形象》通过对美国、英国、日本等主流媒体关于中国报道的内容分析，探讨了中国在世界上的媒体形象。④

近几年来，越来越多的国家形象研究从公共关系角度出发，探讨提升国家形象的政策建议。吴友富的专著《中国国家形象的塑造和传播》从政府形象、公共关系、媒体传播、中国品牌等角度论述了如何塑造和传播中国形象。⑤ 何辉、刘朋的著作《新传媒环境中国家形象的构建与传播》分析了互联网、手机等新媒体的发展对国家形象构建与传播的影响，并提出了改善中国形象的途径与策略。⑥ 程曼丽的《大众传播与国家形象塑造》论述了大众媒介在国家形象塑造中的重要作用。⑦ 还有一些研究通过具体案例探讨了国家形象的塑造，如李正国的《危机公关、媒体角色与国家形象的修复》，⑧ 涂光晋与宫贺的《北京奥运与国家形象传播中的议程》⑨ 等。

国外关于国家形象的研究较为经典的著作包括迈克尔·昆齐克（Michael Kunczik）的《国家形象与国际公共关系》⑩，迈克尔·莫里（Mi-

---

① 黄庆：《对外宣传中的国际意识与国家形象》，《中国记者》1998 年第 9 期。

② 张毓强：《国家形象刍议》，《现代传播》2002 年第 2 期。

③ 孙有中：《国家形象的内涵及其功能》，《国际论坛》2002 年第 3 期。

④ 刘继南、何辉等：《镜像中国——世界主流媒体中的中国形象》，中国传媒大学出版社 2006 年版。

⑤ 吴友富：《中国国家形象的塑造和传播》，复旦大学出版社 2009 年版。

⑥ 何辉、刘朋等：《新传媒环境中国家形象的构建与传播》，外文出版社 2008 年版。

⑦ 程曼丽：《大众传播与国家形象塑造》，《国际新闻界》2007 年第 3 期。

⑧ 李正国：《危机公关、媒体角色与国家形象的修复》，《中国广播电视学刊》2006 年第 3 期。

⑨ 涂光晋、宫贺：《北京奥运与国家形象传播中的议程》，《中国广播电视学刊》2008 年第 7 期。

⑩ Michael Kunczik, *Images of Nations and International Public Relations*, Mahwah：Lawrence Erlbaum, 1997.

chael Morley）的《如何管理你的全球声望：动态的国际公关指南》①，西蒙·安浩特（Simon Anholt）的《竞争性身份认同：创新的国家、城市和地区品牌管理》② 等。其中安浩特提出的国家品牌化（Nation branding）概念非常有影响力：正如商品需要塑造品牌形象一样，国家也可以通过旅游推广、出口品牌、政府决策、对外投资、文化交流以及公众交流等六个方面进行品牌形象的塑造。

（二）日本的中国形象研究

有关日本的中国形象研究多是分析日本媒体报道中所呈现的中国的国家形象。刘林利的专著《日本大众媒体中的中国形象》在介绍日本大众传媒现状的基础上，梳理和归纳了日本主要报刊媒体的中国报道及其所折射的中国形象。③ 张玉通过对日本《朝日新闻》和《读卖新闻》1995—2005 年间有关中国的新闻报道进行内容分析，探讨了日本媒体关于中国的政治、经济、军事、外交等 9 类主题的报道中所呈现的中国形象，并发现日本媒体中的中国形象是中性偏向负面的。④ 战琦和刘妍通过对《朝日新闻》（英文版）有关中国报道的内容分析，探讨了中国在日本的媒体形象及其对中国外宣工作的启示意义。⑤ 罗海龙结合国际政治理论和传播学理论，以建构主义视角宏观分析了日本媒体的对华报道及其所建构的中国形象。⑥ 阮蓓倩通过对日本媒体涉华报道的个案分析，比较了中日两国间的报道差异及其对两国国家形象的影响。⑦ 赵新利结合日本媒体对华报道的特点，分析了《中国铁道大纪行》和《激流中国》这两部日本纪录片中所展示的中国形象，指出日本媒体对中国的客观准确报道有助于日本民

---

① Michael Morley, *How to Manage Your Global Reputation*：*A Guide to the Dynamics of International public Relations*，New York：New York University Press，1998.

② Simon Anholt, *Competitive Identity*：*The New Brand Management for Nations*，*Cities and Regions*，New York：Palgrave Macmillan，2007.

③ 刘林利：《日本大众媒体中的中国形象》，中国传媒大学出版社 2007 年版。

④ 张玉：《日本报纸中的中国国家形象研究（1995—2005）——以〈朝日新闻〉和〈读卖新闻〉为例》，《新闻与传播研究》2007 年第 4 期。

⑤ 战琦、刘妍：《从日本主要报纸涉华报道看国家形象的树立》，《对外传播》2008 年第 9 期。

⑥ 罗海龙：《日本大众传媒对华报道的建构主义分析》，河北大学硕士学位论文，2008 年。

⑦ 阮蓓倩：《中日相互报道与两国形象研究》，南昌大学硕士学位论文，2007 年。

众了解真实的中国。①

　　除了分析中国在日本的媒体形象之外，一些研究还从中日关系、历史学等角度分析了中国在日本的国家形象。吴健一在回顾中日关系发展的基础上，采用问卷调查的方式探讨了日本青年的中国观及其影响因素。② 吴光辉的专著《日本的中国形象》从跨文化形象学、历史学和哲学角度对中国在日本的形象进行了分析和阐述。③

（三）研究问题的提出

　　通过上述文献综述，我们发现，现有研究较少从中国文化对日传播角度研究中国的国家形象，也鲜有研究运用问卷调查的方法分析中国在日本的国家形象。因此，本文采用问卷调查的方式，探讨了日本民众对中国文化的认知和喜爱程度，以及由此形成的中国形象。本文的主要研究问题包括：

　　1. 日本民众对中国的印象是什么？
　　2. 日本民众对中国文化的了解和认同感是怎样的？
　　3. 日本民众接触和了解中国文化的主要渠道有哪些？
　　4. 如何提升中国文化在日本的影响力以及中国在日本民众心目中的形象？

二　研究方法

　　本文主要采用问卷调查的方法研究分析了日本民众对中国的印象，对中国文化的了解和认同，以及接触中国文化的主要渠道。

（一）抽样方法与问卷发放

　　受到研究经费和资源的限制，本次问卷调查的样本选择并不是概率抽样，而是采用了非概率方便抽样（convenience sample）的方法获取调查样

---

　　① 赵新利：《日本纪录片中的中国形象》，《青年记者》2009 年 10 月上。
　　② 吴健一：《中日邦交正常化以来的中日关系及日本人的中国观》，暨南大学硕士学位论文，2003 年。
　　③ 吴光辉：《日本的中国形象》，人民出版社 2010 年版。

本。这在一定程度上会影响研究结果的推广性，但对于我们了解日本民众的中国观以及对中国文化的了解和认同度却可以起到管中窥豹的作用。

调查问卷于 2010 年 9 月到 10 月间在中国北京和日本东京两地同时发放。在北京的问卷发放主要面向在北京学习和工作的日本留学生和公司职员；在东京主要面向日本大学生及普通民众。在两地共发放问卷 300 份，收回有效问卷 225 份，回收率为 75%。其中 156 份（约占 69%）问卷来源于生活在北京的日本留学生和公司职员，69 份（约占 31%）来源于生活在东京的日本大学生和普通民众。

（二）问卷内容结构

问卷内容共分五大部分，第一部分为调查样本的个人基本信息，如性别、年龄、教育程度、收入等；第二部分旨在了解日本民众对表层中国文化，如长城、熊猫、龙等文化符号的认识和接受程度；第三、四部分关注日本民众对制度性和价值观层面的中国文化的了解和认同感；第五部分意在了解日本民众接触中国文化的途径和渠道。问卷中多采用里克特 1—5 等级量表（Likert scale）来测量日本民众对中国文化的喜爱程度或接受程度，如 1 代表不喜欢，5 代表喜欢等。

（三）样本描述

在收回的 225 份有效问卷中，58% 为男性，42% 为女性。其中 18—20 岁年龄的占 28%，21—30 岁年龄的占 58%，31—40 岁年龄的占 9%，41 岁以上的约占 6%，整个样本年龄趋于年轻化。调查样本中，大学生比例高达 73%，研究生占 6% 的比例，其余约 20% 为公司职员、家庭主妇、教师、记者、摄影师等。约 20% 的被调查者年收入在 300 万日元以下；约 1/4 的被调查者年收入在 301 万—600 万日元之间；另有约 1/4 年收入在 601 万—900 万日元之间；约 17% 的被调查者收入在 901 万—1200 万日元之间；还有 12% 的被调查者年收入在 1201 万日元以上。

三　研究发现与讨论

（一）日本民众眼中的中国形象

在问卷调查中，我们从表层中国文化、制度性中国文化和价值观方面的中国文化角度探讨了日本民众对中国文化的了解和认同，以及他们眼中的中国形象。

1. 表层中国文化

（1）对中国的第一印象

当问到日本民众"一提到中国，您首先想到的是什么"这个问题时，中国饮食是被提及最多的一项，共有 67 次。除了笼统的提到中国饮食之外，具体的食品或菜肴也多有提及，如饺子（15 次）、麻婆豆腐（6 次）、北京烤鸭（4 次）、包子（3 次）、馒头（2 次）、杏仁豆腐（2 次）、炒饭（2 次）、煎饼（1 次）等。"人多"被提及的频率仅次于"中国饮食"，达到了 58 次。其次为熊猫（48 次）、长城（46 次）、共产党/共产主义（30 次），历史悠久（29 次）、毛泽东（29 次），国土广阔（26 次），红色（24 次）等。

图 1 列出了提及频率超过 10 次的中国印象。由图可以看出，日本民众对中国文化中的符号象征（长城、熊猫等），政党/政治体制特征（共产党/共产主义、毛泽东、红色、天安门等）以及历史元素（三国志等）印象深刻。除了被提及次数较多的这些中国印象之外，孔子、书法、故宫、唐装、太极拳、胡同、李白等这些中国文化因素也被提及；诸如中国的计划生育政策、贫富差距、人权问题、食品安全问题等也有出现。

（2）对中国文化感兴趣的程度

日本民众对中国饮食最感兴趣，这与日本民众对中国的第一印象吻合；其次为中文、名胜古迹和中药，电影、建筑、文学、音乐、书籍次之。图 2 列出了日本民众对各类中国文化感兴趣的程度。同时，通过SPSS 统计分析软件的皮尔森相关系数检验（Pearson correlation）发现，被调查者中，女性比男性对中国文化更感兴趣（$r = 0.29$，$p < 0.01$）；年龄越大的被调查者对中国文化越感兴趣（$r = 0.16$，$p < 0.05$）；同时，汉语

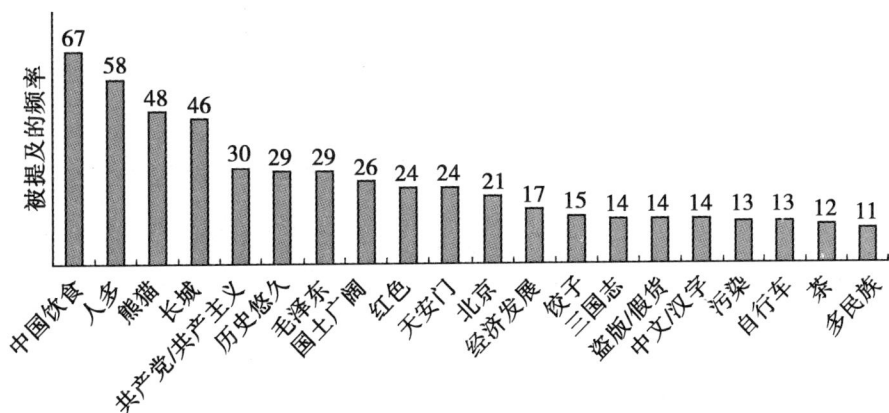

图1 日本民众的中国印象（次）

水平越好的被调查者对中国文化越感兴趣（r = 0.30，p < 0.01）。

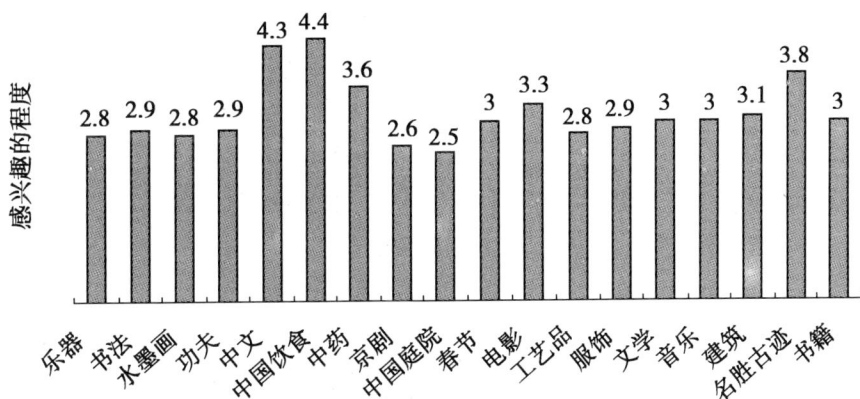

图2 日本民众对中国文化感兴趣的程度（1 = 不感兴趣，5 = 感兴趣）

（3）代表中国文化的符号

在问卷调查中，高达99.5%的日本民众认为长城是中国文化的象征，接下来为熊猫（92%）、孔子（89%）、汉字（84%）、龙（82%）、天坛（62%）、青花瓷（62%）和中国结（61%）。对这些文化象征的喜爱程度，以熊猫为最，接下来为长城、汉字、龙、孔子、天坛、青花瓷、中国结。图3列出了日本民众对这些中国文化象征的喜爱程度。

在问卷中，日本民众还提到了其他一些中国文化象征符号，包括故宫、华表、太极拳、牡丹、唐装、自行车、天安门、毛泽东、鞭炮、红色与黄色、胡同、武术等。

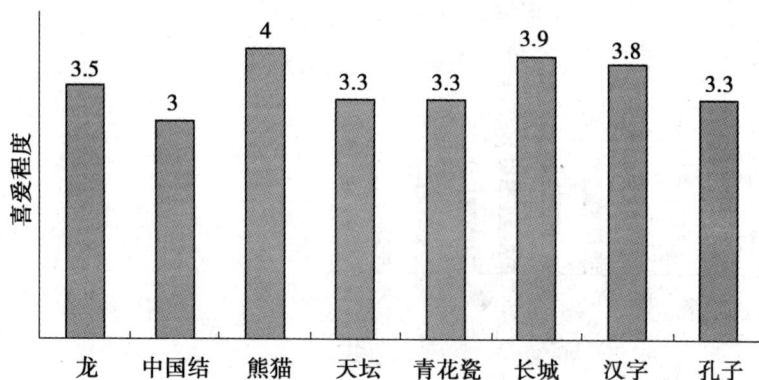

图3　日本民众对中国文化象征符号的喜爱程度

（1 = 不喜欢，5 = 喜欢）

2．制度性中国文化

（1）中国社会的整体印象

日本民众对当今中国社会的整体印象是：介于文明与野蛮、现代与传统之间；经济发展快速但不注重环保、比较没有诚信；社会等级观念较强、较为封闭但文化较为多元；较不尊重个人权利并对世界和平构成了一定的威胁。对于中国社会的集体主义与个人主义价值观取向以及信仰自由的判断，日本民众基本处于中间状态。表1列出了被调查日本民众对中国社会整体印象的均值。

表1　　　　　　　　日本民众对中国社会的整体印象

1	2	3	4	5	均值
文明的				野蛮的	3.10
发展快速				发展缓慢	1.89
现代的				传统的	3.01
等级观念强				等级观念弱	2.43
有助于世界和平				威胁世界和平	3.32
开放				封闭	3.34
文化多元				文化单一	2.39
注重环保				不注重环保	4.28
有诚信				没有诚信	3.55
注重集体主义				注重个人主义	3.13
信仰自由				信仰不自由	3.16
尊重个人权利				不尊重个人权利	3.47

同时，通过 SPSS 的统计分析中的 T 检验发现，在北京的日本民众比

东京的日本民众认为中国的文化更为多元（F = 7.11，p < 0.01），发展更快速（F = 3.17，p < 0.05），更有助于世界和平（F = 3.21，p < 0.05），更尊重个人权利（F = 3.87，p < 0.05）。同时，通过皮尔森相关系数检验发现，被调查者中越年轻的日本民众认为中国越现代化（r = 0.18，p < 0.01），汉语水平越高的日本民众认为中国发展更快速（r = 0.16，p < 0.01），更有助于世界和平（r = 0.19，p < 0.01）。

（2）对中国现行社会、政治、经济制度的认识和评价

在调查中，40%的日本民众准确答出了中国现在实行的社会制度是"社会主义制度"；57%的日本民众准确答出了中国现行的政治体制是"人民代表大会制度"；40%的日本民众准确答出了中国目前的经济发展模式是"社会主义市场经济体制"；仅有29.5%的日本民众准确答出了中国现行的政党制度是"共产党领导下的多党合作和政治协商制度"。从上述数据可以看出，日本民众对中国社会现行的政治、经济、社会和政党制度有一定的认识和了解。

在对中国现行政治制度的评价中，33.6%的日本民众认为中国现行政治制度促进了中国社会的发展，38.8%持较为中立态度，其余27.6%的日本民众则认为中国现行政治制度阻碍了中国社会的发展。在对中国经济发展模式的评价中，58%的日本民众持赞成或较为赞成的态度，32.6%的日本民众持中立态度，仅有9.3%的日本民众对中国经济发展模式持否定态度。同时，35%的日本民众认为中国现在的发展对世界和平有益，43.3%持中立态度，其余21.7%则认为中国的发展对世界和平是一种威胁。

总体来说，日本民众对中国经济发展模式的评价持较为赞成的态度，对"中国现行政治制度是促进还是阻碍了中国社会的发展"以及"中国现在的发展对世界和平是有益还是威胁"持较为中立的观点。表2列出了被调查民众观点的均值。

表2　　　　　　　　　日本民众对中国政治、经济发展的评价

	均值
中国现行政治制度是促进还是阻碍中国社会的发展？（1 = 阻碍，5 = 促进）	3.08
您对中国经济发展模式如何评价？（1 = 不赞同，5 = 赞同）	3.72
中国现在的发展对世界和平是有益还是威胁？（1 = 威胁　5 = 有益）	3.17

3. 价值观方面的中国文化

日本民众对儒家思想中的"己所不欲、勿施于人"的观点最为了解，认同度也最高；对"忠"和"孝"的了解和认同度较高；对"仁"以及"和而不同"的了解程度虽然不高，但是认同度较高。日本民众了解和认同度最低的是儒家文化中的中庸思想。相对于儒家思想而言，日本民众对中国道家思想中的"阴阳"和"天人合一"的了解程度和认同度都较低。

对中国当代所提倡的理念，如"以人为本"，"消除两极分化，走向共同富裕"，"和平共处、和平发展、建立和谐社会"等，日本民众的了解都不多，但是认同度却相对较高。表3列出了日本民众对中国价值观的了解和认同程度均值。

表3　　　　　　**日本民众对中国价值观的了解和认同程度均值**

中国价值观	了解程度均值 （1＝不了解，5＝了解）	认同程度均值 （1＝不认同，5＝认同）
仁	3.08	3.75
中庸	2.85	3.35
己所不欲，勿施于人	3.67	3.96
和而不同	3.19	3.62
忠	3.47	3.64
孝	3.45	3.90
一阴一阳谓之道	2.28	3.07
天人合一	2.26	3.06
消除两极分化，走向共同富裕	2.54	3.79
和平共处、和平发展、建立和谐社会	3.09	3.83
以人为本	3.16	3.73

除了上面提到的这些价值观之外，日本民众还列举了一些他们认同的中国价值观，如：礼，义，团结，委婉，努力，勤奋，善良，要面子，以德报怨，重视效率，尊师重教，以和为贵，积极向上等。日本民众不喜欢的中国价值观有：反日，规矩，贿赂，腐败，中庸，拜金主义，大即是好，环境污染，弱肉强食，天朝大国，卫生观念，中华主义，现实主义，集体主义，网络审查，军备扩大、无规则意识，知识产权侵犯等。

（二）了解中国文化的渠道

日本民众了解中国最主要的渠道是日本的大众媒体，包括互联网、电视和报纸；其次为身边的中国人，以及到中国留学、旅游；最后为学校课程和中国媒体。图 4 列出了被调查民众接触中国文化的具体渠道及其被提及的频率。

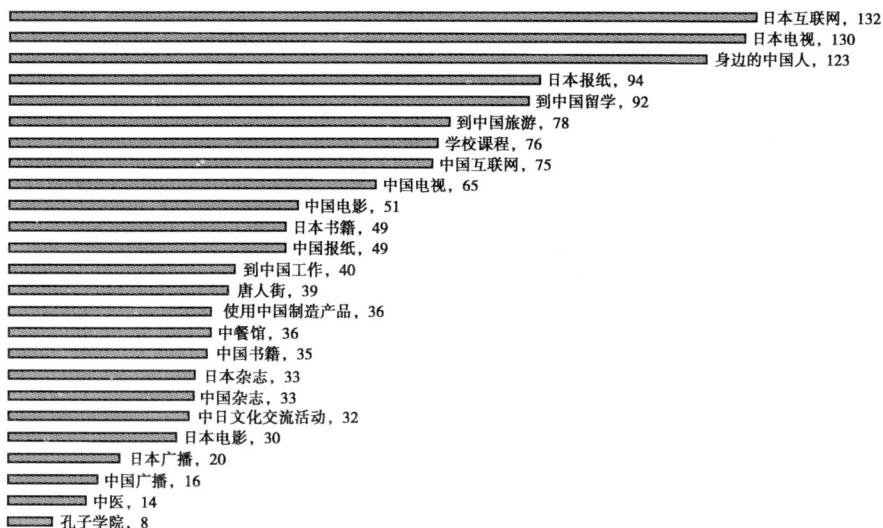

日本互联网，132
日本电视，130
身边的中国人，123
日本报纸，94
到中国留学，92
到中国旅游，78
学校课程，76
中国互联网，75
中国电视，65
中国电影，51
日本书籍，49
中国报纸，49
到中国工作，40
唐人街，39
使用中国制造产品，36
中餐馆，36
中国书籍，35
日本杂志，33
中国杂志，33
中日文化交流活动，32
日本电影，30
日本广播，20
中国广播，16
中医，14
孔子学院，8

图 4 日本民众接触中国文化的渠道

除了问卷中列出的渠道之外，被调查者提到的其他渠道还包括：家人、朋友、学校老师、艺术品、游戏、中国小说、在中国的日本朋友等。对于如何增强日本民众对中国文化的了解的建议，被调查者提及最多的途径是"加强中日交流"（73 次），其次为到中国留学、旅游、访问等（65 次），日本媒体正确、全面的报道中国信息（35 次），以及中国网站、电影、电视、书籍等（17 次）。

1. 对中国媒体的接触情况

在调查中，日本民众对中国中央电视台的接触频率最高，近七成的被调查者曾经看过中央电视台的节目，其中超过 3/4 的人表示他们观看中央电视台节目的频率在每季度 10 次以上。相对来说，日本民众对中国国际广播电台、《中国日报》、《北京周报》、《今日中国》、《中国画报》等中国外宣媒体的接触频率较低，不足 30%。表 4 的上半部分列出了调查日本民众的中国媒体使用频率以及使用频率在每季度 10 次以上所占的比例。除了问卷中列出的这些渠道之外，日本民众接触的中国媒体有：《北京晚报》、《参考消息》、凤凰卫视、《环球时报》、《新京报》等。

相对于传统媒体而言，日本民众对中国官方网络媒体的接触频率都较低。调查中，约 1/3 的日本民众曾经浏览过人民网、新华网和央视网。其余网站如中国网、国际在线等的访问频率都低于 20%。表 4 的下半部分列出了调查中日本民众对中国网络媒体的接触频率。除了问卷中列出的网站之外，日本民众访问过的中国网站还包括百度、新浪、搜狐、土豆网等。

表 4　　　　　　　　　日本民众对中国媒体的接触频率　　　　　　　　（%）

中国媒体	使用人数	所占比例	每季度使用 10 次及以上人数	每季度使用 10 次及以上占使用人数比例
中央电视台	156	69	118	76
国际广播电台	57	25	29	51
《中国日报》	65	29	30	46
《北京周报》	35	16	17	49
《今日中国》	30	13	6	20
《中国画报》	24	11	5	21
人民网	84	37	49	58
新华网	74	33	44	60
中国网	43	19	24	56
国际在线	24	11	11	46
《中国日报》网站	20	9	8	40
《北京周报》网站	15	7	5	33
《今日中国》网站	14	6	6	43
中央电视台网站	66	29	27	41
《中国画报》网站	12	5	1	8

在调查中，20% 的日本民众表示他们从未浏览过上述中国网站的原因是不知道这些网站，没有浏览的习惯；14% 提到不浏览这些网站的原因是不理解网站上的内容；8% 不浏览这些网站的原因是网站信息与自己无关；另有 4% 和 3% 的被调查者表示他们不浏览中国网站的原因是网站信用度低和难以接受中国网络媒体的观点。

2. 对中国媒体的评价

仅有 11% 的被调查者表示他们信任或比较信任中国媒体，44% 表示不信任或较不信任中国媒体，其余约 45% 的被调查者处于中立。日本民众对中国媒体的总体印象是较不真实准确，也不够独立和客观，媒体报道更多的是一种政治宣传，而非信息传递。一些被调查者认为中国媒体"没有正确的传播信息，而是有选择的传播与政治相关的报道"，是"共产党的发言人"，"受政治影响很大"，且"自由度低"。

调查中，半数以上的日本民众表示他们关注有关中国的所有消息，近两成的被调查者更关注有关中国的坏消息，10%表示他们更关心有关中国的好消息，其余约20%日本民众表示他们对任何有关中国的消息都不感兴趣。

3. 日本媒体的中国报道

在调查中，54%的日本民众认为日本媒体对中国的报道绝大多数为负面报道，仅有12%的日本民众认为日本媒体对中国的报道以正面为主。近四成的被调查者认为日本媒体对中国的报道不准确，仅有16%的被调查者认为日本媒体的报道较为准确。近半数的被调查者认为日本媒体对中国的报道不够客观，仅有13%认为日本媒体的中国报道较为客观。

4. 北京奥运会与上海世博会

2008年的北京奥运会和2010年的上海世博会作为展示中国经济实力、优秀文化与民众风貌的国家形象公关努力，也是国外公众了解中国和中国文化的重要途径。调查中，85%的日本民众观看了北京奥运会，其中绝大多数（83%）通过媒体观看，约17%在北京现场观看了奥运会。关于北京奥运会的印象，有132名被调查者做了回答，其中78%为正面评价，10%为负面评价，12%为中立评价。正面评价包括对奥运会开幕式的赞叹，如"开幕式很棒"，"规模大"，"很豪华"，"非常精彩"，"很热闹"，"成功"，"令人感动"；对奥运会的赛事组织的称赞，如"准备充分"，"组织得很好"，"体现了经济发展和中国的力量"，"奥运期间空气好"，"干净"；以及其他评价，如"被中国人的爱国情感所感动"，"国家认同度高"，"比预想的有内涵"，"增加了对中国的信任"等。负面评价主要包括："人太多"，"很吵"，"重视外观、无实际内容"，"牺牲很多东西"等。30%的被调查者认为北京奥运会增进了他们对中国或中国文化的了解，8%认为没有增进，其余62%认为没有变化。

仅有约35%的日本民众关注了上海世博会，其中绝大多数（78%）通过电视媒体观看。日本民众对世博的印象普遍低于奥运。46人填写了对世博会的印象，其中仅有约20%的评价是正面的，包括："非常漂亮、很受感动"，"非常热闹，感到很开心"，"规模很大"等；绝大多数的评价为负面，包括："非常混乱，游客素质很低"，"很多人不排队"，"很多人翻越围栏，感觉很没素质"，"没礼貌"，"缺乏创造力"，"世博园内交通不便"，"世博园内物价很贵"等。

四 研究结论

本文通过问卷调查的方法研究分析了日本民众对中国的印象，对中国文化的了解和认同，以及接触中国文化的主要渠道。通过对问卷数据的分析和归纳，我们发现了一些有意义的结论。

（一）日本民众对中国文化有较高认同度

总体来说，日本民众对中国文化，无论是表层文化，还是制度性和价值观方面的中国文化都有较高的认同度。中国饮食是日本民众对中国的第一印象，也是日本民众最感兴趣的中国文化。中国的人口众多特征以及熊猫和长城这两个中国文化符号也给日本人留下了深刻的印象。除饮食之外，日本民众对中文、中药和中国的名胜古迹比较感兴趣。同时，日本民众对熊猫、长城和汉字这三个中国文化象征较为喜爱。

日本民众对中国的政治、经济和社会制度有一定的了解，对中国的经济发展模式和取得的成就持较为肯定的态度，但对中国的政治体制以及中国发展对世界和平的贡献持较为中立的态度。同时，日本民众认为中国经济发展快速，但不注重环保，不够诚信、较为封闭。

在中国的价值观文化中，日本民众对儒家文化中的"己所不欲、勿施于人"以及"忠"和"孝"的思想认同度最高；其次为中国当代提倡的"和平共处，和平发展，建立和谐社会"，"以人为本"等理念；相对来说，对道家文化的"阴阳"和"天人合一"思想认同度较低。

尽管我们的问卷调查显示，日本民众对中国文化的总体认同度较高；但同时也应该看到，这种较高的认同度更多地集中于对表层中国文化的喜爱，如饮食、中文以及熊猫、长城等文化象征符号，而对制度性和价值观方面的中国文化认同度相对较低。目前影响中日两国关系的历史问题、台湾问题以及领土问题等更多的与制度性、价值观方面的中国文化相关。因此，今后中国文化的对日传播策略，应该更多地向日本民众传播当代中国的政治体制、政治文化和主流价值观，这将有助于增进双方了解，并促进两国间和平友好、相互信赖关系的建立。

（二）中国媒体的国际传播影响力急需提高

中国媒体对日本民众的影响力较低。调查中，除了中央电视台之外，日本民众对中国媒体，包括传统媒体和网络媒体的接触和使用都较低。对中国媒体的接触较少一方面当然有语言方面的障碍，但是考虑到近七成的被调查者是生活在北京的日本民众，那么语言障碍和媒体接触渠道应该不是主要原因，而媒体自身的吸引力、影响力、可信度可能是更为重要的原因。调查中，日本民众表示他们并不信任中国媒体，认为中国媒体报道不够准确客观，更多的是一种政治宣传，而非信息传递。因此中国媒体应该改变现有的新闻报道模式，充分考虑国际受众在文化传统和思维模式上的差异，选择其可以接受的方式进行传播，从而提高中国媒体在国际传播中的竞争力、影响力和公信力。

2009 年，中国政府拨款 450 亿元人民币，旨在提高包括新华社、《人民日报》、《中国日报》、中央电视台、中国国际广播电台等在内的中国国家媒体的国际传播能力。国际传播能力提高的关键是获得国际话语权。英国广播公司（BBC）和美国有线电视网（CNN）等国际强势媒体的影响力就是来自他们的话语权。中国媒体应该不断改进报道方式和新闻选题，建立国际话语权，提高传播力和影响力，成为强势国际媒体，从而有效地将中国的形象和声音传递给包括日本在内的世界人民。

（三）日本媒体应准确客观报道中国

影响日本民众对中国文化认同和中国形象的因素有很多，如政治体制、中日关系、历史问题、领土争端等，但是不可否认，日本媒体上的中国报道对于日本民众中国形象的形成起着举足轻重的作用。大众媒体作为人们信息的重要来源，其信息的准确与否、真实与否、客观与否，在很大程度上影响人们的认识、判断以及行为。议程设置理论指出，媒体对某一事件的报道量的多少和版面的安排会影响受众对这一事件重要性的认识，进而影响人们的舆论导向和行为。① 框架理论进一步指出，大众媒介通过对新闻素材的"选择和凸显"，即"选择某一事件的特定方面，并在传播文本中加以凸显"，从而促成对某一问题的"独特界定、因果解释、道德评价以及处理方式"②。

在新闻报道中，媒体常常通过设置议程和构建新闻框架来凸显某种内涵和思想，宣传和维护特定的利益或价值观，进而影响受众对人物或事件的理解和决策。布里尔（Brewer）等学者通过控制实验的方法研究了媒体报道一国事件时所采用的新闻框架对其国家形象的影响。实验发现，当美国媒体的新闻框架关注墨西哥政府在控制毒品方面的努力以及积极与美国合作打击毒品走私的时候，美国民众对墨西哥持较为正面的印象；而当新闻框架关注墨西哥毒品泛滥及其对美国造成的不良影响时，美国民众对墨西哥持较为负面的印象。③ 另外，汪达（Wanta）等学者结合民意调查和内容分析数据，研究了媒体报道与公众对一国形象认知之间的相关性，发现美国媒体对他国的负面报道，往往引发美国民众对该国的负面印象。④

我们的调查数据显示，日本民众了解中国最重要的渠道是日本媒体，包括互联网、电视、报纸等。而同时，半数以上的日本民众认为日本媒体对中国的报道以负面为主，并且不够准确和客观。这与一些学者对日本媒体的中国报道所作的内容分析结果基本吻合。⑤ 如果日本媒体不能准确的报道中国，那么日本民众很难通过媒体认识一个真实的中国。鉴于媒体在国家形象塑造中的重要作用，如何引导日本媒体准确、客观的报道中国是中日双方必须努力解决的一个问题。

---

① Maxwell McCombs and Donald L. Shaw, "The Agenda-setting Function of Mass Media", *Public Opinion Quarterly*, Vol. 36, 1972, pp. 176—187.

② Robert Entman, "Framing: Toward Clarification of a Fractured Paradigm", *Journal of Communication*, Vol 43, No. 4, 1993, p. 52.

③ Paul R. Brewer, Joseph Graf, and Lars Willnat, "Priming or Framing: Media Influence on Attitudes toward Foreign Countries", *Gazette: The International Journal for Communication Studies*, Vol. 65, No. 6, 2003, pp. 493—508.

④ Wayne Wanta, Guy Golan, and Clseolhon Lee, "Agenda Setting and International News: Media Influence on Public Perceptions of Foreign Nations", *Journalism and Mass Communication Quarterly*, Vol. 81, 2004, pp. 364—377.

⑤ 张玉：《日本报纸中的中国国家形象研究（1995—2005）——以〈朝日新闻〉和〈读卖新闻〉为例》，《新闻与传播研究》2007 年第 4 期。

（四）加强中日交流是提升在日本的中国形象的重要途径

在中日两国一衣带水，文化同源的前提下，加强两国在政治、经济、教育、文化等各个方面的交流合作是日本民众了解中国文化，尤其是制度性和价值观方面中国文化，改善中国形象最重要的途径，也是调查中日本民众建议的最佳途径。一方面，中日交流能够使双方更加深入的了解对方国家的政治体制、经济发展、社会历史和文化传统，另一方面，在交流中建立起来的人际情感和深厚友谊能够增加双方的信任和亲近感。

一些学者的研究发现，人们在形成对某一事物的评价和判断时，首先依据个人经历，其次才是媒体报道。[①] 一个人在某一个国家的亲身经历和直观感受，很容易改变媒体报道的影响。王秀丽、舒梅克（Shoemaker）等学者通过调查研究发现，当人们在某一个国家交流、学习或旅游过，他们对该国的印象好坏在很大程度上取决于其旅游或交流学习的经历。[②] 学者杨（Yang）等人在对美国人进行问卷调查后发现，美国人在韩国的个人经历比大众媒体的二手信息更加能够影响他们对韩国国家形象的判断。[③] 学者朴萨若（Sora Park）在研究日韩两国的国家形象时发现，那些有韩国朋友或曾经到访过韩国的日本人相较于其他人而言更加认同韩国文化。[④] 我们在调查中也发现，在北京的日本民众因为对中国社会有亲身感受，因而比在东京的日本民众认为中国的文化更为多元，经济发展更为快速，也认为中国的发展更有助于世界和平，中国社会更加尊重个人权利。也就是说，相较于在东京的日本民众，有过在中国生活经历的日本民众对中国的印象更为正面和全面。这种差异从一个侧面说明，中日间的交流能够让日本民众更全面深刻的了解中国。

---

① Diana Mutz, "Mass Media and the Depoliticization of Personal Experience", *American Journal of Political Science*, Vol. 36, 1992, pp. 503—508.

② XiuliWang, Pamela J. Shoemaker, Han Gang, and E. Jordan Storm. "Images of Nations in the Eyes of American Educational Elites", *American Journal of Media Psychology*, Vol. 1, Winter/Spring 2008, pp. 36—60.

③ Sung-Un. Yang, Hochang Shin, Jong-Hyuk Lee, and Brenda Wrigley, "Country Reputation in Multi-dimensions: Predictors, Effects, and Communication Channels", *Journal of Public Relations Research*, Vol. 20, No. 4, 2008, pp. 421—440.

· ④ Sora Park. "The Impact of Media Use and Cultural Exposure on the Mutual Perceptions of Koreans and Japanese", *Asian Journal of Communication*, Vol. 15, No. 2, July 2005, pp. 173—187.

虽然，中日两国政府、企业、高校、个人、文化团体、民间组织间的交流访问一直在进行，但是交流的范围和规模还远远不够，今后应该进一步增进中日两国间在政治、经济、文化、教育等各方面的交流，使更多的日本民众能够亲身感受中国文化，认识真实的中国社会。

（王秀丽，博士，北京大学新闻与传播学院副教授，电子邮件：xiuli. wang@ pku. edu. cn；梁云祥，博士，北京大学国际关系学院副教授，电子邮件：lyunxiang@ pku. edu. cn）

China's Image in the Eyes of Japanese People: A Survey Research on the Impact of Chinese Culture in Japan

WANG Xiuli, LIANG Yunxiang

Abstract: This study examines Japanese people's perception of China and Chinese culture. The study finds that Japanese people have some knowledge about China's traditional culture, social system and values. Japanese people's first impression of China is delicious food, large population, Panda and the Great Wall. Japanese people think highly about China's economic development and achievement, but don't think China pay much attention to the environment. Mass media is the main source for Japanese people to know about China, and most Japanese media report about China is negative and not objective.

Keywords: China image, Japan, Chinese culture, Japanese media

(WANG Xiuli, Ph. D. , Associate Professor of School of Journalism and Communication, Peking University, Email: xiuli. wang @ pku. edu. cn; LIANG Yunxiang, Ph. D. , Associate Professor of School of International Studies, Peking University, Email: lyunxiang@ pku. edu. cn)

实践思考

浅析我国对外电视国际传播能力建设的现状与发展策略

——以中央电视台为例

李　宇

提　要：国际传播能力建设是我国当下使用频率非常高的词汇。这个概念的产生是我国与世界互动的现实需要，同时也有其特殊的时代背景、国际环境和战略意图。中国对外电视已经取得了长足的进展，国际传播能力显著提升，本文着重梳理我国对外电视发展的历程，探寻对外电视国际传播能力的概念、现状与发展策略。

关键词：对外电视，国际传播能力，文化软实力

近年来，我国对外电视发展迅速，国际传播能力显著提升。在我国诸多对外电视机构中，中央电视台一直是国际传播能力建设的先锋和中坚力量。截至 2010 年年底，中央电视台开播的国际频道在语种数量方面位居世界第一，驻外记者站点总数也在世界主要电视机构中名列前茅。但与此同时，我国对外电视在国际上依然面临着严峻的竞争形势，国际政治环境和舆论格局要求我国进一步提升国际传播能力。本文以中央电视台为例，从国际传播能力的概念出发，梳理历史与现状，分析不足，研究发展策略。

一　概念与内涵

在中国，"国际传播能力"是一个相对较新的概念，也是在中国应运而生的一个概念，具有较强的中国特色。西方对于我国 2008 年北京奥运

会前后以及 2009 年众多事件的报道凸显了我国国际传播能力建设的重要性，也是从那时开始，"国际传播能力"成为我国政府、学界和媒体使用频率很高的一个词汇。

　　笔者在世界知名数据库 LexisNexis 中以"国际传播能力"的英文翻译（international communication capability）为关键词进行搜索，仅发现了在新闻库中有三条与之相关的信息，而且全部与中国相关。最早一条与国际传播能力建设直接相关的英文信息出现在 2009 年 11 月 26 日，其题目为"China vows to build media's global communication capacity"（中国誓言要建造媒体的全球传播能力），该文摘自新华社英文稿。第二条英文信息出现的时间是 2009 年 12 月 31 日，题目是"Chinese media builds international communication capability – Xinhua"（新华社报道，中国媒体要建造国际传播能力），该文摘自新华社英文稿。第三条出现的日期是 2010 年 1 月 6 日，题目是"China holds national meeting on external propaganda work"（中国就外宣工作举行国家会议），这篇文章在正文中提及了国际传播能力，它是翻译自新华社对内的中文稿。

　　从中文报道来看，"国际传播能力"这个概念最早在媒体公开出现的时间是 2008 年 10 月。随后在 2008 年 11 月 13 日，新华社在报道中共中央政治局常委李长春到中央电视台调研时较为详细地提及了这个概念。李长春在讲话中提出，要把提高国内国际传播能力摆在突出位置，坚持走改革创新之路，不断提高新闻报道的原创率、首发率、落地率，积极构建覆盖广泛、技术先进的现代传播体系，努力打造国际一流媒体，形成与我国经济社会发展水平和国际地位相称的国内国际传播能力。2008 年 12 月 20 日，胡锦涛在纪念中国电视事业诞生暨中央电视台 50 周年大会的贺信中强调，实现全面建设小康社会奋斗目标，要求我们适应国内外形势的发展变化，积极构建现代传播体系，进一步提高国内国际传播能力，努力营造良好的舆论氛围和社会环境。在同一场合，李长春在题为《努力构建现代传播体系 提高国内国际传播能力》的讲话中强调，"加强国内国际传播能力建设，事关我国改革开放和现代化建设大局，事关我国的国际影响和国际地位，事关我国文化软实力的提升，事关我国媒体在国际舆论格局中的地位和作用。"领导人的系列讲话将国际传播能力建设摆到了政府、学界和传媒业界的议事日程上，国际传播能力的概念也由此广为传播，成为一个高频词汇。

　　国际传播能力，简言之，就是一个国家的媒体向其他国家或地区进行传播的能力。这个概念的重点在于"能力"。"能力"的概念包含了三个方面：其一，它是理解情景和环境要求的认知本领；其二，它是证明具有理解情景和环境要求的本领的动机；其三，它代表了交际活动中完成特定目标的有效性和恰当性。① 媒体的国际传播能力则是媒体进行国际传播的能力。对于从事国际传播的媒体来说，能力的关键要素在于充分了解和认知国际形势和目标受众，并取得理想的传播效果。正因为如此，有学者认为，媒体的传播能力体现公信力，反映引导力，决定影响力，是实现传播效果最大化的前提和基础。② 决定广播电视传播能力的基本要素是传播内容、传播方法、传播手段、传播战略和传播队伍。③ 国际传播能力主要包括五个部分，即采编播能力、传输与覆盖能力、推广与营销能力、受众服务能力以及研发与创新能力。其中受众服务能力包括两个方面，即为海外受众提供节目信息和咨询服务以及搜集海外受众的反馈建议。如图 1所示。

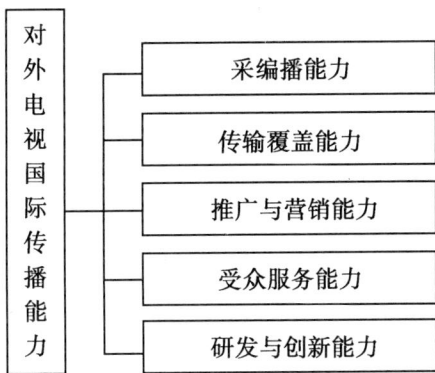

图 1　对外电视国际传播能力的构成

　　这五种能力之间存在着内在的关联。如图 2 所示。

　　在图 2 中，采编播是节目传输覆盖的前提，传输覆盖是品牌的推广与

---

① ［美］陈国明：《论全球传播能力模式》，《浙江社会科学》2006 年第 4 期。
② 孔德明：《广播电视传播能力的基本特征与体系构建》，《中国广播电视学刊》2009 年第 11 期。
③ 同上。

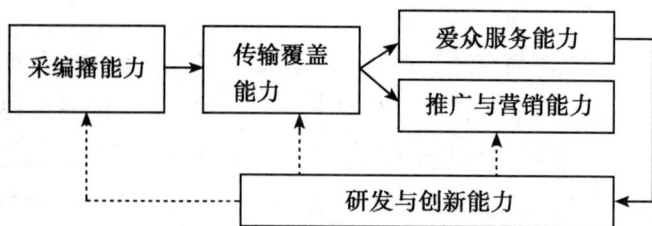

图2　对外电视国际传播能力构成要素的内在关联

营销以及受众服务与反馈搜集的基础。受众服务与反馈为研发与创新提供重要依据，而研发与创新又将极大提升内容的采集与制作以及节目传输与覆盖能力。

二　历程与现状

　　虽然国际传播能力的概念提出时间不长，但我国在 20 世纪 90 年代就已经开始了实质性的国际传播能力建设，尤其是采编播能力和传输覆盖能力。我国电视国际传播能力建设的历程与电视整体发展密不可分，同时受到国内外政治、经济环境变化的影响。我国电视国际传播能力建设大体上可以分为四个阶段：起步期（1958—1991）、探索期（1992—2000）、发展期（2001 年至今）。

（一）起步期（1958—1991）

　　从 1958 年我国电视事业诞生开始到 1991 年，电视国际传播能力建设基本处于起步期。客观上讲，在这一时期，我国政府和媒体对于"国际传播能力建设"尚没有足够和清晰的认识。在这个阶段，我国电视国际传播能力建设在内容生产、节目传输覆盖等方面都处在非常原始的阶段。当时，我国电视机构还主要是以邮寄的方式向海外寄送专题节目。随着国际国内形势的变化，寄送对象和内容有较大的改变。在 20 世纪 50 到 70 年代，我国节目寄送对象主要是外交上的友好国家；从 1980 年起，主要对象是海外华语电视传媒。1989 年 6 月，因为国内外政治形势的突然变化，国际传播能力建设受到了较大的影响，传输覆盖能力受到重挫。1989 年的教训，引起了国家领导人对外宣工作的重视，中央设立了国务院新闻办公室，作为对外宣传的领导机构。1990 年，全国对外宣传工作会议召开，强调要加强电视对外宣传的力量，次年 7 月 16 日，中央电视台成立了对外中心。① 至此，我国电视的国际传播能力建设从某种意义上正式在国家层面被提上了议事日程。在这个阶段，我国仅仅开始了传输覆盖能力的建设，采编播能力建设还在萌芽状态，而受众服务能力、推广与营销能力以及研发与创新能力的建设则尚未起步。

（二）探索期（1992—2000）

从 1992—2000 年，我国国际传播能力建设处于探索期。在采编播能力方面，我国对外电视在这一阶段实现了历史性的突破。1992 年 10 月 1 日，中央电视台第一个国际卫星电视频道，即第四套节目正式创办并对外开播；这是中国电视对外传播史上的一个里程碑。此后，我国对外电视传播进入了多语种时代。1997 年 6 月 27 日，中央电视台英语国际频道开始对外试播。2000 年 9 月 25 日，中央电视台英语国际频道正式开播。中央电视台这两个国际频道的开播，在全球华语和英语电视频道格局中产生了一定的影响，逐步提升了我国在世界舆论格局中的地位。

就传输覆盖能力而言，我国国际传播能力建设在这一时期进入了卫星传播阶段。1992 年 10 月 1 日，中央电视台第四套节目通过卫星对外传播，信号可以覆盖台、港、澳和亚洲、澳洲、非洲、独联体、东欧、中东的 80 多个国家和地区。1997 年 10 月，中央电视台中文国际频道使用卫星 K 波段覆盖北美，用户可使用直径 1 米的天线直接接收。从寄送节目转变为卫星直接传送播出节目，既提高了新闻的时效性，又扩大了节目的信息量。② 与此同时，从 20 世纪 90 年代开始，多个省市开播了国际频道，或者通过卫星在海外播出。1994 年 1 月 1 日，浙江卫视就开始利用卫星覆盖中国周边四十多个国家和地区。1997 年，黑龙江卫视节目信号通过亚洲 2 号卫星传输，覆盖亚太五十多个国家和地区。与此同时，在其他传播渠道建设方面也进行了积极探索。从 1992 年开始，我国电视媒体积极

---

① 赵化勇：《中央电视台发展史（1958—1997）》，中国广播电视出版社 2008 年版，第 239—241 页。

② 张长明：《让世界了解中国——电视对外报道 40 年》，海洋出版社 1999 年版，第 46—48 页。

与各国官方和民间、华裔和非华裔人士开展合作，扩大节目的落地程度和覆盖范围。

就受众服务能力而言，1997 年中央电视台海外节目中心成立了观众联络组，从事海外受众联络、搜集受众反馈以及开展相关调查等工作。1997—2006 年，CCTV-4 观众联络组连续 10 年开展了有奖问答活动。活动在对外电视节目中公布问题，海外受众在看到后通过寄信回答这些问题。然后观众联络组从回答问题的受众中抽取幸运观众，邀请他们参加到中国旅游等系列活动。1997 年，反馈的观众是 2000 多人，到了 2006 年，这个数量增加了 10 倍，达到近两万人。此后因为种种原因，活动被中止；这 10 年的受众服务工作为中央电视台积累了丰富的受众服务经验和资源。

在探索期，我国电视国际传播能力建设取得了较大的进展，主要体现在采编播能力以及传输覆盖能力都有较大的提升，受众服务能力建设开始起步，但其他能力的建设则刚刚起步或尚未起步

（三）发展期（2001—）

从 2001—2010 年，我国电视国际传播能力建设处于新的发展阶段。以中央电视台为例，就采编播能力而言，驻外记者站点数逐年增加，从 2001—2010 年这十年间，尤其是 2010 年增长非常迅速。仅在 2010 年这一年间，就新建俄罗斯、非洲、亚太、拉美、中东五大区域中心站，以及朝鲜、伊朗、尼日利亚等 21 个周边站点。至此，中央电视台已全部完成七大区域中心记者站的建设，周边站点总数 43 个，全球记者站总数达到 50 个。这张新闻采编网络以中心站为核心，辐射 43 个周边站点，基本覆盖全球各个重点和热点国家，改变了过去主要在欧、美发达国家设立记者站的状况。在内容编辑与播出方面，中央电视台在这十年间新增了 4 个语种的国际频道，另外，将英语国际改版成为英语新闻频道。2004 年 10 月 1 日，西班牙语—法语国际频道（CCTV-E&F）开播；2007 年 10 月 1 日，法语国际频道（CCTV-F）和西班牙语国际频道（CCTV-E）分别独立播出。2009 年 7 月 25 日，阿拉伯语国际频道诞生，同年 9 月 10 日，俄语国际频道正式开播。2010 年 4 月 26 日，英语国际频道改版为英语新闻频道，频道呼号也由 CCTV-9 改为 CCTV-NEWS，成为中国第一个外语新闻频道。

就传输覆盖能力而言，2001 年广播电视"走出去"工程被列为国家广电总局的重要工作内容，国际传播能力的传输和覆盖能力随之进入了大发展的阶段。在此基础上，从 2004 年开始，"长城平台"投入运营。2004 年 10 月 1 日，长城（美国）平台率先开播，以商业化运营模式，通过卫星直接入户。截至 2010 年 11 月底，长城平台全球付费用户总数 95580 户。另外，我国对外电视积极利用新媒体进行节目传播和覆盖，中国网络电视台 2009 年年底创建，实现了对 190 多个国家的覆盖。经过 10 年的发展，我国国际传播能力的传输覆盖能力建设取得了较为丰硕的成果。截至 2010 年年底，仅中央电视台在海外就已经覆盖 142 个国家和地区，整频道落地用户总数达到 1.6553 亿。

就受众服务能力、推广与营销能力而言，中央电视台在 2010 年成立了海外传播发展中心，规范和强化了海外观众联络和中央电视台在海外品牌推广工作。就研发与创新能力而言，中央电视台在 2010 年 12 月 28 日成立了发展研究中心，着眼于整合和提升研发和创新能力。

整体而言，在 2001—2010 年这十年期间，中央电视台在国际传播能力建设方面的力度逐步加大，但发展仍不均衡，整个电视台的国际传播能力建设的完整性、系统性和协调性还有待加强。

在发展期，我国电视国际传播能力建设中的采编播能力、传输覆盖能力大幅提升，推广与营销能力也开始起步，但受众服务能力仍较为薄弱，研发与创新能力也仍未成规模。

进入 2011 年之后，我国在国际传播能力建设方面的力度和幅度明显加大。以中央电视台为例，就采编播能力而言，2011 年 1 月 1 日，中央电视台纪录频道的国内版和国际版同时开播，这标志着我国国际传播能力建设战略的完善。过去，我国对外电视更多注重的是硬传播，也就是通过对外电视新闻来实现对"国际话语权"的追求，这本是应有之义。但不可忽视的一个问题是，在当前形势下，新闻话语权并不能真正确保我国声音在国际上的传播。文化是我国通过传媒获取国际影响力和认知度的重要资源，通过纪录频道传播中国文化正是我国加强国际传播能力建设的一个重要方式。另外，在 2011 年，中央电视台将建成北美分台，这是国际传播能力建设的一个里程碑。2012 年，中央电视台还计划开播葡萄牙语国际频道。

　　就传输覆盖能力而言，中央电视台正在不断探索新的传输和落地方式，力求在传输效果上实现从"量"到"质"的转变。2011 年，中央电视台除了继续扩展传统的落地入户方式，还加大了在海外高档酒店推广和播出各语种国际频道节目的力度，同时尝试在海外中餐馆、武馆、孔子学院、中国驻外使领馆签证大厅等场所播出中央电视台的节目。这些举措对于提升中央电视台在海外的接触率和认知度具有重要的意义。另外，2011 年 5 月，中央电视台的视频发稿平台正式运营。这个平台按照国际传媒通行的发布方式和发布渠道，将中央电视台拥有版权的新闻报道直接传送给全球各类媒体和新闻合作与服务机构，实现新闻的二次传播。这是我国电视国际传播能力建设中传播渠道和传播策略的一个重大尝试和创新。

　　就推广与营销能力建设而言，中央电视台从 2011 年起正式将海外推广与营销工作纳入年度预算，投入专项资金开展中央电视台的品牌推广和节目营销。负责这项工作的海外传播发展中心通过在海外租用或建立 LED 户外广告牌、在国际媒体投放中央电视台品牌广告、举办"手拉手"活动等形式，着力提升中央电视台在海外的接触率和知名度。这也是中央电视台国际传播策略的一个重要转变，体现了中央电视台从重视国内到国内国际并重的战略转变。

　　在受众服务能力建设和研发与创新能力建设方面，中央电视台也在积极通过体制、机制创新，强化这两个方面的能力建设。例如，2011 年，中央电视台恢复了中断 5 年的海外受众有奖问答活动和海外观众座谈会活动。

　　从中央电视台目前的发展态势和战略规划来看，其国际传播能力建设已经全面展开，进入了成熟期。可以预见，在未来的 5 年左右，中央电视台的国际传播能力将出现质的飞跃，达到与国际一流媒体比肩的水平。

三　不足之处

　　尽管中央电视台的国际传播能力建设已经进入了高速发展的阶段，但仍有诸多不足之处，如果不加以解决，在一定程度上会制约国际传播能力的全面提升。我国其他对我电视媒体也存在类似的问题，制约了它们的全面发展。

（一）采编播能力建设

在中央电视台国际传播采编播能力大幅提升的同时，其在传播理念和人才配备等方面还存在一些不足。首先，在理念上，传播与宣传这两个概念仍然存在一定的混淆。"传播"就是向其他国家和地区传递本国的节目内容，而宣传则带有很强的政治色彩。有学者就指出，包括电视在内的对外报道中存在浓厚的"宣传味"，主要有以下表现形式：其一是把"正面报道为主"理解为"报喜不报忧"；其二是感情色彩太浓。其三是过分夸张，片面强调一点而不及其余。① 其次，"对内"与"对外"的界限不是十分清晰。我国电视对外传播上存在的一个较大的问题就是将对内宣传的模式和方法应用在对外传播上。印度尼西亚美都电视台中文新闻节目负责人在接受笔者访问时表示，"因为中文教育水平的问题，对于印度尼西亚华人观众来说，中央电视台用于报道新闻的有些词汇对我们来说还是比较生硬；很多报道用语对于中国国内的观众来说已经很简单了，但是对于我们印度尼西亚这边的观众来说，这些中文词汇还是比较难"。外语对外电视节目也有类似的问题。

人才是国际传播采编播能力建设的关键资源，但中央电视台国际传播人才规模和构成依然不够合理。截至 2011 年 3 月，中央电视台英、西、法、阿、俄五个语种对外频道总人数约为 840 人，他们大部分是近些年从外语院校毕业的学生，普遍没有接受过专业的新闻和电视的训练。相比之下，对内频道无论是在人才规模、结构或专业素质方面都要远远超过对外频道。如果与境外其他两个非母语国际频道的人力状况进行比较，中央电视台的差距就更加明显。半岛电视台非阿语频道的总人数 3000 人，新闻采编人数 1000 人；今日俄罗斯非俄语频道的总人数 2300 人，新闻采编人数 1200 人。

（二）传输覆盖能力建设

中央电视台在传输覆盖能力建设方面仍然受到一些体制机制的限制。例如，在我国目前的体制下，中央电视台人员出国还受到诸多限制。负责

---

① 张昆：《国家形象传播》，复旦大学出版社 2006 年版，第 67—68 页。

海外节目传输与覆盖工作的人员和其他人员一样，仅能以国家公务人员的身份出国，在资格审查、办理程序、出国时间、出国次数和组团人数等方面受到限制。但很多节目传输和覆盖工作必须在海外开展，而且多以市场方式进行，这些限制无疑会影响相关人员出国开展传输和覆盖工作的效率和效果。

（三）其他

我国对外电视的品牌推广和节目宣传、受众服务以及研发与创新能力的建设方面仍受到较多的制约。这一方面与政策相关，例如，"走出去"工程对于海外宣传推广并没有给予足够的政策和经费支持。另一方面，这也与电视媒体本身的意识有关，很多媒体仍主要关注节目的制作和播出，对于在海外的品牌推广和节目宣传、受众服务与反馈搜集以及研发与创新没有给予足够的重视。这些都在一定程度上严重制约了我国对外电视国际传播能力的提升。

四　策略建议

相比对内电视，对外电视在节目制作、传输、落地、受众服务等环节都较为复杂，因此，在传播能力方面也就具有更高的要求。对外电视主要通过对外电视频道和对外节目销售两种方式进行传播，节目从国内到达海外受众的过程中，需要跨越有形的"国界"和无形的"文化差异"、"制度差异"和"体制差异"等方面的障碍。我国对外电视在加强国际传播能力建设的过程中，要根据国际传播规律、目标国家的传播环境和市场特点采取相应的策略。具体而言，包括三个方面。

（一）注重国际传播能力建设的全面性和系统化

我国的国际传播能力建设具有较强的阶段性特点。见图3。

在1991—2000年的这十年间，国际传播能力建设的重点是节目的采编播能力。在2001—2010年这十年间，国际传播能力建设的重点是采编播和传输覆盖能力两个方面并举。从2011年开始，国际传播能力建设加大了对海外推广营销、受众服务和研发创新能力的重视。我国对外电视国

```
┌─────────────────────────────┐
│      采编播能力建设阶段        │
└─────────────────────────────┘
              │
              ▼
┌─────────────────────────────────────────┐
│   采编播能力与传输覆盖能力并举阶段          │
└─────────────────────────────────────────┘

┌───────────────────────────────────────────────────────┐
│ 采编播、传输覆盖、推广营销、受众服务和研发创新全面发展阶段   │
└───────────────────────────────────────────────────────┘
```

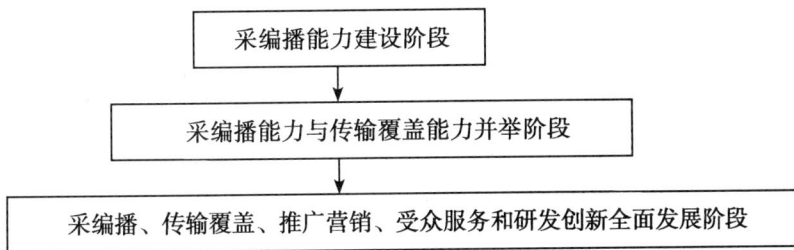

图3　对外电视的传播过程

际传播能力的全面提升将有赖于对国际传播能力的全方位、系统化建设。

1. 注重节目推广和品牌传播

我国对外电视长期以来注重节目的生产和传输环节，但忽略节目和品牌推广环节。在海外的重点地区，国际电视频道的竞争非常激烈，如何让受众从成百上千个频道中关注和观看我国的电视频道就是首当其冲的一个问题。只有当受众了解到我国某个频道的存在，他们才会有意识地去主动收看这个频道。否则，这个频道仅能是"传而不通，通而不受"。不过，值得庆幸的是，近年来，我国相关电视机构已经意识到海外节目推广和品牌传播的重要性。

2. 注重受众服务

受众服务主要包括两个方面，即为海外受众提供节目信息、咨询等方面的服务和开展受众调查、搜集节目反馈。对外电视既是一种传播行为，也是一种商业行为，完善的售后服务对于提升其竞争力具有重要作用。另外，受众的反馈对于改进节目质量、开发创新节目形式具有重要意义。台湾东森在美洲的东森美洲卫视就在美国建立了客服中心，一方面提供节目服务，另外每月对节目订户进行抽样调查，收集反馈和建议。每次抽样的数量大概是200户，通过电话询问3—5个问题，及时了解受众的收视喜好、意见和建议。只有建立了完善的受众服务体系，才能真正做到"外宣三贴近"，即贴近中国发展的实际、贴近国外受众对中国信息的需求、贴近国外受众的思维习惯。

3. 注重研发创新

无论是对内电视还是对外电视，节目内容与形式以及传播技术的研究和创新极为关键；对外电视因为需要面对千差万别的受众和市场更是如此。一个强大的研发部门已经成为很多大型国际传播机构的重要组成，并对于传播能力的提升发挥了实质性作用。日本 NHK 就有 NHK 广播电视文化研究所（NHK Broadcasting Culture Research Institute）和广播电视技术研究所（NHK Science & Technology Research Laboratories，STRL）两个研发机构。NHK 广播电视文化研究所成立于 1946 年，从事有关广播电视内容的研究，并开展各种民意测验。广播电视技术研究所创办于 1930 年，相继开发出卫星播出、高清电视、数字播出等新型播出系统、高灵敏摄像机以及超薄电视屏幕等技术。我国电视机构、尤其是对外电视机构需要在机制、体制、人员、资金等方面加大对于节目与技术研发的投入，强化创新，以提升国际传播能力。

（二）强化国际传播能力建设的本土化

对外电视的传播对象往往属于不同的国家或地区，他们拥有不同的文化。我国对外电视在内容生产和传播渠道方面要根据不同的国家、文化和时区制定"本土化"策略。例如，CNN 国际频道根据服务地区的不同，强化本土化的内容、编排，以期满足不同地区受众的内容需求和收视习惯。CNN 仅亚太版就细分为 13 种，分别按澳大利亚、中国香港、印度、印度尼西亚、日本、朝鲜、马来西亚、新西兰、巴基斯坦、菲律宾、新加坡、中国台湾、泰国这 13 个国家或地区进行编排。[①] 本土化的内涵很丰富，包括节目内容采集本土化、节目内容编辑本土化、节目播出本土化、人员本土化、服务本土化等。就我国对外电视而言，国际传播能力建设的本土化应集中在内容采编播、推广与营销以及受众服务三个方面。如图 4 所示。

本土化的推广与营销网络既可以直接根据当地市场动态、法律法规和客户需求制定推广和销售策略，同时也可以把当地的市场需求、竞争态势等方面的情报提供给总部。本土化的内容采编播网络一方面把在目标国家采制的节目提供给总部，另一方面直接向当地受众提供节目，拉近传者与受者之间的距离。本土化的受众服务网络则有利于更加便利和直接地为当地受众提供节目信息服务和搜集受众反馈。基于专业性的考虑，内容采编播网络、推广和销售网络和受众服务网络之间不应合而为一，但应紧密合作。

---

① 王海：《西方传媒对外报道策略》，中国传媒大学出版社 2009 年版，第 137 页。

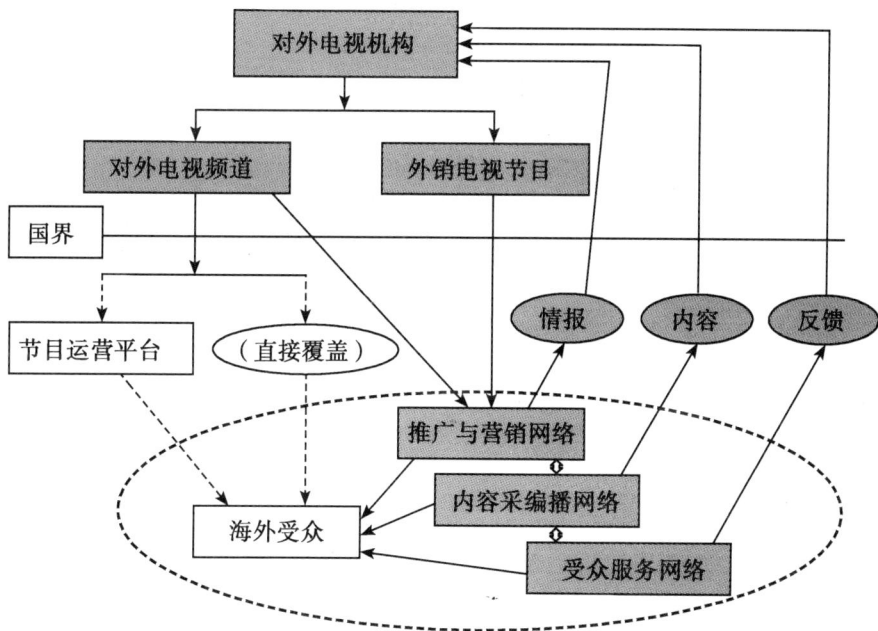

图 4　国际传播能力建设的本土化

（三）国际传播能力建设的民族化

我国的民族文化既能为我国电视的国际传播能力建设提供节目资源，同时也是推动国际传播能力建设的一种内在动力。我国在扩大内容生产规模、提升节目传输覆盖能力的同时，需要注重国际传播能力中民族文化的开发与利用。这也符合海外受众的内容需求和收视心理。很多海外受众一直对于中国英语新闻频道（CCTV-NEWS，也就是改版前的 CCTV-9；CCTV-9 现为中央电视台纪录片频道）中的文化类节目情有独钟，例如，美国俄亥俄州观众大卫·莫耶（David Moyer）在给中央电视台的信中表示，英语频道让他深入了解了中国丰富而神奇的历史，以及多姿多彩的文化和传统。美国观众卡里·凯利（Cary Kelly）在给中央电视台的信中也表示，他从未在中国居住过，也不是华裔，但是仍然喜欢英语频道；他很喜欢学习别的国家的文化，也包括中国的。① 印度观众 K. N. VIJAYAKUMAR 在中央电视台的网站上留言说，他经常收看英语频

---

① 中央电视台海外中心联络部：《海外观众反映》2009 年第 3 期。

道的节目。节目非常好，信息量大。他很高兴能够通过这个频道了解中国的文化、历史和自然风光，希望能多播出中国的传统音乐，不要模仿西方的形式。①

　　当下，我国在大力强化文化软实力的传播。文化软实力是软实力的一个重要内容，在中国的语境下，文化软实力，简而言之，就是文化的吸引力。从电视对外传播的角度出发，如果对文化进行分层，文化可以分为表层文化和深层文化两个层面，这样具有较强的操作性。如果用冰山来比喻的话，文化的这两个层次如图5所示。

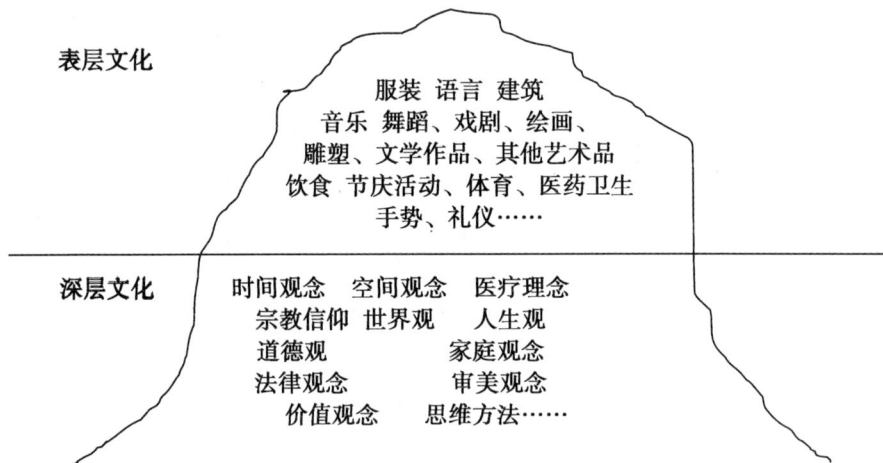

表层文化

服装　语言　建筑
音乐　舞蹈、戏剧、绘画、
雕塑、文学作品、其他艺术品
饮食　节庆活动、体育、医药卫生
手势、礼仪……

深层文化

时间观念　空间观念　医疗理念
宗教信仰　世界观　人生观
道德观　　家庭观念
法律观念　　审美观念
价值观念　思维方法……

图5　文化分层的冰山比喻：表层文化和深层文化

　　如果将文化简化为表层文化和深层文化两个层次，那么文化软实力就可以分解为表层文化的吸引力和深层文化的吸引力。这两个层面的吸引力有助于加强对外电视国际传播能力中的采编播能力和推广与营销能力，两者的相互关系如图6所示。

　　在全球化的背景下，内容和受众的竞赛日益激烈，地理、语言和文化因素将继续发挥重要作用，尤其在多频道的环境中，有一种受众和频道分化的强劲势头。有学者就认为，包括中国在内的许多亚洲国家开始发动雄心勃勃的信息基础设施建设，奇怪的是这些积极措施中丝毫没有聚焦于内

　　① 中央电视台海外中心联络部：《海外观众反映》2009年第6期。

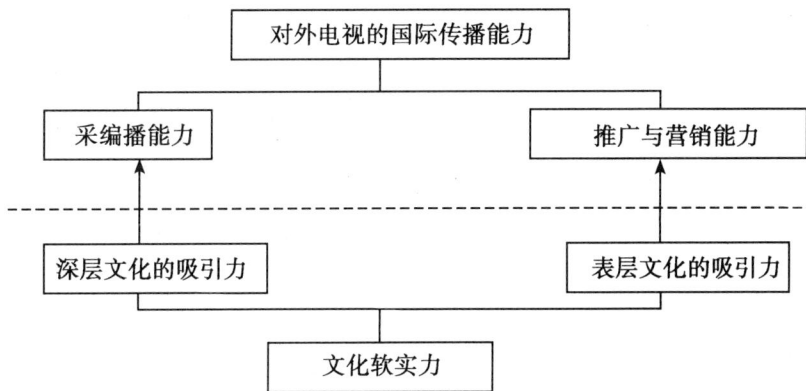

图6　对外电视国际传播能力与文化软实力传播的关系

容的制作。① 我国对外电视机构在内容生产中应注重发掘和注入中国深层文化内容。在全球化的背景下，有关宗教信仰、世界观、人生观、道德观、家庭观念和价值观念等内容的传播才是最为重要和关键的，这些深层文化的内容也最具有竞争力。这就要求我国电视媒体在国际传播能力建设的过程中，注重吸纳中华文化中的深层内容，将文化资源的优势转化为我国电视媒体的节目制作优势。有学者认为，衡量文化大国的一个重要标准就是文化原创能力。一个国家应该是国际重要文化思想的策源地，艺术创作的重要策源地，杰出的国际性文化代表人物的诞生地，引领世界思想、学术和文化艺术潮流。② 这就要求包括电视媒体在内的相关行业积极开发和利用中华文化资源，借助民族文化中深层文化的吸引力来提升对外电视国际传播能力中的采编播等方面的能力。

当然，表层文化也同样重要。不过，表层文化应更多地应用在推广和营销能力的建设中。我国对外电视机构要充分发掘和利用诸如服装、语言、建筑、音乐、舞蹈、戏剧、绘画、雕塑、文学作品、饮食、节庆活动等表层文化内容开展各种形式的品牌推广和节目宣传，以增加中国电视节目的吸引力。我们的节目只有广为人知，才能具有市场，并最终赢得受众。有学者认为，中国电视作为一种文化产品，真正的"走出去"，不仅

① ［新加坡］阿努拉·古纳锡克拉、［荷兰］塞斯·汉弥林克、［英］文卡特·耶尔：《全球化背景下的文化权利》，张毓强译，中国传媒大学出版社2006年版，第78页。

② 胡惠林：《文化产业发展的中国道路——我国文化产业发展理论和实践研究》，上海人民出版社2004年版，第288—289页。

仅是节目卖出去，而应该是文化输出去。只有我们的文化为对方所接受，才能真正实现"走进去"。因此，我们要做的不仅仅是注意力经济，而且是影响力经济。"走进去"的关键是如何把文化资源转化为文化资本。①因此，我国对外电视要充分发掘和利用民族文化中表层文化的吸引力，以提升对外电视的推广与营销能力。

　　总而言之，对外电视的国际传播能力具有很强的系统性，首先，必须全面促进采编播、传输与覆盖、推广与营销、研发与创新以及受众服务等方面的协调发展。其次，在发展策略上，不仅要注重电视频道的"走出去"，还要真正实现采编播、宣传与推广、受众服务的"走出去"，力求实现本土化。最后，要充分利用我国民族文化资源，将文化优势转化为传播优势，提升我国对外电视的国际传播能力。

　　（李宇，中央电视台海外传播发展中心制片人，北京大学新闻与传播学院博士研究生。研究方向：国际传播、跨文化传播、对外电视。已发表论文50余篇，并出版专著《中国电视国际化与对外传播》、《海外华语电视研究》等。电子邮箱：leeyuhncs@gmail. com）

Current Status and Prospects of China's International Communication Capability: Case of CCTV

LI Yu

Abstract: International communication capability is a frequently-used vocabulary in China. The concept came in being under the background that China sticks to its Opening-up Policy, and needs to interact with the outside world. After several decades, the International TV media of China have achieved a great progress, and the international communication capability has been approved to a historical high. The paper will focus on the study of the history of the International TV media of China, explore the concept and situation of its international communication capability, and research on the strategy of

---

① 谭天、于凡奇：《从"走出去"到"走进去"——论中国电视对外传播的策略创新》，《中国电视》2009年第8期。

improving the capacity.

Keywords: the International TV Media, International Communication Capability, Cultural Soft Power

(LI Yu, PhD candidate of School of Journalism and Communication, Peking University. Email: leeyuhncs@ gmail. com)

中国国际广播电台俄语广播
（对俄广播）发展历程

刘　岩

提　要： 中国国际广播电台，即 China Radio International（缩写为"CRI"），是我国唯一的国家级对外广播电台。CRI 的俄语广播创建于 1954 年。本文通过梳理 CRI 俄语广播对俄传播的历史、现状及面临的主要问题，从而提出对俄有效传播的建议。本文认为，随着苏联的解体，世界政治风云的变幻，该地区的传媒产业发生的急剧转型及快速发展，传统的带有强烈意识形态色彩的"宣传"模式和单一的短波广播的媒体平台早已无法适应新形势的需要。CRI 的俄语广播应遵循传播规律，根据新形势调整对俄的传播战略与策略，与此同时，始终坚持以如何提高国际传播实效作为对外传播的核心任务。

关键词： CRI（中国国际广播电台），国际传播，对外宣传

对俄广播是我国国际广播事业的重要组成部分，但目前相关的研究还较少见。还没有一本关于 CRI 俄语广播的著作，仅有数十篇相关的文章刊载在《工作在国际台——探索与实践》、《国际广播发展趋势研究》、《国际广播论文集》、《国际传播发展战略研究》、《当代国际传播研究》、《国际广播事业的新发展》、《新媒体时代对俄罗斯东欧传播研究》这些著作以及由中国国际广播电台主办的全国唯一以国际广播专业研究为主的权威性学术期刊《国际广播影视（学刊）》中。其作者全部为在国际台俄语广播部的工作人员。这些文章对俄语广播的历史，特别是对苏联时期俄语广播的情况进行了记载。这些资料对于有着 57 年发展史的 CRI 俄语广播部而言都是弥足珍贵的，但对新形势下俄语广播的发展现状、传播战略与策

略研究的文章却很少。本文作者在 CRI 俄语广播部工作近 10 年，因此，对 CRI 俄语广播的发展较为关注并一直进行跟踪调研。在本文中，笔者将结合平时工作的思考与调查研究数据，对 CRI 对俄广播的历史、现状及面临的问题和挑战进行系统的梳理，并重点就 CRI 对俄传播如何进行战略策略调整以加强对该地区的传播提出了可操作性的建议。

一　对俄广播的传播阶段及特征

新中国成立伊始，就十分重视对前苏联国家的宣传。从早期的互相交换音乐、广播节目在对方电台播出，到开办短波广播直接对该地区进行远距离广播，到租用周边国家中波电台、租用对象国调频电台时段改善我对该地区广播，再到利用广播、报纸、互联网等多种手段对该地区进行立体传播，CRI 的对俄传播经历了从无到有、实力从小到大，由单一短波广播手段到多媒体复合传播的传播历程。大致可以分为四个阶段：

1. 第一阶段——起步期（20 世纪 50—60 年代）

1949 年，中华人民共和国宣告成立后不久，苏联的广播机构便与广播事业局（国家广播电影电视总局前身）建立了联系。初期，中方只向苏方提供录制好的单篇稿件。遇有重大事件和节日，便彼此互约稿件，中国党和国家领导人、社会知名人士、专家学者向听众祝贺节日。后来开始交换唱片、录音带及各种报刊资料。据《中国国际广播电台大事记》统计，1952—1953 年间，中方寄给苏联广播管理总局共计唱片 126 张，各种录音带 29 盘，英文广播稿 12 篇，书刊 121 册。

为了适应中苏两国友好关系的发展，《中苏广播合作协定》于 1954 年 8 月 21 日在莫斯科签署。按照协定的内容，俄语寄送节目于 1954 年 12 月 24 日开始试播，1955 年 1 月正式在莫斯科电台播出，每周 1 次，1956 年增加到每周两次，后增加到每周 3 次。1968 年，中方正式停止向苏方寄送节目。

寄送节目一般由 3 个版块组成，即来自全国各地的建设新闻集锦、专栏节目、文艺性节目。专栏节目有：《在建设工地上》、《来自中国农村的报道》、《在人民公社里》、《中国历史》、《中国的民族》、《听众信箱》、《在苏联援建的工地上》、《历史上的今天》、《数字与事实》、《体育之页》、《中国烹调》、《中医治病》、《学中国话》、《幽默与笑话》、《来自各条战线的消息》、《听众点歌台》、《中国演员演唱或演奏的俄罗斯及苏联音乐歌曲》、《音乐猜谜》等 20 多种专栏。遇到重大事件问题则另辟专栏，如 1959 年的《迎接新中国 10 年》、为纪念《中苏友好同盟互助条约》签订 10 周年开辟的《中苏友好月》等。

寄送节目开办之初，很快就收到了听众来信。1956 年 2671 封，1957 年上升到 8210 封，1958 年正式建立由 6 人组成的听众来信组。1958 年听众来信突破 1 万封，达到 1.1 万封，1959 年达到 1.3 万封，1960 年为 2 万多封，创造了最高记录。听众构成，包括知识分子、工人、农民、干部、学生。

20 世纪 50 年代是中苏两党两国关系的最佳时期，政府与民间交流十分活跃，两国人民渴望了解对方国家的情况。全面介绍中国社会主义建设的成就及先进人物，增进友谊，便是寄送节目初期的宣传方针。

20 世纪 60 年代初，随着中苏分歧的公开化，北京电台寄送节目在宣传内容上遇到了很多新问题。1960 年 4 月，《列宁主义万岁》等三篇文章发表后，两国关系进一步恶化。苏方开始对中方寄送节目删节或扣压不播。1961 年年底，中央广播事业局党组决定开办寄送节目之外的俄语广播节目，并拟出节目方针上报中央，得到批准。

2. 第二阶段——徘徊期（20 世纪 60—70 年代）

1961 年 12 月 20—24 日，从北京直接播出的俄语广播节目试播。1962 年 2 月 25 日正式开播。

节目时长最初为 30 分钟，即新闻 10 分钟、评论 5—7 分钟、专稿或专栏 7 分钟。每天按苏联地区时差播出 9 次，包括对远东地区、西伯利亚地区、中亚高加索地区以及欧洲地区播出。使用 8 个频率广播，东欧地区也能听到北京电台的俄语节目。蒙古人民共和国则可收听到对西伯利亚地区播出的节目（后又开设了对蒙古地区播出的落地俄语节目）。

新闻和评论节目的内容，一开始以国内消息为主，主要是报道中国社会主义建设成就，另外就是一些外事活动的新闻。当时中苏关系已经相当紧张，值班编辑密切注意国际形势的发展，精心挑选有针对性的国内、国际新闻加以编发。俄语广播节目开播半年以后，又开展了"反对修正主义的斗争"。1962 年 10 月 20 日，印度军队在中印边界向中国边防部队发动全面进攻，中国边防部队被迫自卫还击。在中印冲突中，以赫鲁晓夫为首的苏联领导站在印度一边，因此有关中印边界自卫还击战的战报、中国政府的声明、中国领导人的讲话和《人民日报》的评论等都要及时对苏进行广播。从这时开始，新闻、评论的分量大大加重，播出时间也突破原来的规定，并逐渐成了俄语广播节目的主体。1962 年 10 月 31 日俄语节目由 30 分钟改为 1 小时。

专题节目方面，俄语广播从开办之初就统筹设计了多个专题节目，力图展现中国在建设社会主义现代化国家过程中文化、艺术、体育等各方面的发展情况。同时也为对象地区的听众介绍中国灿烂的古代文明。

苏共从 1962 年 11 月 15 日开始对北京电台俄语节目进行干扰，全面封锁俄语广播。1963 年夏，中共中央发表致苏共中央公开信后，中苏分歧公开化。随之，又播出了《九评》。

1966 年开始的"文化大革命"是一场浩劫，它把中国的国民经济推向了崩溃的边缘。"四人帮"直接插手的宣传部门是这场灾难的重灾区。当时，对外广播被当成所谓"无产阶级专政的工具"，广播对象是各国的"左派"。由于对外广播特殊性被否定，各语言节目原来的广播方针实际上被取消，把"世界革命"作为对外广播的整体指导思想，对外广播和对内广播毫无差别，节目中充斥了政治说教。当时，毛泽东主席很快发现了这种错误，多次指出："国家不同，做法也不能一样。""不要强加于人"。然而，在极"左"路线的影响下，这种状况没有得到多大的改变。当时，我驻苏使馆曾多次来电指出，俄语广播"针对性不强"，"听众不爱听"。此时的听众来信几乎降到零。偶尔有一两封信，均为攻击中国的。

20 世纪 70 年代以后，对外宣传的调子逐渐降温。根据毛泽东主席的"国家不同，做法也不能一样"的指示，俄语广播的宣传方针做了一些调整，撤掉了《毛泽东语录》、《毛泽东著作选播》及"大批判"专栏，开设了苏联人民喜好的专栏，如中国演员演唱和演奏的苏联歌曲和音乐等。

中共十一届三中全会以后，对苏广播面临着恢复昔日辉煌、重振队伍的繁重任务。在中苏关系尚未解冻时，许多敏感问题（如在国际问题上结成反苏统一战线、以苏划线等问题）如何突破，只能在不断请示和探索中解决。

3. 第三阶段——腾飞期（20 世纪 80 年代—21 世纪初）

20 世纪 80 年代中期，中苏关系逐步走向正常化。1986 年 10 月 14

日，苏方停止对北京电台俄语节目的干扰（在此之前中方已停止了对苏方华语广播的干扰）。俄语广播部抓住这一有利时机、修改宣传方针，使俄语节目更加有的放矢了。为此开辟了听众喜闻乐见的专栏，如《友谊之页》、《对汉学家广播》、《中医中药治疗常见病和多发病》、《中国文学》等。1987 年 1—2 月份收到的来信（70 封）超过 1983—1984 两年的总和。

1987 年，俄语广播宣传方针进行了较大调整。规定新闻不能超过 15 分钟，增加了新的专题节目，其中包括《文化生活》、《教汉语》、《听众信箱》、《体育爱好者》、《中国民族大家庭》、《中医中药》等。

1988 年成立了国际台驻莫斯科记者站。1991 年，国际台与莫斯科电台达成协议，互换专家。同年 12 月 26 日，苏联解体。

俄语广播根据形势变化调整广播方针，强调遵循中央的"冷静观察，沉着应付，稳住阵脚，韬光养晦，绝不当头"的精神，坚持以我为主，正面宣传，向独联体各国听众介绍中国改革开放和建设有中国特色的社会主义的成就，介绍中国独立自主的和平外交政策，宣传中俄睦邻友好的关系和中俄两国间的友谊。

1988 年 7 月 1 日，俄语广播节目全面改版，实现规范化。改版后的新闻节目时间为 13 分 30 秒，时事节目为 10 分钟，专题节目为 33 分钟。新增专题《中国与中国人》、《友谊桥》、《体育与健康》等。

进入 20 世纪 90 年代，中俄两国广播界的合作与交流日益频繁。1995 年，俄语广播举办《世界反法西斯战争胜利 50 周年》征文，共收到 400 多份作品，达到了非常好的宣传效果。在此期间，俄语节目有了很大改进。先后开办了《从班车上看北京》、《北京和北京人》、《中国妇女》、《中国菜谱》、《北京历史故事》、《中国古代服装》、《跨世纪的中国农业》、《今日西藏》、《在中国旅游》、《香港专题》等专题节目。

1998 年在俄罗斯成立了"友谊俱乐部"。俱乐部经常组织对中国、中国文化以及中国国际广播电台感兴趣的成员收听国际台节目，交流中国文化，参加国际台组织的有奖知识竞赛等活动。许多听众来信称赞国际台节目，并对节目提出意见和改进的建议。《听众信箱》节目的开设，就是采纳了听众的建议。起初，《听众信箱》不定期地根据听众来信来电，向听众介绍中国的建设成就，解答听众提出的各种问题，尽可能地为听众做好咨询等服务。后来，这一节目成为各语言广播部固定的栏目，而且成为听众最欢迎的名牌栏目。

1999 年，俄语节目实现了互联网上广播。这一切标志着俄语广播迈入了新的历史发展时期。

4. 第四阶段——多媒体综合发展期（21 世纪初至今）

进入 21 世纪，中国国际广播电台在巩固自有短波广播的同时，着力寻求在对象国家租用当地中波、调频频率对当地广播，实现节目落地，以适应调频广播蓬勃发展趋势以及听众偏爱收听调频广播的需求。俄语广播通过圣彼得堡 AM684 千赫中波电台、莫斯科 AM738 电台向俄罗斯进行中波广播。

2004 年 1 月，中共中央提出了"构建现代国际广播体系"的对外广播战略目标，明确"一手抓无线，一手抓在线"的"两条腿"走路发展路径。中国国际广播电台据此提出了三个转变，即由传统媒体向现代媒体转变，由单一媒体向综合媒体转变，由对外广播向国际传播转变，在继续办好无线广播、加快推进境外节目落地的同时，加快发展在线广播，努力将中国国际广播电台"国际在线"打造成中国在线广播的对外传播中心。在这一形势下，国际台对俄罗斯的在线传播得到迅速发展。不仅网站新闻更加快捷，专栏内容更加丰富多样，而且在线收听、在线视频等多媒体手段得到越来越多的应用，从而吸引了越来越多的受众。据美国 ALEXA 网站的统计，2006 年"国际在线"俄文网季均点击量为 1680439 次，到 2007 年跃升至 2845787 次。

目前，对俄罗斯传播已形成集无线广播（包括本土发射的短波广播以及在对象国家落地的中波、调频广播），在线广播（包括在线音频、视频），报纸多种媒体为一体的现代综合传媒形态，并正在规模、质量方面呈跨越式扩展和提升态势。

二　新形势下俄语广播的探索

（一）新形势下的俄语广播方针

一直以来，党中央要求对外宣传的根本任务是为党的总路线服务，为党的对外路线服务。据此方针，国际台曾规定俄语广播的任务是"宣传我国的内外政策的实践，以树立社会主义中国的形象，增进苏联人民对中国的了解和友谊，促进和平与发展"（《中共中央关于建立对外宣传小组和加强对外宣传工作的通知》，1980 年；《关于当前俄语广播的宣传报道思想》，1987 年）。遵循这一方针，俄语广播节目曾着重地、有分寸地向苏联听众介绍我国在中共十一届三中全会精神指引下，在改革开放、社会主义物质文明和精神文明建设方面所取得的成就；阐述我国独立自主的和平外交政策及我国在国际问题上的立场与观点，受到了听众的好评并培养了一大批忠实听众。无疑，CRI 俄语广播今天仍应当切实贯彻执行这一方针。

然而，随着国际形势的变化及我国政策的调整，我们也适时地修正节目方针及传播手法，从对外宣传向国际传播转变，努力实现宣传效益的最大化。苏联解体后，俄语广播根据形势的变化作了某些变动，但是，目前国际形势的变化及上述对苏联解体后的国情分析应当促使我们去认真思考俄语广播所应当采取的适当方针与政策。而中俄两国在近十年来关系的快速发展也要求我们必须适当改变宣传方针与政策。

1. 正确把握和分析当前时代特征、国际形势发展和国家关系的变化，正确阐述我国和平外交政策和我国在国际问题上的立场与观点；在建立新的世界格局过程中，维护和发展我国的战略地位和战略利益；以实事求是的态度对待俄罗斯为维护和平而采取的主动行为以及中俄两国关系发展的现状和前景。

2. 加强对我国坚持社会主义方向，深化改革开放，创建和谐社会的报道和理论阐述；同时，要恰当地、有分寸地、有说服力地阐明社会主义目前所遇到的曲折和它的光辉未来。在俄语节目中，通过介绍我国坚持社会主义道路和报道我国社会主义现代化建设成就，去宣传社会主义思想是十分必要的。但是，这种宣传应该恰当、有分寸、有说服力。

应当强调的另一点是：目前，必须把发展生产力、提高人民生活水平提到首位，以尽早实现建设一个富强民主的社会主义现代化国家的宏伟目标。有鉴于此，宣传报道好我国在中共十七大精神指引下深入改革开放，构建和谐社会，贯彻科学发展观，便是我们俄语广播的一项重要任务。

3. 加强中俄两国及中国同其他独联体国家的友好与合作的报道，在新的基础上开辟未来。

为实现社会主义现代化建设的宏伟目标，我国需要安定的国际环境，要同邻国保持睦邻友好关系。因此，增进中俄两国及中国同其他独联体国家的睦邻友好关系这一原则应始终贯穿于俄语广播的传播报道之中。

（二）面向新时期的俄语广播

在中俄关系处于历史最好时期的特定环境下，俄语广播的总方针为："向原苏联地区报道中国改革开放和社会主义现代化建设的成就，介绍中国的历史文化和各族人民的生活，增进原苏联人民对中国的了解和友谊，促进中国同该地区国家间的友好合作伙伴关系的发展，为创造我国改革开放和社会主义现代化建设事业的良好周边国际环境贡献力量，以利于我国21世纪战略目标的实现。"①

面向新世纪、新的历史时期的俄语广播在贯彻执行"增进了解和友谊"方针的时候，明确"超越意识形态的广播"这一点似乎值得我们认真思考。

1. 关于"广播不受国家关系的影响"

我们说"广播不受国家关系的影响"，当然不意味着广播可以同国家关系（或说外交关系）脱节，可以不遵守外交步调。既然我们的广播针对的是对象国的人民，因此，不论国家关系如何，都应同人民友好。其实，我们的对外广播在某种意义上可以看做是一种"人民外交"，即使国家关系发生变故时，对外广播依然可以发挥自己的作用。过去那种国家关系好的时候就"哥俩好"，不好时就"张牙舞爪"的做法带来的教训应当汲取。友好时不必"热过头"，"一好百好"；不好时，也不应"降到冰点"，"一无是处"。

中俄（苏）关系发展经历了多个历史时期。有同盟，有对立，也有共同发展。每一个历史时期，我们宣传的侧重点可能不一样。但是每一个时期，我们遵循的都是"增进前苏联地区人民对中国的了解和友谊，促进和平与发展"这一基本方针。无论是20世纪六七十年代中俄关系极度恶化的年代，还是近十几年来，中俄关系一天一个台阶的稳步发展成为国际社会国与国关系发展的典范的今天，我们的报道都是围绕上述方针开展

---

① 莫恭敏、崔永昌：《工作在国际台》，中国国际广播出版社2003年版，第407页。

的。这个原则在以后相当长一段时间内我们都应该认真学习体会，长期遵循。

2. 关于"不强加于人"

我国的外交原则是国家无论大小一律平等，各国和平共处，不干涉内政，不以武力相威胁，通过和平谈判解决一切争端。我们对自己的广播对象自然也应当采取善意、友好、平等的态度，把听众当作自己的朋友。既然我们的任务是让世界了解中国，让中国了解世界，让世界了解世界，加强中国人民和世界各国人民的友谊，在这种情况下，强调"不强加于人"的原则就显得尤其重要。我们不能苛求听众完全接受我们的观点。我们希望的只是听众通过我们的广播了解中国正在发生的现实，世界正在发生的变化，了解中国的立场和观点，正确与否，由他们自己去判断。

在现阶段，中俄两国人民相互了解的意愿逐年增强，因此作为连接中俄两国人民的桥梁之一，我们应该积极宣传，积极报道两国人民感兴趣的内容。但是在宣传报道过程中，一定要避免枯燥的说教和单纯的理论阐述。应该把最实际，最真实的两国在政治、经济、社会、文化方面以及普通百姓生活方面的状况等生动地展现给对方人民。在这点上应该注意的就是不要把观点强加于别人，坚持摆事实、讲道理的报道原则。

3. 关于"不指手画脚"

作为社会主义国家的电台，我们履行自己的国际主义义务，从道义上支持各国人民的正义斗争。我们对社会主义事业和共产主义运动的支持，主要体现在如何对外报道好有中国特色的社会主义精神文明和物质文明建设。因此，对对象国的内政不要指手画脚或施加影响，更何况我们已经声明，我们尊重各国人民对意识形态、政治制度和发展道路的选择。

所以，对对象国国内情况的报道和评述应持谨慎态度，在表明自己的立场和观点时，"不随意说三道四，更不施加自己不必要的影响"。

三　转变宣传观念 迈向国际传播

（一）"超越意识形态的广播"

苏联解体后，曾一度十分强调对待独联体国家"不应以意识形态划线"，于是便有了"进行超越意识形态的广播"的说法。虽然目前的形势发生了根本性的变化，但是这一观念里有很多东西值得借鉴和运用，在一定程度上，这也是国际传播理念在我国的对外宣传领域的一个发展和运用。

邓小平同志在苏联解体后就独联体局势所提出的"24字方针"对当前和今后的俄语广播人尤具指导意义。因为它包含着国际传播的一些重要原则和道理。

当时，鉴于东欧和苏联的动荡局势，邓小平同志提出要"冷静观察"局势的发展，不要使那里的变化影响国内，因而要"稳住阵脚，沉着应付"事态的发展。这是"24字方针"前三句话的意思。后三句话"韬光养晦，善于守拙，绝不当头"则要求我们不要锋芒毕露，而是后发制人；对原苏联地区发生的与我们的意识形态相左的事件不要争论、不要批判。更不要充当什么"头头"去对事态发展做"裁判"；然而，假使在西藏、人权等问题上出现反华事件，我们还是要表明自己的严正立场。当时，俄语广播遵照这个方针去做，达到了很好的效果。

如今，形势已经发生了根本的变化。我国与俄罗斯等国建立了友好合作伙伴关系。而2001年签署的《中俄睦邻友好合作条约》中，双方提出将"长期全面地发展两国睦邻、友好、合作、和平等信任的战略协作伙伴关系"，以加强世代睦邻友好，深化互利务实合作，促进共同发展繁荣。

在新的历史时期，俄语广播的方针、政策、报道思想、广播内容和广播形式等方面都应当为促进这种友好关系的发展，为创造我国改革开放和社会主义现代化建设事业的良好周边环境贡献力量，以利于我国21世纪战略目标的实现。

在这种情况下，我们应该转变传统的外宣思维，向国际传播靠拢，做好新形势下的"超越意识形态的广播"。在这方面，最要紧的一点是"既不要有忌讳，又不要失控"。换句话说就是，既不要受意识形态框框的束缚，又不要口无遮拦。具体说来，进行"超越意识形态广播"要求我们做到以下几点：

1. 报道要实事求是，不要掺杂"意识形态偏见"。换句话说，在准确、客观地报道原苏联地区（当然也包括世界其他地区）的重大事件的时候，应通过材料的选择和词语的表达去体现自己的倾向性，以便听众了解真实情况和中国对此的态度，但是在表示自己的倾向性时，不要做直露的表达，切忌教训的口吻和宣传味。

2. 不介入原苏联地区国家的党派斗争和民族纠纷。一旦我国同这些国家的关系发生变故时，要遵照外交部主管部门的安排，并在表态口径的范围内发挥广播的配合作用。

3. 不管原苏联地区国家国内发生何种变化，中国都会坚持与其在和平共处五项原则基础上维持并发展国家关系的方针。因此，我们的广播就应当坚持"友好与相互了解"的一贯方针，加强有关双边和多边的往来与友好合作的报道。

4. 原苏联地区国家人民当前遇到许多困难和问题，他们迫切要求了解中国，因此我们要有意识地、有针对性地、讲究宣传策略与手法地加强有关中国社会主义建设成就和中国人民的精神面貌的报道。当然，我们也不回避中国所存在的困难与问题（但这些问题的报道应有分寸），以使听众对社会主义中国有一个比较正确和全面的了解。

5. 任何事物都有其两面性。在中国同俄罗斯发展友好合作关系的同时，也隐藏着双边关系出枝节，甚至恶化的可能性。那是因为俄罗斯存在着主张"全盘西化"的"大西洋主义者"和主张"重新瓜分世界"的"极端民族主义者"。他们对中国持有戒心，赞同"黄祸论"，随时可能在边界、人权、"东突厥斯坦"等问题上向我国发难。对此，我们应当提高警惕，在发生这种情况时，当然要表明自己的严正立场。

世界各国的国际广播电台大部分语言节目的对象都应当是不同意识形态和社会制度国家的听众。因此，无论东方还是西方的国际广播，就其实质都应当是超越意识形态的广播。尽管东西方的国际广播都是实现各自政治目的的手段，然而他们利用这一手段的方式却不一样。我们社会主义国家坚持友好平等的、不强加于人的、不干涉他国内政的超越意识形态的广播。这样做，将使我们的广播收到更好的效果，也将会获得更多的听众，结交更多的朋友。

（二）"设身处地法"

多年从事对外广播的同仁都有一个共同的感受，那就是要使我们对外广播发生影响，取得良好效果，必须克服主观主义、加强调查研究，运用

"设身处地法"，即时时刻刻想着受众，了解他们的思想脉络、精神要求以及他们的生活环境、迫切需要。从更广泛的角度来说，还要了解他们的历史、文化传统以及风俗习惯等，然后把自己要传播的内容通过对方喜闻乐见的形式加以表达。

"设身处地法"有两层含义：一是钻进去，即如置身于对象国的社会之中，调查研究，了解各方面的情况；二是还得跳出来，回到我国的现实社会中来，掌握材料和事实，写出适合对方接受习惯的稿件。

钻进去就是要进行调查研究。"没有调查就没有发言权"，毛泽东同志的这句话应当成为我们从事国际广播的每个同志的座右铭。调查研究的内容应包括两个方面：第一方面是了解对象国听众的要求，即他们想知道什么、对什么感兴趣，他们国家的社会生活情况如何，社会舆论中什么占主导地位，特别是对我国有什么议论，等等。第二方面是对象国的听众喜欢什么形式的广播，他们国内的广播采用什么形式，在广播语言方面有什么新的变化。调查研究，除了直接的种种形式外，间接的调查也不可忽视。例如，阅读对象国的报刊、图书、广播、电视、网站也可获得不少有用的材料。从大量材料中去粗求精，找到我们广播需要的选题和有关材料，这才是进行调查研究的目的。

"设身处地法"的第二个方面是在调查研究基础上（即解决了"钻进去"的问题后）再跳出来，回到我国的现实中来，选择适合对象国的材料，用适合对象国听众的方式，写成稿件进行广播。应当说，国内各方面的材料有如汪洋大海，如何选材料则是进行国际广播的基本功。有的题目，如兴建乡镇企业、修建小水电等对西方发达国家可能不适合，而对尼泊尔等国家则正是听众感兴趣的问题。写一篇谈国内成绩的专稿，既适合西方资本主义国家，又适合第三世界发展中国家几乎是不可能的。

对外宣传某个国内问题，又是制定一个宣传口径所必要的，但还要灵活掌握，根据不同对象国的情况，采取不同的宣传方式，这才是宣传的一门艺术。我们在这方面积累了不少经验，需要加以总结和提高，不断丰富，才能把我国的国际广播推进到一个新阶段。

（三）具体探索

随着时代的发展，新闻传播领域也在不断发生变化，竞争也愈演愈烈。国际广播的发展要求我们的节目无论在内容和形式上都有一个质的飞跃。这种飞跃应表现为新闻实效的进一步提高；评论更为及时和广泛；各专栏节目质量进一步提高，针对性更强，形式更为活泼；作为信息反馈渠道的听众来信工作开展得更为有声有色。

目前中国国际广播电台节目已向规范化和国际化传播过渡并取得了初步成绩，然而尽管有节目规范化的骨架子，倘若缺少丰富多彩的节目内容及生动活泼的表现形式这种新鲜的血肉，那么"规范化"的节目将仍然是缺少光彩的，甚至是孱弱的。

1. 关于新闻评论节目

按照无产阶级新闻学的观点，"离开新鲜的事实就没有新闻"。如此说来，我们历来对新闻报道提出的两个最基本的要求——"准确、及时"，正源于"新鲜的事实"。既然是"事实"，就要准确；要"新鲜"，就得快、就得及时。这是从事新闻工作的每一位同志必须懂得的道理。还有一点，即新闻的"针对性"，这是对外广播工作者应当尤其重视的。只有坚持了及时性和针对性，才能以最快的速度向听众报道和评述他们所关注的重大事件，把他们的注意力吸引到我国对这些事件所持的立场和观点上来。

俄语广播的主要广播时段在北京时间后半夜。然而，目前俄语新闻却以北京时间 18：00 为首播时间。这样一来，多数的俄语听众难于收听到最新消息和评论。因此，在发扬 20 世纪 60 年代俄语广播新闻节目注重及时性传统基础上，如果能做到在 18：00 到 22：00 时间段及时播出重大国际消息和突发消息（而不仅仅是事先安排的重大消息）并作出评述，那么我们就能在国际新闻竞争中占据领先地位。

2. 关于专栏节目

专栏节目是我们向听众报道中国社会主义精神文明和物质文明建设成就，介绍中国历史、文化、艺术以及人民生活等方面情况的重要手段。在新的历史时期，我们的专栏节目负责人在遵循俄语广播方针和本专栏宗旨进行节目编排的时候，应当多动脑筋，多下工夫，使自己的节目做到内容丰富多彩、形式生动活泼。应当尽量少采用播音员照本宣科地播送报道、通信和文章那种传统的呆板形势；而使专栏形成一个由节目主持人、有不同形式的部分组成、充分调动各种广播手段的板块。这些不同形式的部分可以是录音报道、录音访问记、对话、讲话，甚至可以包括主持人与嘉宾进行现场对话的"脱口秀"形式。此外，还可以吸引听众参与我们的节目，增强节目互动性。这些形式无疑将会受到听众的欢迎。

3. 广播稿并非外交文件

尽管我们的广播要受到对外政策的制约，而且在节目中要不时广播一些外交内容的稿件，这在对某些国家的关系紧张时尤其如此。然而必须要指出的是，我们的广播稿并非外交文件，他们不应该古板枯燥，而应该生动活泼。

正是出于这样的理解，我们在阐述我国对外政策与立场、报道国际问题，乃至处理每一则具体消息时，都注意从对苏广播的实际出发，估计可能产生的宣传效果，决定广播材料的取舍，考虑论点是否中肯。同时，我们应始终认真掌握如下几个原则：把人民和其领导集团区别开来；注意听众的接受程度；注意摆事实、讲道理，以理服人；避免使用尖刻语言，尊重并且不应伤害人民的民族情感。

4. 关于信息反馈

任何一个国际电台都十分重视通过听众工作获取反馈信息，并根据听众的需求改进节目和吸引更多的听众收听自己的节目。这如同在市场经济条件下，生产厂家十分重视调查产品的销路和用户需求，以改进产品质量和调整产品结构，去占领更大的市场。

编辑部与听众保持联系的途径有两条：一个是听众来信工作（包括处理来信、电话、传真和电子邮件）；另一个就是《听众信箱》专栏。

应当说，自 20 世纪 90 年代下半叶以来，俄语广播的听众联系工作在摆脱一度的沉寂之后，取得了很大的成绩。听众来信在逐步增加，对节目提出不少意见和建议，他们收听俄语广播的积极性提高了。

在迎接 21 世纪的时候，我们的听众联系工作应当更上一层楼。为此，编辑部全体工作人员对听众联系工作和信息反馈应当取得共识。既然我们的对外广播提倡"内外有别"、"外外有别"，那么我们就要看对象说话。要看对象说话，就得讲究"针对性"。讲"针对性"就得了解听众情况，重视信息反馈，就得加强听众联系工作。重视信息反馈，不仅仅是做这项具体工作的那几个人的事，而且应当是编辑部全体工作人员的事。

当前在抓信息反馈方面仍然存在着人手少和反馈信息利用差的问题。

如果不能保证完成好按时回信、摘译重要信件、对信息进行综合分析等繁杂的工作，自然会导致反馈信息利用差的缺憾。再者，应该把听众对某节目的意见、建议与要求直接传达给那个节目的负责人。与此同时，让这个负责人也了解到那些专为领导班子写的汇报、来信摘译和情况分析。如果这样，这些听众反馈材料的利用效率将会大大提高，作用也会更加明显。

需要强调的是，对反馈信息进行综合分析十分重要。因为这种分析的结果不仅有助于改变节目，而且极有可能对我们制定节目的方针政策产生影响。为此，在适当的时候，应该对受众进行一次问卷调查，以了解听众的年龄、受教育程度、职业、爱好等方面的情况；他们喜爱或不喜爱的栏目，关注中国哪些方面的情况，在新的历史时期，对我台节目的意见和建议；他们收听广播的时段以及给广播效果的打分，等等。对这些调查结果要进行综合分析，并通报全体工作人员。

听众参与我台节目的一些做法曾得到听众的欢迎。今后在广播中要更多地利用听众来信、来稿和讲话录音，以活跃节目，吸引更多的听众。

四 结语

中俄两国关系的重要性决定了中国对俄传播的重要程度。CRI 俄语广播经过 57 年的发展，已经成为集音频、视频、网络、报刊于一体的现代综合传媒形态。随着中俄两国战略协作伙伴关系的进一步深入，CRI 俄语广播在"构建现代国际广播体系"的道路上，将不断提高节目质量和落地率，广泛使用新技术，不断扩大在对象地区的影响力，吸引更多的受众。

参考文献

1. 陈敏毅主编：《当代国际传播研究》，中国国际广播出版社 2006 年版。
2. 程曼丽：《国际传播学教程》，北京大学出版社 2006 年版。
3. 崔永昌、莫恭敏：《工作在国际台——探索与实践》，中国国际广播出版社 2003 年版。
4. 范冰冰：《国际传播与国家形象》，人民文学出版社 2008 年版。
5. 方汉奇主编：《中国新闻事业通史》（第二卷），中国人民大学出版社 1996 年版。

6. 郭镇之：《中外广播电视史》，复旦大学出版社 2005 年版。

7. 王庚年主编：《国际传播发展战略研究》，中国国际广播出版社 2006 年版。

8. 夏吉宣、王冬梅、马为公：《国际广播事业的新发展》，中国国际广播出版社 2006 年版。

9. 张桂珍等：《中国对外传播》，中国传媒大学出版社 2006 年版。

10. 张允若、高宁远：《外国新闻事业史新编》，四川人民出版社 1996 年版。

11. 赵玉明、王福顺主编：《广播电视辞典》，北京广播学院出版社 1999 年版。

12. 《国际广播影视专业版》，中国国际广播电台主办，2003—2010 年各期。

（刘岩，中国国际广播电台俄语部记者。著有《梅德韦杰夫——克里姆林宫的新主人》、《中俄关系的大情小事》等书，参与编写《新媒体时代对俄罗斯东欧传播研究》一书。电子邮箱：liucrirus@ hotmail. com）

The Development Course of CRI Russian

LIU Yan

Abstract: Founded on 1941, CRI, China Radio International, is the sole national foreign broadcast station of China. CIR Russian initially started its broadcast ever since 1954. The end of cold war, which marked a significant transform of international situation, and the rapid transition and development of Russia's local media, rendered ideological-oriented propaganda model outdated and the short wave radio incapable of meeting the need of the new age. Therefore, with its concern of improving international communication capability, CRI strategically refreshed its communication policy and managed to establish a comprehensive mode of multimedia development. This article examines the major problems CRI has encountered in the past and now so as to make some recommendations for further improvement of its international communication efficiency.

Keywords: CIR Russian, International Communication, External Publicity

（LIU Yan, Russian correspondent of CRI. Email: liucrirus@ hotmail. com）

学科述评

2010 年《跨文化关系国际学刊》述评

赵盛楠

提　要： 为了解国际跨文化研究最新进展，本文对《跨文化关系国际学刊》（*International Journal of Intercultural Relations*）的2010 年 61 篇文章进行了分析，并总结了其对中国学者的启示。结果显示，其研究主题主要为移民生活、跨文化学习和冲突管理；研究对象主要为年轻人、女性和难民，在地理分布上主要涉及北美、欧洲和东亚，研究所运用的理论主要为涵化理论、价值观理论和冲突管理理论；研究方法上，71% 使用了定量方法，19% 使用了定性方法，10% 运用了定性与定量结合的方法。

关键词：《跨文化关系国际学刊》，跨文化研究

2010 年，《跨文化关系国际学刊》（*International Journal of Intercultural Relations*）共出版六期，刊登文章 61 篇；本文对其研究主题、研究对象、运用理论及研究方法进行了归纳和分析。

一　研究主题与对象

（一）研究主题

1. 移民生活

在 2010 年总共 61 篇文章中，24 篇是关于跨文化移民问题的，而且多运用涵化理论（Acculturation）。

第一，移民的身份认同问题。《亚洲移民的涵化压力：社会与语言因

素的影响》① 的作者研究了除社区因素以外，语言和社会建构是如何影响
亚洲移民和美籍华人的涵化压力的。研究利用普通话、粤语、塔加拉语、
越南语和英语采访软件，通过面对面访谈的方式，对数据进行了回归模型
分析，发现涵化压力受到了英语水平、母语水平、歧视、家庭凝聚力与移
民背景的影响。

　　《融合、自我和国籍身份构建的涵化：以安达卢西亚一个草根摩洛哥
女性组织为例》② 的作者指出，社区心理把涵化过渡看做是移民调整结构
和自身状态的过程，文化心理把这个过程看做是移民构建新世界观和人生
观的自我构建过程，这个过程是动态的、多维的和生态的；通过发展批判
意识、培养能力、获取机会，移民影响大环境，投身改变自身与社会的活
动，最后被新社会接受。该文突出了社区和文化心理，研究了草根群体在
"涵化融合" 中的作用，发现社区，尤其是草根社区组织是沟通新来者与
原社会的桥梁。该文利用 "阿玛尔"（Amal）的个人、组织和社区叙述阐
述了积极分子是如何参与自我与公民身份构建、改善社区融合、推进公平
的多元文化社会的，有利于 "阿玛尔" 的涵化研究、社会政策与活动
发展。

　　第二，移民在心理、工作、家庭等方面遇到的问题、原因及其解决方
法。随着国际移民的数量日益增多，医疗保健研究者愈发关注移民在跨文
化环境中遇到的各种困难，及其在心理和生理健康方面产生的问题。为了
研究在加拿大的巴基斯坦移民在不同生活领域所面临的压力，《多向适应
压力量表对多伦多巴基斯坦移民的初步验证》③ 的作者利用多向涵化压力
量表（MASS）分析了歧视、民族身份威胁、失业、改变经济地位的机会、
思乡以及语言障碍五个因素。《移民融入劳动市场的障碍：类型与应对》④

---

①　K. Lueck, M. Wilson, "Acculturative Stress in Asia Immigrants: The Impact of Social and Lin-
guistic Factors", *International Journal of Intercultural Relations*, 34 (1), January 2010.

②　V. Paloma et al., "Acculturative Integration, Self and Citizenship Construction: The Experience
of Amal-Andaluza, a Grassroots Organization of Moroccan Women in Andalusia", *International Journal of
Intercultural Relations*, 34 (2), March 2010.

③　T. Jibeen, R. Khalid, "Development and Preliminary Validation of Multidimensional Accultura-
tive Stress Scale for Pakistani Immigrants in Tonroto, Canada", *International Journal of Intercultural Rela-
tions*, 34 (3), May 2010.

④　S. Heilbrunn et al., "Barriers to Immigrants'Integration into the Labor Market: Modes and Cop-
ing", *International Journal of Intercultural Relations*, 34 (3), May 2010.

一文的作者则具体分析了就业因素，对比了以色列的两个移民群体在劳动力市场上所遇到的障碍，以及移民是如何应对的，并提出模型以区分应对障碍的不同方法："随和型"——很少遇到障碍，积极应对；"抗争型"——遇到很多障碍，积极应对；"无力型"——很少遇到障碍，消极应对；以及"弱势型"——遇到很多障碍，消极应对。移民的人力资本特点可以解释这些类型的不同之处。大多数的埃塞俄比亚移民属于"弱势型"和"抗争型"，而大多数的苏联移民属于"抗争型"，两者所遇到的障碍也不尽相同，但苏联移民能更好地应对。

《加拿大多伦多巴基斯坦移民的心理幸福感因素》[①] 的作者重点研究了影响泛多伦多地区巴基斯坦移民的健康和幸福感的因素，并根据压力—健康模型，讨论对幸福感和精神健康的应对资源（连续感和感受社会支持）与应对策略（问题中心和情感中心策略）。对 308 名巴基斯坦移民的数据分析结果显示，涵化压力小、连续感强、问题中心策略、感受到更多的社会支持、人口多样性，更有利于移民涵化；涵化压力大、连续感弱、情感中心策略、缺少社会支持和人口多样性，如家庭低收入水平、失业、子女年幼等因素都不利于涵化。

第三，移民从国外回国后的问题。尽管有不少研究文献，但是"回国"问题未引起足够的重视。《关于"回国"的文献综述》[②] 的作者分析了现有文献的优势与不足，认为现有实证研究指出了许多潜在因素会影响心理健康、社会适应与回归原群体后的个人文化身份，应给予"回国"问题应有的重视。

通过青少年从移民家庭回到祖国葡萄牙后的重新涵化过程，《葡萄牙移民家庭回国后青少年的重新涵化态度》[③] 的作者分析了其涵化态度与影响因素。研究样本包括 615 名青少年（平均年龄 16.7 岁），在葡萄牙的平均时间是 8.3 年。问卷调查显示，融合是最常见的态度，边缘化最少见。该文分析了人口统计学、跨文化因素和涵化态度之间的关系，可以帮助学

① T. Jibeen, R. Khalid, "Predictors of psychological well-being of Pakistani immigrants in Toronto, Canada", *International Journal of Intercultural Relations*, 34 (5), September 2010.

② B. Szkudlarek, "Re-entry – A Review of the Literature", *International Journal of Intercultural Relations*, 34 (1), January 2010.

③ F. Neto, "Re-Acculturation Attitudes among Adolescents from Returned Portuguese Immigrants Families", *International Journal of Intercultural Relations*, 34 (3), May 2010.

者发展和应用适当的干预措施，给社会政治再涵化项目以建议。

　　第四，本土居民对移民的态度问题。《恐惧管理与涵化：关于死亡的想法是否会影响接受社会成员的涵化态度》[①] 的作者指出，本土居民对待移民的态度是移民涵化进程中的一个重要因素，不同文化是决定其态度的因素之一，而对自身道德意识的认知通常会使人对持不同世界观的人产生负面印象。依据道德特点控制（MS）和相对涵化扩大模型，该文研究了英裔加拿大人分别接受来自相似文化（英国）和迥异文化（阿拉伯—穆斯林）社会成员的涵化态度。研究假设该群体对英国移民有更高的隔离感和更低的同化感，而对阿拉伯—穆斯林移民有更高的同化感和更低的隔离感。此假设部分成立，即该群体更想隔离英国移民而非同化，更想在家庭关系领域中同化阿拉伯—穆斯林移民。此研究虽在加拿大进行，对其他社会亦有一定借鉴意义。

　　《涵化取向与宗教身份对英裔澳大利亚人对国内穆斯林之态度的影响》[②] 的作者调查了英裔澳大利亚人的同化取向和宗教身份在多大程度上影响其对国内穆斯林的态度。结果显示，融合和个人主义是最常见的涵化取向，并与对国内穆斯林的正面态度成正比；而同化和隔离较少见，并与对国内穆斯林人的负面态度成正比。英裔澳大利亚人的宗教身份会影响其对国内穆斯林的态度，但是不一定是负面态度。

　　双方的国籍和国家自豪感差异也有一定作用。《国籍和国家自豪感差异对移民态度的作用：对中介人和调解人跨群体交流的调查》[③] 的作者从组织社会学和交流假设出发，结合社区特点，研究了同事间的国籍差异如何影响其对移民的态度，并认为两者关系的本质在于国家自豪感。与大量移民的邻里生活会加强工作中的国籍差异感，国家自豪感较高的人尤其会减轻先前对外群人的刻板印象。

---

　　① D. R. Dupuis, S. Safdar, "Terror Management and Acculturation: Do Thoughts of Death Affect the Acculturation Attitudes of Receiving Society Members?", *International Journal of Intercultural Relations*, 34 (5), September 2010.

　　② H. M. Abu-Rayya, F. A. White, "Acculturation Orientations and Religious Identity as Predictors of Anglo-Australians' Attitudes towards Australian Muslims", *International Journal of Intercultural Relations*, 34 (6), November 2010.

　　③ A. Luksyte, D. R. Avery, "The Effects of Citizenship Dissimilarity and National Pride on Attitudes toward Immigrants: Investing Mediators and Moderators of Inter-group Contact", *International Journal of Intercultural Relations*, 34 (6), November 2010.

种族差异也是影响人们交往的因素。《跨种族公民——警察接触：警察种族与其工作态度和行为的关系》① 一文的作者选取了 72 名佛兰德警察为样本，发现他们的种族态度、对组织公平性的理解会影响其跨种族交流、歧视移民和对组织公民的行为，指出负面关系产生的种种影响，以及如何在警察组织中运用该文结论。

2. 跨文化学习

全年共有 11 篇文章涉及了跨文化海外学习与教学。跨文化学习是该刊关心的第二大问题。与长期移民相比，跨文化学习的期限相对较短，也基本没有涉及涵化理论，而主要从学生和学校两个方面研究了如何促进跨文化学习与教学。

第一，海外学习对跨文化能力的作用。《一年海外学习后的跨文化能力评估》② 的作者运用跨文化发展目录（IDI），在为期一年的英格兰中部海外学习项目中对比了学习前后的三组学生，评估了跨文化教育效果。研究证明，除非有针对性地提高跨文化交流的教育，否则仅仅把学生送到地理意义上的国外学习，并不能有效培养"全球公民"。

《国际志愿者工作对日本青年跨文化能力的作用》③ 的作者指出，除留学以外，国际志愿者也是跨文化学习的一个重要方式。该文利用类实验法（quasi-experiment），研究了国际志愿者经历对年轻人跨文化能力的影响。此国际志愿者项目由一个非营利性组织举办，为来自不同文化的年轻人提供在世界各地工作的机会。被研究者包括 286 名参与该项目的日本大学生，以及 116 名没有参与的日本大学生；被调查者中近一半有海外经历，大多是以民宿的方式。初步研究表明，在跨文化能力的许多方面（如开放度/民族相对主义、国际关注度、人际交流技巧以及自我效能感），志愿者比非志愿者能力强，有海外经验者比无海外经验者能力强。有些被调查者在参与志愿者活动之前就希望提高跨文化能力，志愿者经历进一步提

① K. Dhont et al. , "Interracial Public-police Contact: Relationships with Police Officers' Racial and Work-Related Attitudes and Behavior", *International Journal of Intercultural Relations*, 34 (6), November 2010.

② P. J. Pedersen, "Assessing Intercultural Effectiveness Outcome in a Year-long Study abroad Program", *International Journal of Intercultural Relations*, 34 (1), January 2010.

③ T. Yashima, "The Effects of International Volunteer Work Experiences on Intercultural Competence of Japanese Youth", *International Journal of Intercultural Relations*, 34 (3), May 2010.

高了此能力。开放度与民族相对主义相结合可以提高自我满足感，而英语水平、人际交流能力和自我效能感可增强对志愿者项目的贡献感。

第二，大学的跨文化教育及管理问题。除了录取国际学生外，不同国家学生之间的跨文化互动是国际化大学成功的一个重要因素，尤其是对于坐落在国界附近的大学来说，这些大学常以推动不同国家的学生交流和促进全球化发展为目标。《跨文化互动需要更多接触：寻求边界大学中学生互动动力》① 的作者调查了边界大学是否能达到这些目标。文章开篇便提到，边界大学除了为学生提供一起学习的机会外，并没有积极鼓励学生进行跨文化交流。这反映了一个普遍的看法，即让不同国家的学生在边界大学里一起学习就已足够促进其交流。该文从宏观因素（如文化）与微观因素（如个人的文化开放度）调查相邻国家的两组学生的跨文化交流，研究此交流是如何影响学生对大学的忠诚度的。事实上，连续七年对大一学生的研究显示，欧洲近年来的融合并没有促进学生之间的交流与理解，跨文化交流也没有提高。宏观的"文化"因素，而不是国籍影响了跨文化互动与理解；而微观的"文化开放度"因素则影响交流密集度；在边界大学中，学生之间的交流可以增强其对学校的忠诚度。

全球化的发展也为大学的课程设置提出了新的要求。《从跨文化学习的多维视角来看全球化对法国工程管理学校的挑战》② 的作者认为，为了应对全球化，精英化的法国工程与管理学院需要新的教育方法。笔者通过建立跨学科课程、进行跨文化研究，并在法国高等商业学院等三所学校授课，提出在综合"完整性"（integrity）和"第三地"（third place）的基础上建立教学与研究模型。该教学设计使学生能够亲身体验冲突、意见统一和调停，以促进跨文化学习。随后，笔者从不同文化维度的语境、场域、战略和德莫尔贡的"涵化前对抗"（pre-antagonisms）等角度，分析了跨文化情境的复杂性，最后在国家、学院和班级三个层次分析了一些可能会影响教学设计实验的文化限制，并对将来如何提高提出建议。

---

① A. Groeppel-Klein et al., "Intercultural Interaction Needs more than mere Exposure: Searching for Drivers of Student Interaction at Border Universities", *International Journal of Intercultural Relations*, 34 (3), May 2010.

② A. Gourves-Hayward, C. Morace, "The Challenges of Globalization in French Engineering and Management Schools: A Multiperspectivist Model for Intercultural Learning", *International Journal of Intercultural Relations*, 34 (3), May 2010.

第三，教师的跨文化教学。跨文化学习不仅仅是对学生的挑战，也是教师不断提高跨文化能力的过程。《教授中国学生法语：教员的适应与跨文化能力的发展》① 的作者以定性的方法分析了一所法国大学内，法语教师适应中国学生的问题，也就是适应陌生工作环境和学生的问题。文章发现此问题与学生的跨文化能力有关系，并为教师教育项目提出了建议。

《首次接触：对教学交流计划中短期文化失衡的最初反应》② 的作者根据泰勒的跨文化发展理论，研究了在赴美国之前，短期教学交流项目中的日本教师的早期跨文化学习，通过定性方法描述其文化失衡和失衡反应，旨在发现短期的沉浸与理解是如何影响发展早期跨文化能力、认知经历与教学的。该文发现，不同文化群体中存在一系列相关的文化失衡，而应对文化失衡有八种方法，对帮助具有不同文化背景的教师更好地参与此类项目有一定的借鉴意义。

第四，国际学生的心理状态。《心理压力与寂寞对留学生的影响》③ 的作者指出，在国外感受到压力是十分普遍的现象，并就留学中的心理压力、寂寞和心理机能问题，调查了 2004 年秋季学期和 2007 年春季学期的罗耀拉大学学生，发现心理机能在留学的不同阶段会下降。此结果可以在留学项目中得到印证，并可以通过提供跨文化培训与心理援助，来改善学生的留学经历。

《法国大学生的心理与社会文化心理适应：以越南学生为例》④ 的作者研究了如何了解数量渐增的留法学生的心理状态，旨在发现促进或阻碍留法越南学生适应力的因素，以提高其适应力。该文调查越南学生与法国学生的焦虑特性、附属亲密感与焦虑感、心理压力、对社会支持的满足

① B. Francis, B. Jean-Francois, "Teaching French as a Second Language to Chinese Students: Instructional Staff Adaptation and Intercultural Competence Development", *International Journal of Intercultural Relations*, 34 (6), November 2010.

② F. L. Hamel et al., "First Contact: Initial Responses to Cultural Disequilibrium in a Short Term Teaching Exchange Program", *International Journal of Intercultural Relations*, 34 (6), November 2010.

③ H. A. Hunley, "Students' Functioning while Studying abroad: The Impact of Psychological Distress and Loneliness", *International Journal of Intercultural Relations*, 34 (4), July 2010.

④ C. Brisset et al., "Psychological and Sociocultural Adaptation of University Students in France: The Case of Vietnamese International Students", *International Journal of Intercultural Relations*, 34 (4), July 2010.

感，以及越南学生的文化身份，结果发现，焦虑特性以及附属亲密感会受心理压力的影响，能影响越南学生的涵化能力，附属感对越南学生的影响比对法国学生大。

交换生是国际学生的重要组成部分，虽然时间较短，他们也会遇到跨文化问题。《东道国文化对交换生性格的影响》① 的作者指出，交换生的问题在于一方面可能对东道国文化的了解十分有限，同时又离开了本国的文化、社交网络和机构。现有研究调查了分别前往集体主义国家和个人主义国家学习的学生，以发现不同东道国的文化特点是否会产生不同的涵化模型。个人主义国家中的学生表明，性格特点是决定涵化过程的重要因素；而集体主义国家的学生证明，遵守文化规范和价值观是决定涵化过程的重要因素。

3. 跨文化管理

本刊全年中只有六篇文章涉及了跨文化管理，三篇文章是从冲突管理角度分析了不同文化应对贸易或家庭冲突的不同策略，三篇文章则分析了具有不同文化价值观的同事在全球化工作环境下进行跨文化共事的问题。

第一，跨文化冲突管理。《从文化和欧洲融合的角度来看服务和冲突管理》② 的作者从冲突管理角度，在欧盟融合的视角下分析了土耳其文化的三个重要特点，即果断（assertiveness）、表演倾向（performance orientation）和性别平等（gender egalitarianism）。研究发现，土耳其人在面对冲突时更倾向于采取回避、适应和妥协策略，而不是合作和竞争，这与其主要贸易伙伴存在重要差异。

文化也会影响个人的冲突管理选择策略。《台湾跨文化婚姻冲突和满足研究》③ 的作者检视了文化对冲突管理的作用，以及台湾跨文化婚姻中的婚姻满足感。该文在全省范围内进行滚雪球和目的性抽样，选择了 201 对夫妻作为样本，包括台湾籍丈夫和来自南亚以及中国大陆等地的妻子，对他们进行了问卷调查，以跨文化婚姻关系讨论了拉希姆五种

---

① D. Jang, D. Y. Kim, "The Influence of Host Cultures on the Role of Personality in the Acculturation of Exchange Students", *International Journal of Intercultural Relations*, 34 (4), July 2010.

② E. Koc, "Services and Conflict Management: Cultural and European Integration Perspectives", *International Journal of Intercultural Relations*, 34 (1), January 2010.

③ C. C. Cheng, "A Study of Inter-cultural Martial Conflict and Satisfaction in Taiwan", *International Journal of Intercultural Relations*, 34 (4), July 2010.

冲突管理理论的有效性。结果证明文化因素作用明显，对不同性别行为的文化期望使男性与女性会经过不同社会化过程来适应婚姻中的性别意识形态。

第二，跨文化价值观对管理的影响。全球劳动市场的发展需要不同文化的人在一起工作，同时需要他们学习克服跨文化障碍。有研究者表示要直接进行跨文化互动，学习不同文化的知识以克服障碍，提高工作效率。《集体主义价值观对中韩同事关系与工作表现的影响》[①]的作者认为集体主义价值观可以促进同事关系发展、提高工作表现、增强对未来合作的信心，可以为中韩员工发展一个平台，以互相帮助，跨越文化障碍，提高生产力。《中国雇员的价值观、承诺与组织公民行为》[②]一文的作者通过调查中国北方一家公共组织中 166 人的工作表现，研究了个人价值观、组织与职业承诺和组织公民行为（organizational citizenship behavior，OCB）三者之间的关系。结果显示，中西方雇员在许多方面有很大差异；持续承诺的作用日益明显；自我指导与所有承诺类型之间呈负相关。在中国这样一个高度传统与非西方的社会中研究此关系，为检视一系列变量提供了新的视角，并指出了未来的研究方向。

（二）研究对象

1. 被研究者的地区分布

虽然除了南美洲以外，本刊的研究涉及了其他所有大洲，但是在某一地区内，研究对象所在地区却比较集中，如北美的研究中，尽管皆是多元文化的国家，美国的研究占了 14/19，只有五篇专注于加拿大；欧洲的跨文化研究 7/16 是关于法国；而西亚的跨文化研究则只局限于以色列和土耳其两国。具体分布情况如图 1。

2. 被研究者的类型

（1）年轻人

青少年移民的家庭情况与其涵化过程有紧密的联系。《与社区一

---

① Y. Chen et al., "Collectivist Team Values for Korean-Chinese Co-worker Relationships and Job Performance", *International Journal of Intercultural Relations*, 34 (5), September 2010.

② Y. Liu, A. Cohen, "Values, Commitment, and OCB among Chinese Employees", *International Journal of Intercultural Relations*, 34 (5), September 2010.

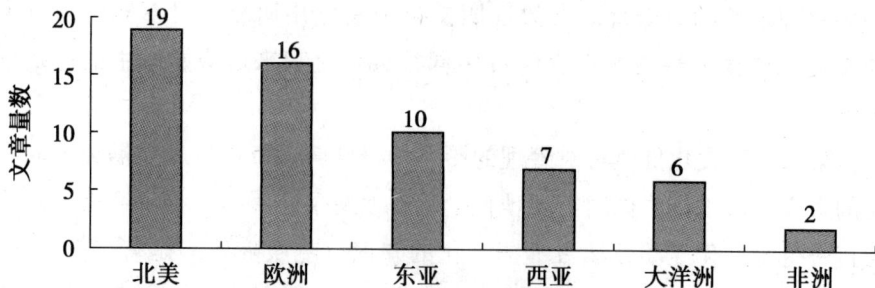

图 1　被研究者地区分布

道为社区服务：良好家庭中的和谐与冲突》① 一文的作者就在新西兰
的生活体验，采访了 39 位亚洲、中东和非洲背景的父母及其青少年
子女。采访包含两大主题：一是父母和子女的规范性问题；二是移民
与涵化问题。研究表明，父母和青少年子女对隐私、信任和关系等方
面的态度存在巨大差异；代际冲突虽然是正常现象，却可能被涵化过
程所加速。该研究就家庭文化过渡，检视了家庭涵化过程中的冲突与
和谐，为社区和决策者提供了重要依据；并促进以家庭为单位的涵化
理论的发展。

　　青少年移民涵化的不同结果通常与青年所采取的涵化取向有关。
《蒙特利尔和巴黎第二代移民的涵化、适应与歧视研究》② 的作者指
出，接受原住国传统文化与现国家社会（通过"融合"）的人拥有最
好的心理状态，最能适应学校和社区生活。相反，很少接触这两种文
化的人（通过"边缘化"）是适应力最差的。倾向于某一种文化的人
（通过"边缘化"或"隔离"过程）则适应力取中。加拿大和法国在
移民和涵化方面的政策与实践有很大的不同，但涵化模式类似：倾向
于融合的青年人比被边缘化者有更多的自尊心，被边缘化者或隔离者
取中。

　　国内迁移也会对青少年的涵化与教育情况产生影响。《从社会资本和

---

　　① J. Stuart et al. , "Working with and for Communities: A Collaborative Study of Harmony and
Conflict in Well-functioning, Acculturating Families", *International Journal of Intercultural Rela-
tions*, 34 (2), March 2010.

　　② J. W. Berry, C. Sabatier, "Acculturation, Discrimination, and Adaptation among Second
Generation Immigrant Youth in Montreal and Paris", *International Journal of Intercultural Relations*,
34 (3), May 2010.

文化距离对早期辍学者的影响看对土耳其国内移民社区的建议》① 的作者从社区社会资本的角度，在 764 名土耳其青年人中研究了城乡迁移对早期辍学者的影响。相比文化多元社会中的本土青年，移民青少年（5—15岁）辍学率大增。移民因素远远高出其他导致青少年辍学的因素，如做童工、文盲母亲和无稳定家庭收入。这与以社区为基础的社会资本的缺失有密切的关系，比如，积极的师生关系对移民青少年的教育和涵化有重要作用，应在移民儿童、家庭和社区方面提供帮助。

除了正常迁移外，战争是青少年迁移的非正常因素。在《被战争分离的青年人的文化发展》② 中，作者研究了 64 名青年人的叙述。他们在波黑战争开始时还是婴儿或儿童，其中 38 名被调查者的家庭在战后仍在波黑，26 名移民至美国。基于文化—历史活动理论，波斯尼亚穆斯林年青人因成长在不同的战后环境中而呈现不同特点：美国的被调查青年人关注社会事物是如何运转的，而不是自身；而波黑地区的被调查青年人则更具批判性地关注社会成年人与明辨自身身份。不同于之前常见的研究取向，如强调青少年身份或传统文化风俗组织经历，本研究以叙述调节自我与社会的关系作为切入点，强调了该群体发展中文化敏感性的本质。

（2）女性

《认真的身份协商：新西兰亚述青年女性的涵化》③ 的作者研究了新西兰的亚述女性是如何在日常生活中应对和协商自身身份困境的，突出了涵化研究的对抗性和协商性特点。近几十年，许多亚述人逃离故土伊拉克以躲避宗教和民族迫害。本研究对 60 名年轻女性（16—25 岁）和 72 名亚述成年人（53 名女性和 19 名男性）进行了长期的参与式观察。被调查者对伊拉克、新西兰和亚述人社区持有复杂的感情，并小心翼翼地在这些社群中定位自身，以寻求最理想的共处。这被跨文化研究学者称为"留心的身份协商"（mindful identity negotiation）。

---

① F. Goksen, Z. Cemalcilar, "Social Capital and Cultural Distance as Predictors of Early School Dropout: Implications for Community Action for Turkish Internal Migrants", *International Journal of Intercultural Relations*, 34（2）, March 2010.

② C. Daiute, L. Lucic, "Situated Cultural Development among Youth Separated by War", *International Journal of Intercultural Relations*, 34（6）, November 2010.

③ P. Collie et al. , "Mindful Identity Negotiations: The Acculturation of Young Assyrian Women in New Zealand", *International Journal of Intercultural Relations*, 34（3）, May 2010.

　　《暴力、入狱、被逐出境对佛得角青春期女孩的影响：参与社区组织提供的帮助》① 一文的作者指出，除了低收入外，"损失"（loss）也是对移民家庭中的青少年的挑战之一，尤其是由暴力、入狱、被逐出境带来的损失。本文利用参与式和行动研究探讨了 VALOR 活动中的佛得角青少年经历。VALOR（Values Affecting Learning Our Roots）是一个为在暴力、入狱和被逐出境中死去亲人的佛得角女孩提供的项目。田野观察、焦点小组以及数据分析显示，该活动的核心是交流失去亲人的经历，并通过 VALOR 活动建立信任关系，而社区的帮助对青少年而言至关重要。

　　（3）难民

　　与一般移民相比，难民在跨文化适应上通常会遇到更多的困难，如歧视。《跨文化群体的歧视定义：意义的协商管理研究》② 一文的作者通过归纳和定性方法，研究了歧视这一压迫传播形式，重点是一个大型的多元化群体中的个人如何描述其在种族、性别、年龄、性取向和能力方面受到的歧视。通过意义的协调管理理论，研究发现了歧视传播中的关键因素、不同文化群体中所形成意义的不同性质，并在此基础上提出对未来研究及实践的指导。

　　《关岛为难民提供的大学服务：激励、文化学习与社区》③ 的作者认为难民是跨文化过渡中压力最大的群体。为了帮助在关岛避难的库尔德和缅甸难民处理涵化压力，关岛大学的研究人员研究了社会支持、社区构建、行为和认知方面的因素，从传统涵化研究及其评估中探讨了帮助库尔德和缅甸难民的方法。

　　《孤掌难鸣：学习促进对移民与难民的文化参与性研究》④ 的作者研

---

① E. D. Christiansen, "Adolescent Cape Verdean Girls' Experience of violence, incarceration, and Deportation: Developing Resources through Participatory Community-based Groups", *International Journal of Intercultural Relations*, 34 (2), March 2010.

② M. P. Orbe, S. K. Camara, "Defining Discrimination across Cultural Groups: Exploring the [un] Coordinated Management of Meaning", *International Journal of Intercultural Relations*, 34 (3), May 2010.

③ S. T. Smith et al., "University-based Services for Asylum Seekers on Guam: Empowerment, Culture Learning and Community", *International Journal of Intercultural Relations*, 34 (2), March 2010.

④ P. Collie et al, "You Can't clap with one Hand: Learnings to Promote Culturally Grounded Participatory action Research with Migrant and Former Refugee", *International Journal of Intercultural Relations*, 34 (2), March 2010.

究了研究者如何在移民和难民社区里进行以文化为基础的参与式行动研究（PAR）。在这些社区中，关系网络、风俗和社会阶级都面临着威胁。通过以参与式行动研究为基础的人种志研究，该文研究了亚述女性所经历的各种压力。年轻女性希望，本社区的成年人能够理解她们是为了更好地融入新西兰社会而保留亚述人的文化习俗，但是她们同时害怕如果公开显现这些文化习俗，又会遭到谴责。虽然参与者的目标和所处社会文化环境一开始可能不明显，但是恰当的处理方式十分重要。若要在社会结构和习俗面临威胁的社区中实现社会变化，改善参与者关系网络的项目比试图移动亚群体的作用更大。

二 理论与研究方法

（一）理论的运用与发展

本刊运用理论丰富，但最主要的有三个，即涵化理论，共 20 篇涉及，近全刊的三分之一；价值观理论，共 13 篇涉及；冲突理论，共 6 篇涉及。不可否认，涵化和价值观是引发个人跨文化适应与跨文化人际交往问题的最常见原因。此类研究涉及多个地域与群体，运用了多种研究方法，却有着共同的目标，即增强个人和社区的适应能力，提高社会融合与心理幸福感，改善人际与群体之间的关系。《涵化研究应用：与社区一道为社区工作》[①] 的作者从社区出发研究了涵化理论及其应用，希望改善社会和心理状态，同时探讨了此类研究的共同主题、调查方法、学者和草根组织之间的合作关系，以及合作中遇到的实际问题。该文建议增强现代涵化理论的研究，不论是建立在实验室还是社区基础上的研究。《涵化理论介绍：和社区一道为社区工作》[②] 的作者也指出现阶段的涵化研究实际效用有限。

同时，本刊有几篇文章作出了理论发展尝试，对经典理论进行了调整或创新。

---

① C. Ward, C. Kagitcibasi, "Applied Acculturation Research: Working with, for and beyond Communities", *International Journal of Intercultural Relations*, 34（2）, March 2010.

② C. Ward, C. Kagitcibasi, "Introduction to Acculturation Theory, Research and Application: Working with and for Communities", *International Journal of Intercultural Relations*, 34（2）, March 2010.

20 世纪 70 年代，跨文化课程中最常见的模型 DIE 练习产生于演说学，此后深受跨文化领域中教师和职业培训者的喜爱。此练习让人们观察一个特殊物体或一个陌生情景的照片，描述其所见，并阐述其所见的意义，最后作出价值评估。《DIE 模型的持续演进》① 一文的作者回顾了 DIE 的起源及发展，认为"阐述"和"评估"的界定过于模糊，会带来许多问题。该文考虑到非英语国家的文化因素，提出了 DAE（Describe，Analyze，Evaluation）练习，以求避免 DIE 模型的模糊性。

《遵从与否：国际旅居者的情感展示规范研究》② 的作者提出了"客人"（guest）理论。该文调查了国际学生在多大程度上能够理解新旧两种文化在社会规范上的差异，及该理解力对涵化能力的作用。"客人"理论认为，尽管国外情感展示接受度比本国大，但是国际学生在本国文化中所展示的情感仍比在国外多；该结果为向国外输出人员的组织提供了参考。

《跨文化对比叙利亚和美国的面子构建》③ 的作者利用 MANCOVA 性别设计，发现叙利亚人的个人主义倾向比霍夫斯泰德的原始排名要高。《同化问题：社会主导与敌视移民的出现》④ 的作者对"地位界限加强假设"理论作出了一定的调整。该理论认为社会主导取向与敌视移民有很强的联系，尤其是渴望与主流文化同化的移民，而不是倾向于文化孤立（隔离）的移民。该文对比了本土文化方面的同化和融合，肯定并扩大了该假设，认为由于同化本土文化与同化客文化有很大不同，高社会主导取向的人对抛弃原文化，而不是保留原文化的移民持更多的负面态度。

（二）定量方法是国际主流

定量方法是本刊中的主流研究方法，有 42 篇仅使用了定量的方法，

---

① K. A. Nam, J. Condon, "The DIE Is Cast: The Continuing Evolution of Intercultural Communication's Favorite Classroom Exercise", *International Journal of Intercultural Relations*, 34 (1), January 2010.

② N. L. Gullekson, J. B. Vancouver, "To Conform or not to Confirm? An Examination of Perceived Emotional Display Rule Norms among International Sojourners", *International Journal of Intercultural Relations*, 34 (4), July 2010.

③ R. Merkin, R. Ramadan, "Facework in Syria and the United States: A Cross-cultural Comparison", *International Journal of Intercultural Relations*, 34 (6), November 2010.

④ S. Guimond et al., "The Trouble with Assimilation: Social Dominance and the Emergence of Hostility against Immigrants", *International Journal of Intercultural Relations*, 34 (6), November 2010.

6 篇使用了定量与定性结合的方法，其余 11 篇仅使用了定性的方法，另外还有两篇文献综述。虽然研究方法的采用是由具体研究目标决定的，但是不难看出，当前国际跨文化研究的主流是定量方法。

三　与我国跨文化传播研究的对照与思考

中国的跨文化研究在研究领域、理论发展与研究方法等方面的发展很不平衡，本土化进程任重道远。

（一）研究领域

有学者收集了从 1994—2003 年年底间有关跨文化研究的论文共 1109 篇，发现我国跨文化交际研究 10 年来主要集中在外语教学（13.17%）和以英汉两种语言为主导的语言对比研究方面（22.72%）；这两项加起来占了研究总量的 35.89%。其次是管理与经济（11.81%）、文化与传播（9.47%）和文化与教育（9.47%）。最弱的方面是理论介绍（0.36%）。管理与经济虽然只占了研究总量的 11.81%，但却是仅次于外语教学和语言研究的第三大研究领域。语言研究基本上是英语的天下。只有一两篇文章涉及其他外国语种。①。

（二）研究理论

"近 20 年来，许多国家与地区尚未形成跨文化传播的本土化理论，而以北美为中心的跨文化传播理论，被当作是普适性的原则而不加质疑地广泛应用，缺乏具体文化的检验与调试。"② 中国跨文化研究界还处于介绍西方理论阶段，即使运用有限的理论发现或解决问题，尚停留在微观分析层面，缺乏更深一步提炼和概括理论模型的能力。事实上，"现有的跨文化研究成果大多是在全球化尚不明朗的背景下获得，存在时效性、应用性方面的局限。且近年来，因为传播理论研究在许多文化中才刚兴起，体例

---

① 彭世勇：《中国跨文化交际研究的现状、问题与建议》，《湖南大学学报》（社会科学版）2005 年第 19 卷第 4 期。

② 刘阳：《中国跨文化传播研究评述》，《当代传播》2010 年第 1 期。

建构尚不完整，理论的严谨性、规范性和科学化都有待进一步的实践检验"①。

（三）研究方法

目前，国内研究跨文化传播运用思辨式研究方法的多，实证分析少。能真正算得上是学术研究的不多。我们经常说的科研与采用科学方法进行学术研究在我们自己的跨文化交际研究实践中还不是一回事情。数据分析的结果显示，能真正算得上是科学研究的论文，一共只有 42 篇，仅占全部论文总数的 3.79% 。在 90 篇有关英语教学的论文中，只有一篇算得上是科学研究。在电影和艺术领域里则完全没有科学研究。②

有学者搜集了 2005—2008 年国内跨文化研究的硕士论文，发现"我国跨文化传播的硕士论文中 80% 的样本是基于文献分析法、描述和哲学思辨等的定性研究方法，而基于问卷调查、数据分析的定量研究仅占到 20% ，反映了目前我国跨文化传播学研究生的研究方法尚属单一。这可能与我国传播学研究生中文科背景的人数多，理科背景的研究生人数偏少，跨学科招生的力度不够有关。可喜的是，我们可以看到样本中使用定量研究方法的比例有逐年增加的趋势"③。

国内的定性思辨研究也存在很大的问题。"一些论文在进行中观分析时，或是主观论断过多，流于浅俗，或是仅仅停留在现象描述的表层，而没有从跨文化传播理论的概念、视角和预设出发去深究其学理内涵。相当部分应用型论文模式可以用'文化现象 + 描述思考辩论 + 对策分析'来套现，尤其是针对全球化背景下我国的外宣政策调适、影视产业的应对策略、传媒集团的成长机制等论题时，辩述显得大而无当，作者试图架构一个宏观的理论语境，演绎论证似乎面面俱到，实则俱是些概括总结，并没

---

①　刘阳：《试论跨文化传播研究的理论构建——以 2000—2008 年中国跨文化传播研究为背景》，《国际新闻界》2009 年第 5 期。

②　彭世勇：《中国跨文化交际研究的现状、问题与建议》，《湖南大学学报》（社会科学版）2005 年第 19 卷第 4 期。

③　易楚君、刘佳佳：《我国跨文化传播学研究现状管窥——对近几年我国跨文化传播学硕士学位论文的分析》，《西南农业大学学报》（社会科学版）2009 年第 7 卷第 4 期。

有深入学科肌理，反而愈发凸显其空泛无力。"①

跨文化传播学的学科性质决定了其研究方法需要定量与定性的有力结合。"跨文化传播研究是一个跨学科的领域，不仅需要从已有的跨文化传播的论著中寻找资料，还要从文化人类学、比较社会学、跨文化心理学、跨文化培训、群体关系心理学和社会学、国际事务、国际关系、语言学、宗教研究、社会心理学等领域获得帮助。"②

20 世纪 80 年代起，定量方法异军突起，以古迪孔斯特为代表的量化研究者占据了主流地位，定性方法则被边缘化。到了 90 年代初，学者们又开始认识到定性和定量研究结合进行才是理想的研究方法，并倡导用三角校正法来研究跨文化交流问题。

我国学者关世杰教授也认为，"定量和定性结合是理想的研究方法，是跨文化传播学研究的必然趋势。定性研究与定量研究的结合可以通过不同的方式来实现，一是将定性分析作为形成假设的途径，然后通过定量实验来检验这种假设；二是同时收集定量与定性的资料，两种方法互补使用；三是用定性资料来帮助解释定量研究的结果；四是对定性资料作量化分析"③。

总之，我国的跨文化传播学研究在研究领域、理论与研究方法上可以借鉴他山之石，加速自己的发展，具体来讲，即拓展研究领域，创新理论，使用更加科学的研究方法。

（赵盛楠，北京大学新闻与传播学院硕士研究生。电子邮箱：zsn@ pku. edu. cn）

① 刘阳：《试论跨文化传播研究的理论构建——以 2000—2008 年中国跨文化传播研究为背景》，《国际新闻界》2009 年第 5 期。

② 关世杰：《跨文化交流学：提高涉外交流能力的学问》，北京大学出版社 1995 年版，第 67 页。

③ 关世杰：《中国跨文化传播研究十年回顾与反思》，《对外大传播》2006 年第 12 期。

A Literature Review of 2010 Issues of *International Journal of Intercultural Relations* and the Light It Sheds on China

ZHAO Shengnan

Abstract: To learn the latest trend of intercultural studies internationally and share the light it sheds on China, this thesis analyzes 61 articles in 2010 *International Journal of Intercultural Relations*. It has found that the topics mainly include immigrants, intercultural learning and conflict management. The research subjects are mainly about youth, female and refugees, most of which are located in North America, Europe and East Asia. Theories of acculturation, value and conflict management are the top three theories used in this journal. 71% of the articles applied quantitative method, while 19% used qualitative method and the rest adopted both.

Keywords: *International Journal of Intercultural Relations*, intercultural studies

(ZHAO Shengnan, Master candidate of School of Journalism and Communication of Peking University. Email: zsn@ pku. edu. cn)

稿　　约

跨文化交流与国际传播研究稿约

宗旨

《跨文化交流与国际传播研究》丛书旨在打造一个展现"跨文化交流"和"国际传播"研究领域里创新性学术研究成果的平台，成为中国跨文化交流学和国际传播学学者的思想宝库，并为从事跨文化交流和国际传播的管理部门、媒介机构高层决策人员和科研教学人员提供有关跨文化交流和国际传播的科学的参考资料。

本丛书是以北京大学新闻与传播学院跨文化交流与管理研究中心为依托的公开学术园地，以中国所有关注跨文化交流与国际传播的同道为知识共同体。凡探讨跨文化交流或国际传播而未经发表的学术论文，均可投稿。

审稿程序

本丛书致力于学术研究的规范化建设，借鉴国际通行的匿名审稿制度，以稿件的学术价值为唯一依归。以下审稿程序适用于投赐的所有文稿。

1. 本丛书收到来稿后，将由编辑委员会初审。初审合格者进入正式评审程序。对初审合格的稿件，编辑委员会将在收到来稿后三个月内通知作者。未通过初审的稿件可以另行他投。

2. 对初审合格的稿件，编辑委员会将邀请两位学术专家担任评审员，进行双向匿名评审。评审员将提出书面评审意见，并作出以下三种建议之一：（1）修改后采用；（2）修改后再作评审；（3）不予采用。

3. 如两位评审员意见不一致，编辑委员会邀请第三位评审员参与评审工作，再由编辑委员会决定。评审报告的内容将于六个月内通知作者。

4. 本丛书编辑委员会将根据评审报告、当期学术论题总体安排以及宗旨对是否采用做最后决定。

投稿方式

请以电子邮件方式向本丛书投稿。稿件存为 Word 格式。投稿邮箱：kgcbyj@ 126. com。请在主题栏注明"《跨文化交流与国际传播研究》投稿"。

注意事项

1. 论文一般以 15000 字为限。

2. 本丛书不接受已正式发表的中文论文及一稿多投的论文。根据国际学术惯例，曾在国内外学术会议上宣读的论文及会议出版的论文集（conference proceedings）视为未曾正式发表。

3. 来稿必须依照"《跨文化交流与国际传播研究》稿例"的规范。

4. 来稿一经刊登，本丛书将享有其刊登和出版之权利。作者不得把作品再投稿至其他出版物。

5. 来稿恕不退还，请作者自留底稿。

稿　例

跨文化交流与国际传播研究稿例

基本要求

来稿应按以下顺序包括以下内容：作者简介、标题、内容摘要、关键词、正文、英文标题、英文内容摘要、英文关键词。

作者简介应置于文前，包括姓名、工作单位、职称及学术兼职、通讯地址、电话、电子邮箱。为便于匿名评审，请勿在正文中出现作者信息。

中文内容摘要以 300 字为限，应包括研究问题、目的、方法、发现等。英文内容摘要以 250 字为限。

中英文关键词各不超过 5 个。

正文中注释采用脚注。

参考文献仅需开列文稿曾引用者。先排中文，以作者姓氏拼音为序；后排西文，以作者姓氏字母为序。具体格式参考注释体例。

正文体例

1. 小标题以汉字"一、二、三……"标示，以下更次一级的内容序码依次使用"（一）、（二）、（三）……"、"1、2、3……"及"（1）、（2）、（3）……"。

2. 外国人名、地名、书刊名等（除引文外）需译为中文，应采用国内通行译法，并以括弧注明原文。外国人名的缩写字母与中文翻译并用时，缩写字母与中文之间用下脚点"."标示；中文与外文之间用间隔号"·"标示，如"埃德蒙·S. 卡彭特"。

3. 正文中的图表，应遵循先见文字后见图表的原则。表题排在表的上方，图题排在图下。

4. 正文中的标点需全角输入。整句使用外文时，使用外文标点。中文句中使用部分外文时，使用中文标点。

注释体例

文章采用脚注，每页重新编号，编号序号依次为①、②、③、……

注释的基本格式（包括标点符号）为：［国籍］主要责任者【两人以上用顿号隔开；以下译者、校订者同】（编或主编）：《文献名称》，译者，校订者，出版社与出版年，第　　页。

具体格式示例如下：

1. 著作类

余东华：《论智慧》，中国社会科学出版社 2005 年版，第 35 页。

［美］弗朗西斯·福山：《历史的终结及最后之人》，黄胜强等译，中国社会科学出版社 2003 年版，第 7 页。

2. 文章类（文集文章、期刊文章、报纸文章、学位论文、会议论文）

刘民权等：《地区间发展不平衡与农村地区资金外流的关系分析》，载姚洋《转轨中国：审视社会公正和平等》，中国人民大学出版社 2004 年版，第 138—139 页。

袁连生：《我国义务教育财政不公平探讨》，《教育与经济》2001 年第 4 期。

杨侠：《品牌房企两极分化 中小企业"危""机"并存》，《参考消息》2009 年 4 月 3 日第 8 版。

赵可：《市政改革与城市发展》，四川大学博士学位论文，2000 年，第 21 页。

任东来：《对国际体制和国际制度的理解和翻译》，全球化与亚太区域化国际研讨会论文，天津，2006 年 6 月，第 9 页。

3. 转引类

费孝通：《城乡和边区发展的思考》，转引自魏宏聚《偏失与匡正——义务教育经费投入政策失真现象研究》，中国社会科学出版社 2008 年版，第 44 页。

参见江帆《生态民俗学》，黑龙江人民出版社 2003 年版，第 60 页。

4. 电子文献

陈旭阳：《关于区域旅游产业发展环境及其战略的研究》，2003 年 11 月，中国知网（http：//www. cnki. net/index. html）。

李向平：《大寨造大庙，信仰大转型》，http//xschina. org/show. php?
id = 10672。

5. 外文类

Seymou Matin Lipset and Cay Maks, *It Didn't Happen Here*: *Why Socialism Failed in the United States*, New York: W. W. Norton & Company, 2000, p. 266.

Christophe Roux-Dufort, "Is Crisis Management（Only）a Management of Exceptions?" *Journal of Contingencies and Crisis Management*, Vol. 15, No. 2, June 2007.